领导干部经济管理必读

RENLI ZIYUAN KAIFA YU GUANLI

# 人力资源开发与管理

刘庆宝◎编著

全国百佳图书出版单位
APGTIME 时代出版
时代出版传媒股份有限公司
安徽人民出版社

**图书在版编目(CIP)数据**

人力资源开发与管理/刘庆宝编著. --合肥:安徽人民出版社,2022.11(2024.6重印)

ISBN 978-7-212-11521-0

Ⅰ.①人… Ⅱ.①刘… Ⅲ.①人力资源开发-研究生-教材 ②人力资源管理-研究生-教材 Ⅳ.①F24

中国版本图书馆CIP数据核字(2022)第202666号

# 人力资源开发与管理

刘庆宝 编著

出 版 人:杨迎会 责任印制:董 亮
责任编辑:汪双琴 刘书锋 装帧设计:陈 爽

出版发行:安徽人民出版社 http://www.ahpeople.com
合肥市蜀山区翡翠路1118号出版传媒广场八楼
邮编:230071
营销部电话:0551-63533258 0551-63533292(传真)
印 制:合肥创新印务有限公司
(如发现印装质量问题,影响阅读,请与印刷厂商联系调换)

开本:710毫米×1010毫米 1/16 印张:22.25 字数:330千
版次:2022年11月第1版 2024年6月第2次印刷

ISBN 978-7-212-11521-0 定价:65.00元

# 目　录

# 第一章　人力资源开发与管理概述

## 第一节　人力资源概念与特征

### 一、人力资源概念

微软公司董事长比尔·盖茨曾开玩笑似地说：谁要是能挖走微软最重要的几十名员工，微软就完了。盖茨的话告诉我们：一个企业得以持续成长的前提就是用好并留住关键性人才。关键性人才是一个企业最重要的战略资源，是企业价值的主要创造者。美国政治经济学家达尔·尼夫指出：现代社会中知识已经变成了关键资源，它从根本上改变了社会结构，创造了新的社会动力和经济动力。随着工业化的深度发展，社会有机构成提高，社会的生产以资本密集型、技术密集型为主，并向知识经济转化。这种转变，将重塑经济发展与人的发展之间的关系。所以在知识经济时代，人力资源已经超出其他一切资源，成为决定组织成败的关键因素，人力资源是“第一资源”。

资源是一个经济学术语，它泛指社会财富的源泉，是指能给人们带来新的使用价值和价值的客观存在物。一般来说，资源可以分为两大类：一是物质资源；二是人力资源。在管理中我们通常所说的“人、财、物”，“人”即人力资源，“财”和“物”属于物质资源。

人力资源（简称 HR）是指能够推动一个国家或地区经济和社会发展、具有劳动能力的人口总和。人力资源有宏观和微观之分。

（一）宏观人力资源

宏观人力资源一般是指有能力并愿意为社会工作的经济活动人口。对人力资源概念的界定，各国不尽一致，主要是因为经济活动人口中涉及的两个时限不尽一致。一是起点工作年龄，如16岁或18岁；二是退休年龄，如55岁或60岁甚至是65岁或70岁等。所以从广义的角度上来说，只要有工作能力或将会有工作能力的人都可以视为人力资源。这就充分表明人力资源具有潜在效益和可开发性。因此，人力资源既包括劳动年龄内具有劳动能力的人口，也包括劳动年龄外参加社会劳动的人口。具体来说包括以下几个方面：

1. 适龄就业人口，是指处于法定劳动年龄之内且正在从事社会劳动的人口，它是人力资源的主体。

2. 未成年就业人口，指尚未达到法定劳动年龄但已经从事社会劳动的人口，即未成年劳动者。

3. 老年就业人口，是指已经超过法定劳动年龄且继续从事社会劳动的人口，即老年劳动者。

（二）微观人力资源

人力资源开发与管理研究领域所提到的人力资源，主要指微观人力资源。微观人力资源是指存在于人体中的智力资源，是人类进行生产或提供服务，推动整个经济和社会发展的各种能力的总称，即人类可用于生产产品或提供各种服务的才干、技能、知识以及工作意愿。因此，微观人力资源的衡量通常包含以下四个方面：

1. 才干。才干是指能够持续表现出高绩效的稳定的心理和行为特征。才干也就是我们平常所说的人的优势。人需要发现自己的优势，以及优势的利用方式，并以此为基础来更好地创造业绩。

2. 知识。简单地说，所谓知识就是懂什么，即人力资源个体在实践中获得的认识和经验。知识的积累对人力资源的贡献很大。人们常常讲的“博闻强记”“学富五车”，就是对知识拥有者的一种评价。现代人力资源管理中对知识的掌握也非常重视。GE公司的前总裁杰克·韦尔奇总结的选拔人才的标准中就有一条——管理者必须具备宽广的知识面和强烈的好奇心。

3. 技能。所谓技能是指人力资源个体能干什么,即人完成某种特定工作任务的能力,也是人经过长时间实践后形成的习惯性的行动方式。在组织活动中,技能比知识对绩效的影响更大。人员的专业技能越多,技能的质量水平越高,人力资源的价值也越大。技能训练有一个特点就是必须在“干中学”,在实践的过程中反复训练、不断摸索,技能才得以产生并不断提高。

4. 工作意愿。工作意愿是指人力资源个体愿意为工作付出的努力程度。它是人的工作潜质转化为实际工作绩效所必需的催化剂。很多领导者都意识到选拔人才必须德才兼备,而“德”要放在“才”的前面。对“德”的认识很多人会提及肯干、具备积极的心态、牢骚少等。这些其实反映的是员工的工作意愿。

## 二、人力资源特征

人本身所具有的生物性、能动性、智力性和社会性,决定了人力资源具有以下特征:

### (一)时代性

人力资源生成过程的时代性。当下人们谈论的话题中经常涉及“60后”“70后”“80后”“90后”等词语,实际上就是指人力资源的时代性。一个国家或地区的人力资源,在其形成过程中,受到时代条件的制约。人一生下来就遇到既定的生产力和生产关系的影响和制约,当时的社会发展水平从整体上影响和制约着这种人力资源的素质,他们只能在时代为他们提供的条件和前提下,发挥他们的作用。一个国家和地区社会经济发展水平不同,人力资源的素质也就不一样。任何人力资源的形成,都不能摆脱当时社会文化水平的制约。

### (二)能动性

与其他资源相比较,人力资源是有意识有目的地进行活动,能主动调解与外界的关系。自然资源,如森林、矿产、土地等在被开发的过程中完全处于被动的地位。而人力资源则不同,它在被开发过程中具有能动性,即人类具有自我调控的功能。

### (三)时效性

自然资源,例如矿藏、森林、石油等一般都可以长期储存,储而不用,品位不会降低,数量也不会减少。但人力资源则不同,长期储而不用,就会荒废、退化、过时。人的才能和智慧的发挥有一个最佳的时期和年龄阶段。一般来说,25岁—45岁,是科技人才的黄金年龄,37岁是其峰值。医学人才的最佳年龄一般会后移,这是由其研究领域的业务性质决定的。开发人力资源必须及时,开发使用的时间不一样,所得的效益也不相同,即人力资源的开发与管理受到时间的限制。

(四)开发性

人力资源具有可塑性。通过人力资本投资(教育、培训等),人力资源素质更易不断提高。人力资源在使用的寿命期内,通过接受不同方式的再教育和知识、经验的不断积累,其素质会产生变化,甚至会产生质的变化。人力资源的使用过程同时也是开发过程,而且这种开发过程具有持续性。人力资源的使用过程本身,就是一个不断开发的过程。蓄电池理论认为,人的一生是不断学习、不断充电的一生,而且,释放与储存成正比,如要更多地释放,就必须更多地储存。所以,人力资源可以而且应该不断地开发,持续地开发,只有这样才能不断增值。

(五)再生性

人力资源具有再生性,体现在以下几个方面:

1. 人口的再生产。人口的再生产遵循一般的生物规律,老一代人逝去,新一代人又陆续出生,而且素质会提高。当然,人口再生产还受人类意识的支配。这种人力资源时序上的再生性,与耕地、矿藏等资源的不可再生性且数量的递减形成明显反差。

2. 劳动力的再生产。通过人口总体和劳动力总体内各个个体的不断更换、更新和恢复的过程得以实现。

3. 劳动能力的再生产。一是指人的劳动能力不断使用,不断产生;二是指人的劳动今天消耗了脑力或体力,明天会再生出来。因此,人力资源个体能力的不断培养,也会不断提升。

(六)流动性

人力资源蕴含于人体之中,会随着人力资源个体在组织中的进入或退出,表现出流动性。人力资源的流动一般本着“人往高处走”的原则,会在组织内部不同岗位或层级、不同组织、不同国家或地区间流动。

### (七)稀缺性

人力资源的稀缺性主要表现为显性稀缺、隐性稀缺。显性稀缺是指市场上一些能影响企业盈利和组织发展的关键性人力资源供给不足的现象。隐性稀缺是指由于不同组织在人力资源的开发与培育上、选择与配置上的相对差异,而造成的人力资源稀缺。

## 三、人力资源与人口资源、劳动力资源、人才资源的关系

### (一)人口资源

人口资源是指一个国家或地区的人口总体的数量表现。它是一个最基本的底数,就如一个高大建筑物的底层,与之相关的人力资源、劳动力资源、人才资源皆以此为基础。

### (二)劳动力资源

有劳动能力的人,简称劳动力。劳动力资源是指一个国家或地区有劳动能力并在“劳动年龄”范围之内的人口总和。它是就人口资源中拥有劳动能力并且进入法定劳动年龄的那一部分而言,它偏重劳动者的数量。

劳动力资源起始年龄的确定,主要依据人的生理发育特点。通常,人到十五六岁就可以参加社会生产劳动,对生长发育不会带来不良影响。同时也考虑到教育制度的阶段性。上限年龄的规定,一是根据人的生理特点,二是与退休制度相联系。一个国家的人力资源总量就是根据这样的年龄界限,扣除劳动年龄范围内丧失劳动能力的人,加上劳动年龄之外实际上参加劳动的人数计算出来的。

从人力资源理论的角度看,人力资源不等同于劳动力资源,前者的范围更广,且强调了人的可开发性,强调其蕴涵的巨大潜在能量。

如果从狭义方面出发,人们有时认为人力资源就是劳动力资源,从人力资源管理角度来分析是顺理成章的。但如果从人力资源开发角度来看,则主要是指能提供源源不断的高素质的劳动者,因而,人力资源更突出质量,是质量和数量两者的统一。所以,当谈及劳动力资源时更多是从管理的角度出发,而说起人力资源则是从开发的角度出发。

### （三）人才资源

人才资源是指一个国家或地区具有较强的管理能力、研究能力、创造能力和专门技术能力的人的总称。人才资源是指人力资源中素质较高的那一部分。

当今大众传媒中，“人才”二字使用的频率越来越高。细加考察，人才概念的含义各不相同。大致归纳有以下六种含义：

1. “人才”指德才兼备、才能杰出的人。

2. “人才”指人的才能，并非指具体的人，如人才市场。

3. “人才”是指人的相貌，如常说的“一表人才”。

4. “人才”指传统意义上中专及其以上的毕业生。

5. “人才”是指以其创造性劳动，为社会发展和人类进步做出杰出贡献的人。这里主要是指人的杰出性、非重复性和非一般性。

6. “人才”是指专门人才（专业人才），是专门人才（专业人才）的简称。人才预测部门和人事工作部门使用的人才概念，即专门人才。

随着社会的进步和社会成员素质的不断提高，原有的人才概念已经不适应新形势发展的需要。根据新的形势和我国的实际情况，人才的内涵应该与时俱进。其概念的界定应该强调不唯学历、不唯职称、不唯身份、不唯资历，而唯能力和业绩，应该指具有一定的知识和技能，能够进行创造性的劳动，在工作中取得显著业绩和做出积极贡献的人。它重点强调的是人的质量方面，强调劳动力资源中较优秀的那一部分，表明一个国家和地区所拥有的人才质量，反映一个民族的总体素质。所以，2010 年 6 月中共中央国务院在《国家中长期人才发展规划纲要（2010—2020 年）》里就明确指出：“人才是指具有一定的专业知识或专门技能，进行创造性劳动并对社会做出贡献的人，是人力资源中能力和素质较高的劳动者。”①

总之，人口资源和劳动力资源突出了人的数量和劳动者数量，人才资源侧重于人的质量，人力资源是人口数量和质量的统一，是潜在人力与现实人力的统一。

---

① 中央人才工作协调小组办公室、中共中央组织部人才工作局：《〈国家中长期人才发展规划纲要（2010—2020 年）〉学习辅导百问》，党建读物出版社 2010 年版。

## 四、人力资源与人力资本的关系

人力资源开发是以“人力资本”理论为依据的。这一理论体系的历史发展进程显示出,在西方经济管理现代化进程中,人们对人力资源及其作用的认识在不断深化。

### (一)人力资本的含义

人力资本是劳动者通过教育、医疗保健、工作、迁移等途径凝聚在自身的一种资本,它表现为一种能力。可以被用来提供未来收益,是劳动者的基本财富,它包括劳动者身上的获得收益并不断增值的价值观、品德、智力、心理和体力等综合素质的总和,它们存在流量和存量两个方面,可以不断积累。简而言之,人力资本是指人们以某种代价获得的并在劳动力市场上具有一定价格的能力或技能。

当代发展经济学和教育经济学的研究表明,随着教育水平和医疗保健水平的提高,人们的知识水准上升,知识结构合理化,体质不断增强。因此,提高了劳动力的质量,使劳动者的工作技能、熟练程度大大改观并带来了生产率的上升。这种对人力资源进行开发性投资所形成的可以带来财富增值的资本形式就叫人力资本。

现代人力资源理论是以人力资本理论为根据的:人力资本理论是人力资源理论的重点内容和基础;人力资源个体经济活动及其收益的核算是基于人力资本理论的;两者都是在研究人力作为生产要素在经济增长和经济发展中的重要作用时产生的。因此,人们时常将两者相提并论。

### (二)人力资源与人力资本的区别

虽然人力资本与人力资源在理论渊源、研究对象、分析目的等方面具有一致性,但在理论视角、分析内容等方面还有一定的区别,主要表现在:

1. 两者说明问题的角度不同。人力资本是指通过投资形成的以一定人力存量在人体中的资本形式,强调以某种代价获得的能力或技能的价值,投资的代价可在提高生产力过程中以更大的收益收回;人力资源则是经过开发而形成的具有一定体力、智力或技能的生产要素资源形式,强调人力作为生产要素在生产过程中的生产、创造能力。人力资源在生产过程中可以创造产品,创造财富，促进经济发展。

2. 两者分析问题的内容不同。人力资本强调投资付出的代价及其收益，考虑投资的成本带来多少价值，人力资本投资会带来多大收益，研究价值增值的速度和幅度；而人力资源除了人力资本涉及的内容外，还要分析人力资源形成、开发、使用、配置、管理等多种规律和形式，揭示人力资源在社会经济生活中的作用。

3. 两者研究的经济学内容不同。人力资本理论，揭示由人力投资所形成的资本的再生、增值能力，可进行人力开发的经济分析和人力投入产出研究，从会计学角度看，进行经济核算的意义十分明显；而人力资源理论，不仅包括了对人力投资效益的分析，而且作为生产要素，其涉及的经济学和管理学内容更为广泛和丰富。

因此，人力资本与人力资源之间的区别是内容递进性和范围拓展性的区别，即人力资源把人力资本研究、分析问题的视角和内涵推向纵深。

## 第二节　人力资源数量与质量

人力资源作为一种经济范畴，具有量的规定性和质的规定性。人力资源作为一定人口总体中的有劳动能力的人口的总和，其总量表现为人口资源的平均数量与平均质量的乘积。

### 一、人力资源数量

人力资源的数量是构成人力资源总量的基础，它反映了人力资源的量的特性。没有人力资源的数量，也就谈不上人力资源的质量。

#### （一）人力资源的绝对数量和相对数量

人力资源的数量可以用绝对数量和相对数量两种指标来表示。人力资源绝对数量和相对数量又都有“潜在”和“现实”两种计算口径。

1. 人力资源的绝对数量

人力资源的绝对数量可以用被考察的国家或地区具有劳动能力的人口数量加以计算。为此，各国都根据其国情对人口进行劳动年龄划分。在劳动年龄上下限之间的人口称为劳动适龄人口。在劳动适龄人口之内,存在一些丧失劳动能力的病残人口;在劳动适龄人口之外,也存在一些具有劳动能力、正在从事社会劳动的人口。在计算人力资源数量时,应该对这两种情况加以考虑。根据这一计算方法,一个国家或地区人力资源应包括下述八个部分:

(1)处在劳动年龄之内,正在从事社会劳动的人口,又称为"劳动适龄就业人口";

(2)尚未达到劳动年龄,而实际已经从事社会劳动的人口,又称为"未成年就业人口";

(3)已经超过了劳动年龄,实际上仍在从事社会劳动的人口,又称为"老年就业人口";

以上三部分相加,构成人力资源的主体,又称为就业人口,用公式表示为:

就业人口=(1)+(2)+(3)

(4)处于劳动年龄之内,有能力、有愿望参加社会劳动,但实际并未参加社会劳动的人口,又称为"求业人口"(通常称为"待业"人口);

求业人口加上就业人口,国际上通称为"经济活动人口"或"现实人力资源"。用公式表示为:

经济活动人口(或现实人力资源)=(1)+(2)+(3)+(4)

(5)处于劳动年龄之内的就学人口(各种大、中专在校学生);

(6)处于劳动年龄之内的在军队服役的人口(现役军人);

(7)处于劳动年龄之内的家务劳动人口;

(8)处于劳动年龄之内的其他人口。

以上四部分人口,并未构成现实社会劳动力供给,因此称为潜在人力资源,用公式表示为:

潜在人力资源=(5)+(6)+(7)+(8)

综上所述,一个国家的人力资源,就是现实人力资源与潜在人力资源之和,又称为人力资源的绝对数量,用公式表示为:

人力资源=现实人力资源+潜在人力资源

于是,人力资源的概念,可以具体描述如下:一个国家的人力资源是该国人口中,劳动适龄人口减去其中丧失劳动能力的人口,加上劳动适龄外具有劳动能力的人口。

2. 人力资源的相对数量

人力资源的相对数量可以用人力资源率来表示,即被考察范围内人力资源人口占被考察范围内人口的百分比。

一个国家人力资源绝对量的大小,是反映一个国家国力的重要指标。一个国家人力资源的相对数量则表明该国人均人力资源拥有量。作为一种相对国力的表示,它可以用来同其他国家进行比较,反映出一个国家的社会经济发展程度及更深层次的社会经济特征。

(二)影响人力资源数量的因素

影响人力资源数量的因素主要有以下三个:

1. 人口总量及其再生产状况

人力资源来源于人口的一部分。因此,静态分析人力资源数量取决于人口总量,动态分析人力资源数量的变化取决于人口自然增长率的变动。而人口自然增长率的变化又取决于人口出生率和死亡率的变化。在现代社会中,人口死亡率处于低水平的稳定状态。所以,人口总量和人力资源的数量,主要取决于人口出生率水平及其人口基数。当然,人从出生到成长为劳动力之间存在一定的时间差。因此,通过人口数量变动来预测人力资源量的变动时,必须考虑这一因素。

2. 人口年龄结构及其变动

人口年龄结构对人力资源数量的影响表现在两个方面:一方面,在人口总量既定条件下,人口年龄结构的变化直接决定了人力资源的数量,即:

劳动适龄人口=总人口×劳动适龄人口占总人口的比重

另一方面,劳动年龄组内部年龄构成的变动,制约着人力资源内部构成的变动。

调节人口年龄构成,需要在相当长的时间内通过对人口出生率和自然增长率的调节来实现。

3. 人口迁移

人口迁移由许多原因造成，主要原因有以下三个方面：

(1)从农村向城市流动，从不发达地区向发达地区流动。这类流动的主要原因是目前的收入差距和未来预期收入的最大化目标，以及在城市和发达地区的就业概率。另外，城镇的文化精神生活、新鲜感以及亲朋好友的吸引等非经济因素也是产生流动的一个原因。

(2)人口迁移与人们的流动能力(知识、技能、健康、财富等)的强弱有关。从理论上说，经济落后、失业率高的地区，对人口流动的驱动力应该最强。但实际统计数字表明，即使是在完全市场经济条件下，人口迁移不存在任何行政或其他人为干扰，经济落后和失业同流动的相关性仍然是不明显的。这是因为，尽管经济落后、失业率高的地区对人口流动的驱动力最强，但这些地区的人力资源的质量也最低，以致相当一部分人实际上没有流动的愿望与可能。

(3)国际人口迁移。国际人口迁移的主体通常都是成年人，而且一般都掌握着某种专业技术或专长，甚至拥有一笔财富。对于流入国而言，外来人力资源有利于它们的发展，增强了它们人力资源的存量；而对于流出国而言，却是人力资源的流失，一般弊大于利。这是因为，流出国损失了它投入的人力资本，影响本国国民生产总值的增长。所以，限制专业人才外流是发展中国家普遍采取的一项保护本国、本民族利益的措施。

## 二、人力资源质量

人力资源质量是人力资源单个个体素质的有机集合。

人力资源的个体素质由劳动者的道德素质、身体素质与智能素质构成。公共部门在甄选人员时都强调“以德为先”，具有较高的道德素质是公共部门工作人员的基本条件。身体素质与智能素质又可以进行多层次分解。体质有先天体质(优生优育的结果)和后天体质(营养供给和体育锻炼的结果)之分。智能素质有传统的经验和现代科学技术知识两个方面，就现代科技知识而言，又分为一般文化和专业知识两部分，后者又有理论素养和操作技能的区别。劳动者的积极性和心理素质是劳动者发挥其体力和脑力的重要条件，因此，它也是决定人力资源质量的重要因素。

人力资源个体的身体素质是决定劳动者质量的自然基础。智能的形成除了要有自然基础之外,还要有后天的培育开发。

生产力发展史表明,人力资源中智能因素的作用逐渐提高,体质因素的作用逐渐相对降低;智能因素中,现代科学知识和技术能力的作用不断上升,传统经验和劳动技能的作用不断下降;就现代科学知识和技术能力而言,存在着"老化"与"更新"速度不断加快的规律性。同这一趋势相适应,劳动者的类型大致发生以下变化:

体力型→一般文化型→较高的一般文化型→专业技术型

在这个链条中,最初是全凭体力的文盲劳动者,他们同原始手工工具相联系;接着是以体力为主,具有粗浅的一般文化的劳动者,他们同半手工机械技术相联系(这是一般文化型的第一种情况);接着是具有较高的一般文化型,体力已不占主要地位的劳动者,他们同机械技术相联系(这是一般文化型的第二种情况);最后是以专业技术为主,基本上摆脱了体力劳动的劳动者,他们同现代和将来的自动化技术相联系。

### 三、人力资源数量与质量的统一

一个国家和地区人力资源丰富程度不仅要用数量来计量,而且要用质量来评价。人力资源质量的提高是人力资源开发的核心和关键。特别是自社会生产力从延续了千百年的体力化阶段向第一次产业革命的智能化阶段过渡开始,劳动者的智力开发因素的重要作用表现得特别明显。国内外学者认为,人力资源的质量及其培训,是新技术革命条件下最迫切的问题,也是当代面临的最严峻的挑战。

对于发展中国家来说,人力资源的质量作为投资环境中一个越来越重要的因素,对于引进资金起着关键作用。这是因为,外资项目中大都具有相当水平的高新技术,没有高素质的管理者和操作者,便无法使之运转起来。人们常说,劳动者是生产力诸要素中起决定作用的要素。实质上,更准确地说,人对生产力的强大影响其实是智力的影响,而智力在一定程度上又是科学技术的一种存在形态。离开了科学技术及人的智能,人在大自然面前是微不足道的。数量庞大而科学文化技术素质低下的劳动力大军只能从事传统的、低效的、简单的劳动,很难形成发展经济的重要源泉和推进现代化的主体力量。而且,过多的低素质的劳动力不但不能看作是“丰富的资源”,反而会成为国际竞争和未来发展十分沉重的负担。这是因为:

(1)文盲和愚昧有着很强的复制性、自循环性,文盲常常繁殖着文盲,愚昧往往扩散着愚昧。

(2)庞大的剩余劳动力和失业人口不仅对食品、衣物等供应产生持续性压力,而且还不断地强化对投资和积累的约束力,从而形成恶性循环,使短缺的生产基金更加短缺,匮乏的教育经费更加匮乏。

(3)在一定条件下,他们为一时所迫还会成为经济发展中的破坏性力量。例如,盲目拓荒,砍伐森林,滥捕幼鱼,草原过度放牧,对矿物资源的掠夺性开采,从事严重污染环境的土法冶炼,等等,都直接威胁到民族的长期生存环境。这些破坏性活动都是过多的、低素质的劳动力不断累积的结果。

## 第三节　人力资源开发与管理内涵

### 一、人力资源开发内涵

#### (一)人力资源开发的含义

1. 开发的含义

开发一词,就其本意是指以荒地、矿藏、森林、水利等没有被利用的自然资源为对象进行劳动,以达到利用的目的。后来,“开发”一词随着社会经济的发展又运用到技术开发、智力开发、人力开发等方面,使“开发”的含义被赋予了更多的内涵。现代“开发”的含义则是指对处于潜在、低效、未利用、原始状态的事物进行开拓发展。

2. 人力资源开发的含义

关于人力资源开发的含义,国内外学者和专家有多种见解和认识,下面几种是比较有影响的观点。

人力资源开发作为学术术语是美国乔治·华盛顿大学的奥纳德·纳德勒教授于 1967 年提出的。他认为,人力资源开发的含义包括:(1)开发方式——

学习。强调由雇主提供的有组织的学习体验。(2)开发时间——特定的时间阶段。强调学习不可能一蹴而就,必须投入时间资源,保持一个持续的过程。(3)开发目的——提高员工的工作绩效和个人发展的机会。强调人力资源开发只是提供实现这个目的的可能性,只有把学习的知识、技能运用于工作实际活动,才能提高绩效。

我国人力资源开发研究的有关专家提出,人力资源开发的含义是扩大人力资源数量,提高人力资源的质量,激发人力资源活力,调整人力资源结构,优化人力资源环境的活动。

还有一种观点认为:人力资源开发,一方面是对目前尚未成为劳动力的人力资源部分开发其潜能与素质,另一方面对目前已是劳动力的部分,进一步提高其能力与素质。开发可以借助教育、训练、培养进行,也可以通过观摩、磨砺、陶冶、参与实践活动等方式实现。

本书认为,人力资源开发的含义是把人的智慧、知识、经验、技能、创造性、积极性当作一种资源加以发掘、培养、发展和利用的一系列活动,是一个复杂的系统工程。因此,人力资源开发是一个综合培训与开发、职业生涯开发、组织开发、管理开发等多种手段或方法进而达到不断改进个人、群体和组织效率目标的循环往复的复杂过程。

由此可以看出,组织进行人力资源开发,重在进行人力资源深层次上的潜能培养、提升、挖掘和员工全面素质的提高。

### (二)人力资源开发的目标

人力资源开发的主要目标是提升人的能力。从心理学的观点来看,人的能力包括一般能力和特殊能力两大部分。一般能力是指人们的智力,包括思维力、记忆力、观察力、想象力等;特殊能力是指人们从事某种专业领域活动所必需的专门能力或几种专门能力的结合体。实际上,能力不仅包含了人的智力,从某种程度上来说也包含了人的活力。

在西方国家,如美国,将公司人力资源开发的目标定位为提升员工的智力资本。

本书将人力资源开发的目标定义为提升员工的现实能力和潜在能力。现实能力是指目前组织需要员工所具有的能力，通过相应的培训或实践锻炼就能拥有。潜在能力是指蕴藏在员工头脑中的智力资源或智力资本，通过特定的环境、条件和创造性活动能够转化为组织资本。

### （三）人力资源开发的规律

1. 人力资源的开发水平决定着物力资源开发利用的程度

人类首先为了生存，其次为了发展。为了生存，人类必须开发物力资源；为了发展，人类必须处理好人类可持续发展与物力资源有效利用的关系。因此，对于物力资源开发利用的水平、层次、程度有赖于人类对于自身的开发水平提升。一项研究成果表明：一个具有小学文化程度的劳动者较之于文盲可提高劳动生产率 43%；一个具有中学文化程度的劳动者可提高劳动生产率 108%；一个具有大专文化程度的劳动者可提高劳动生产率 300%。由此可见，物力资源的开发利用程度取决于人力资源的开发水平。

从组织人力资源开发角度看，人力资源的开发水平决定着组织物力、财力、人际关系等开发水平，这是不可否认的现实定律。

2. 人力资源的开发随其程度的加深其价值不断提升

人力资源中最能体现价值的资源是人才资本。人才资本的形成与人力资源的开发程度呈正相关。人力资源开发程度越深、潜能挖掘利用越充分，人所具有的本领就越强，人的价值就越大，人才资本的含量就越高。

组织人力资源的开发也不能离开这一规律。这是人才成长的内部规定性，也是现代组织开发人力资源和拥有人才资本的法则。

3. 人力资源的开发永无止境

人力资源之所以能优于其他资源，关键是人力资源拥有不同于其他资源的内容。人是有思想、有意识、有感情的，而人的思想、意识、感情从某种意义上来说又是动态的。这种动态性反映在人力资源开发上，就形成了人力资源开发进程上的永无止境。这里主要阐述两层意思：

（1）人的大脑开发永无止境。人脑是世界上最复杂的一种物质，它由 100 亿以上的神经细胞和 1000 亿以上的神经胶质细胞组成，每个神经细胞又可能与其他神经细胞存在 10000 个以上的联系，形成了复杂的神经网络。人的大脑是个奇妙无比、潜力极大的未知世界。如果人生以60岁计算,人们对于最宝贵的大脑资源最多只能开发利用20%,其余80%还处于沉睡状态。由此说明,对人力资源的开发是永无止境的。

(2)人的学习永无止境。学习是人类生存与发展的推动力,也是人生永恒的主题。中国古代汉语中"学习"一词,是由"学"和"习"两个概念组成的,既包括了"学",又包括了"习"。传统观点上的学习,通常把人生分成两个阶段,即学习阶段和工作阶段。人生的前20多年为学习阶段,后半生为工作或不必学习阶段。现代意义上的学习,具有更广泛的内涵与外延。学习的定义不仅包括了学习的内容,即知识和技能,也包括了学习的途径与方式,即学习不仅是听老师讲课、阅读书籍、参加培训和训练,在实践中验证和探索也是学习,而且是更直接、更重要的学习,这种学习的无阶段性,也就引申出了"终生学习"的概念。

在实践中,新情况、新问题、新方法、新技术层出不穷,不断涌现。不学习就会退步,不学习就会被淘汰,这是社会发展到今天的不二法则,也是人力资源开发永无止境的渊源。

组织人力资源开发也离不开这一规律。因为组织要发展、要引进新技术,就要运用和开发相应的人才。

### (四)人力资源开发的层次

传统的人力资源开发理论是一次开发理论,即人的开发仅是学校和教育部门的事。现代人力资源开发理论不仅摒弃了这种思想,而且将人力资源开发拓展为现代组织的高层次开发、中层次开发、基层开发和个体自我开发四个层次。

1. 高层次开发

人力资源的宏观开发,其主体是组织的决策层,包括高层管理部门或高层管理团队(如董事会、监事会)及政策制定者;其客体是全体职能人员;开发的手段、方法是制定组织人才发展战略、发展方向、发展目标和授权赋能,其性质是政策性开发;开发的目的是使员工能力不断提高、潜能得以开发、人才和人才资本不断涌现或增值、组织管理目标得以实现;开发的内容是制定各项有效的人力资源开发、管理、培养、训练制度。值得注意的是:一个制度既可以调动员工的积极性,也可以扼制员工的积极性;一个政策可以使大批人才涌现,也可以使大批人才流失。组织人力资源开发的政策是一个最大、最有权威、最有力的开发人力资源的杠杆。

2. 中层次开发

人力资源的中层次开发主体是组织的管理层，包括中层的各个管理部门和管理人员；开发的客体是全体职工；开发的手段、方法是使用，其性质是使用性开发；开发的目的是人尽其才、才尽其用；开发的内容是因人制宜、合理使用与激励为主，具体举措是强化培训、设计职业生涯和进行指导。中层次开发值得注意的是：使用人就是开发人，有人不用，就是不开发，人的才能不利用，就是浪费。所以，人才使用就是开发，而且是重要的开发。

3. 基层开发

人力资源的基层开发的主体是组织的执行层，包括基层各职能部门和执行部门及有关的职能人员；开发的客体是员工；开发的手段和方法是培训、传授、灌输、个别教育；开发的目的是优化知识和技能；开发的内容是跟进传授知识和技能，提高其素质。基层开发值得注意的是：培养员工良好的职业道德，建立组织与员工命运共同体，增强组织的凝聚力和员工的使命感。

4. 个体自我开发

个体自我开发的主体是员工自己，开发的客体也是员工自己，即员工自我开发。开发的目的是员工自我成长、自我发展，最终实现自我价值；开发的内容是员工确定目标、自我学习、自我激励、自我成长。值得注意的是，人力资源的自我开发应高度重视和强调员工自身的觉悟性和主动性，这是其他三个层次开发的基础。

从上述四个层次的开发可以看出，人力资源的开发是一个相互作用、有机联系的系统工程。因此，在进行人力资源开发时要整体把握，层层负责，环环相扣，全面开发。

## 二、人力资源管理内涵

### （一）人力资源管理

人力资源管理是从组织战略、组织内外部环境和人性特点出发，以充分发挥人在组织中的作用为目标而进行的人员管理方面的政策制定和实践活动。

简而言之，人力资源管理是指社会或组织对从业人员从招聘、培训、使用、调配直至退休的全过程进行的管理。

人力资源管理可分为宏观、中观和微观三个层次。微观层次关注的是组织内部的人力资源管理效率问题；中观层次关注的是某一行业或地区如何通过利用和开发人力资源谋求竞争优势的问题；宏观层次关注的是在国际竞争中如何通过开发和利用人力资源来谋求一个国家国际竞争态势。

人力资源管理是组织中人力资源的获取、整合、激励及控制调整的过程，包括人力资源规划、人员招聘、绩效考核、员工培训、工资福利政策等。它与传统的人事管理有着本质的区别。传统的人事管理是以“事”为中心，注重的是控制和管理人，属于行政事务式的管理方式。而现代人力资源管理以“人”为中心，是把人作为活的资源来加以开发利用，人力资源管理被上升到组织战略高度。人力资源管理注重人的心理和行为特征，强调人与事的相宜，事与职的相配，使人、事、职能做到最佳匹配，获得最大化的管理效益。

### （二）人力资源管理的意义

#### 1. 充分发挥人力资源的价值，实现组织目标

通过合理的管理，实现人力资源的精干和高效，取得最大的使用价值。通过采取一定措施，充分调动广大员工的积极性和创造性，也就是最大限度地发挥人的主观能动性。调查发现：按时计酬的员工每天只需发挥自己 20%~30% 的能力，就足以保住个人的饭碗。但若充分调动其积极性、创造性，其潜力可发挥出 80%~90%。

#### 2. 提高人员的满意度和成就感

现代组织的管理目标关注的重点从单一组织目标转向兼顾组织目标和组织成员个体目标。不仅实现组织目标是重要的，而且关注人员的满意度和成就感也是非常重要的。可以到各类组织中去看一看，其中有多少组织中员工把工作当成一种乐趣和享受呢？这方面我们没有精确的统计数据，但从个案的访问中可以感觉到员工把工作当乐趣的组织少，而把工作当成痛苦的组织多。良好的人力资源管理有助于帮助员工寻找工作乐趣，提高员工满意度和成就感。当员工满意度和成就感提高时又进一步地促进了组织的发展。近几年，有关“最

佳雇主"企业的评选从一个侧面反映了这种要求。美国的西南航空公司是一家非常成功的企业,在美国航空运输业长期低迷的环境背景下,该公司的经营业绩一直表现突出。西南航空管理的一个特色就是有意识地为员工制造快乐。它的理念是快乐的员工工作表现更优秀。中国也有一家餐饮企业"海底捞火锅"也走了同样的道路。很多消费者是冲着海底捞优质的服务去消费的。这种优质的服务主要源于它拥有的快乐员工。在这家店里,每个工作人员都表现出耐心、热情和情绪高涨。

3. 培养全面发展的人,提高员工的人力资源价值

良好的人力资源管理能够为员工的全面发展创造条件并且提供施展才华的舞台。人力资源需要开发,从某种程度上讲,人力资源管理就是开发人力资源的过程。在现代社会中,一个组织很难为员工提供终身雇佣的保障,但能够为员工的人力资源价值增值做出努力和承诺。良好的人力资源管理能够有效地提高人力资源价值,帮助员工实现价值增值。美国著名的战略咨询企业麦肯锡公司的人员流动性非常大,它通常招收著名高等学院毕业的优秀毕业生。新员工进入公司后在最初的几年时间里如果没能够被提拔到"项目经理"的职位,一般都会选择自动离职。在离职率非常高的情况下,麦肯锡公司仍然成为世界一流商学院毕业生的首选工作企业之一,究其原因,就是麦肯锡为新进入企业的员工提供了世界一流的培训和发展机会。员工工作几年之后即使不能留在公司里,也非常容易在世界一流的企业中获得满意的工作机会,麦肯锡的工作经历给他们创造了更高层次的就业机会。

### (三)人力资源管理者

组织中所有的管理者都是人力资源管理者。人力资源管理的工作绝不仅仅属于人力资源部门的人员。事实上,组织中不同级别和不同职位的管理人员,乃至普通员工都必须承担起相应的人力资源管理职能。

1. 最高管理者

组织中的最高管理者,也就是平常所说的"一把手",是第一位的人力资源管理者。从这个意义上说,人力资源是"一把手工程"。哪个组织的人力资源开发与管理搞得好,一定是最高管理者非常重视,直接参与管理的结果。相反,

“一把手”漠视人力资源管理工作的话，组织的人员管理难有大的作为。最高管理者必须承担的工作是确定人力资源政策和推动人力资源管理变革。人力资源政策是组织中对人力资源活动长期的一致性的原则规定。比如：招聘时主要聘请组织外部成员还是内部成员，招聘没有工作经验的毕业生还是有工作经验的人员；薪酬标准与同行业相比是偏高、差不多还是偏低；人员晋升时是能力优先还是资历优先，等等。这些决策都属于人力资源政策的范围。最高管理者必须对这些问题进行界定和规范。

推动变革是最高管理者必须承担的另一个职责。人力资源管理变革在组织中一定会成为人们高度关注和有争议的话题，因为人力资源管理活动会对组织中的每一个成员产生直接影响。只有最高管理者亲自组织、鼓动和推进，变革才有可能成功。前几年，很多民营企业试图通过引入职业经理人来走上制度化管理的道路，但多数都失败了。人们把这种现象称之为“空降兵”现象。“空降兵”现象为什么会失败？其中一个很重要的原因是“空降兵”们往往是肩负着人力资源管理变革的任务进入一个陌生的企业中，在推动变革的过程中最高管理者没有直接地领导变革，希望等着验收改革成果，最终的结果只能是在变革中利益受损的员工怨声载道，改革无疾而终，“空降兵”悄然隐退。

2. 人力资源部门管理者

人力资源部门的角色定位不能是人力资源活动的直接实施者，而应该是人力资源技术专家、人力资源工作方法的教练员、人力资源问题咨询师。他们是人力资源管理制度的制定者和推行者，以自己具备的人力资源专业知识和技能帮助直线部门的管理者实施人力资源管理活动。但是不能越俎代庖，更不能包办代替。以人员选拔为例，人力资源部门必须和直线部门人员密切配合，人力资源部门负责招募人员，对候选者的背景资料进行筛选，对面试官进行面试技术的培训，对选拔中涉及的法律问题提供咨询服务。而具体的人员考察和招聘决策则由用人部门的管理人员决定。

3. 直线部门管理者

直线部门管理者是人力资源管理实践活动的主要承担者。要在组织人力资源政策的框架内，在人力资源部门的指导和支持下，完成对下属员工的选拔、使用、激励和职业发展规划等方面的工作。人力资源管理工作应该成为直线部门管理者最重要的工作内容。惠普公司的人力资源管理非常出色,其中一个有特色的做法就是要求所有部门的管理者每年年底抽出一天的时间专门完成对下属工作、业绩的评估报告。这个报告不是简单的打分或者定性描述,而是要求管理人员以具体的数据和事例来对下属过去一个阶段的表现进行回顾和总结。报告的水平将直接影响对管理者的工作绩效评价。如果管理者平时不注意考察和了解每一位下属的工作情况,根本无法完成这样一份详细的报告。这种报告制度一方面让公司能够更全面地了解员工的工作情况,另一方面也促使管理者更关心下属的平时表现,将对下属的人力资源管理作为自己的一项最主要的工作职责来看待。

### (四)人力资源管理环境

#### 1. 外部环境

(1)知识经济因素。

现代人力资源管理面临的首要经济因素是知识经济因素。未来学家约翰·奈斯比特于1982年出版《大趋势》一书,从十个方面论述了美国社会的发展趋势。他认为“知识是我们经济社会的驱动力”,“信息经济社会是真实的存在,是创造、生产和分配信息的经济社会”。他概括了信息社会的四个特征:①起决定作用的生产要素不是资本,而是信息知识;②价值的增长不再是通过劳动,而是通过知识;③人们注意和关心的不是过去和现在,而是将来;④信息社会是诉讼密集社会。

总部设在巴黎,以发达国家为主要成员国的经济合作与发展组织(OECD),在1996年发布了一系列报告,在国际组织文件中首次正式使用了“知识经济”(Knowledge-Based Economy)这个概念。在经济合作与发展组织的《以知识为基础的经济》报告中,对知识经济的内涵进行了界定:知识经济是建立在知识和信息的生产、分配和使用之上的经济。

从对知识经济时代特征的分析可以看出,知识经济时代将更为科技化、人性化,更符合人的发展的需要。知识经济时代的社会发展需要人的极大发展与能力提升,资产投入的无形化、决策的知识化和经济发展的持续化等知识经济的发展特征,无一不是在依靠人(特别是知识型员工)的创造力支撑。而且,知识经济还扬弃了那种局限于人的短期发展利益的狭隘发展观,要求全社会从长远的职业生涯规划来着眼于人的长远发展利益。知识经济作为以人为本的社会发展阶段,只有以人的发展作为衡量其发展的价值尺度,才能更好地度量社会发展的程度和水平,从而使社会的发展为人的发展服务。因此,人的发展成为衡量知识经济的价值尺度,人的发展的水平和程度是知识经济发展的水平和程度的重要表现。

知识型员工成为知识经济时代组织人力资源管理的重点。管理学大师彼得·德鲁克认为,知识经济时代的经济发展取决于掌握知识的知识型员工。拥有知识的知识型员工与组织之间是一对命运共同体,他们的个人发展与组织战略目标的实现相辅相成。组织对他们的开发与动态化的管理使他们获得个人发展的舞台,并且能够满足其个性化的主导需求,从而最大限度地激发其工作潜能,使知识型员工个人绩效得到提升与改进。而知识型员工个人绩效的改进往往带动团队绩效或部门绩效的提高,于是产生了组织内部良性发展推动力,最终使整个组织的战略目标得以实现。知识经济时代,知识的生产、使用和创造成为组织的基本活动,因此,拥有知识并运用知识进行创新活动的知识型员工逐步成为工作的主体。知识型员工逐渐成为工作主体,不仅表现在绝对数量和相对比例的增加上,而且表现在所起的作用和所承担角色的重要性上。

知识型员工的工作特点主要表现在工作过程的自主性、工作内容的创造性、工作投入的风险性、工作过程的难以监控性以及工作成果的难以衡量性。

知识型员工从事的是极具创造性的工作,不是简单重复性工作,而是在易变和不完全确定的环境中充分发挥个人才能,将知识资源和智力资本有效转化为生产力,不断使产品和技术得以更新,需要在工作中不断探索和创新。知识型员工与流水线上的操作工人被动地适应设备运转相反,他们更倾向于拥有自我主导的工作环境,更强调工作中的自我引导和自我激励,要求工作场所和工作时间具有灵活性,强调宽松、和谐的组织气氛。进行知识创新,具有投入大、收益大以及风险大的特点。知识型员工的工作主要是思维创造性活动,其工作过程有别于传统意义上的体力劳动,不宜于用传统的方法去管理。由于思维创造活动并不受既有的流程、步骤、计划、方案等束缚，所以管理者很难规定工作的标准化程序和固定的工作规则。

(2)全球化因素。

现代人力资源管理面临的经济环境中第二个突出现象是经济全球化。全球化作为一个经济的过程表现为经济活动正在通过生产、贸易、金融和资本的跨国网络，以空前的广度、强度和流动速度向全球扩张，使世界上一个地区的事件、行动和决定可以影响到距离遥远的国家、群体乃至个人。组织的人员不再是由来自一个国家的人员组成，而是来自不同国家。经济的全球化导致人才竞争的全球化，人才的竞争将更加激烈，高素质的知识型员工因其所赋有的较强的知识创新能力往往成为争夺的焦点。组织成员很可能来自不同的国家，拥有不同的文化和价值观，跨文化人力资源管理成为新的课题。

(3)政治法律因素。

国家的劳动就业相关法律规定对组织的人力资源管理产生很大的影响。国家对劳动就业中的劳动合同、最低工资、健康与安全、福利等的法律规定也对组织的人力资源管理提出了相应的要求。比如，2008 年 1 月 1 日开始实施的新《劳动合同法》中规定，用人单位必须与劳动者签订书面劳动合同。自用工之日起超过一个月不满一年未与劳动者订立书面劳动合同的，应当向劳动者每月支付两倍的工资。用人单位同员工签订劳动合同后，必须缴纳养老保险、失业保险等各种支出。以浙江企业为例，执行新《劳动合同法》以后，每年每个员工的劳动力成本增加了 5000 元。成本支出的增加，给一些以低成本战略参与市场竞争的企业带来了相当程度的冲击，迫使企业的人力资源管理做出相应的调整。新《劳动合同法》中还规定了劳动者在该用人单位连续工作满 10 年的或者连续订立两个固定期限的劳动合同的，应签订无固定期限劳动合同。目前，对无固定期限劳动合同的解释和操作还存在很大的争议，但是有一点可以明确：用人单位变更或者解除同劳动者的劳动关系不可能像以前那么容易了，它必须符合《劳动合同法》的规定，用人单位不能再对劳动者“呼之即来，挥之即去”了。这就要求组织的人力资源管理在规划、招募和解聘等环节上的工作必须更加细致周到。

(4)劳动力市场因素。

组织的劳动力的供给是在一个大的人口环境下实现的,现在组织所面临的人口和劳动力环境发生了重要的变化。这些变化主要包括劳动力的年龄结构的变化与劳动力的性别、种族和文化结构的变化。目前的趋势是劳动力结构更加复杂,文化水平不断提高,劳动力的多样化已经成为一个不可抗拒的潮流。

(5)科学技术因素。

科学技术的发展深刻地影响着组织的人力资源管理活动。首先,由于新技术和新产品的出现,现有的工作岗位不可避免地不断被淘汰,新的岗位不断产生。国外人力资源管理专家预测,在未来的10年中,技术进步将使半数以上的现有工作岗位发生变化,30%的现有工作岗位消失,同时产生大量新的岗位。前些年人们还在热衷讨论CEO(Chief executive officer,首席执行官),而现在,企业中已经出现了CFO(Chief financial officer,首席财务官)、COO(Chief operating officer,首席运营官)、CTO(Chief technology officer,首席技术官)、CIO(Chief information officer,首席信息官)等词汇。其次,科学技术的发展使得组织的员工有可能在地理位置上高度分散。这种分散化要求人力资源管理系统做出相应的调整。在《世界是平的:21世纪简史》一书中,弗里德曼指出,软件的不断创新与网络的普及,让世界各地包括中国和印度的人们可以通过因特网轻松实现自己的社会分工。新一轮的全球化,正在抹平一切疆界,世界变平了。

2. 内部环境

(1)组织发展战略。

人力资源管理是组织职能管理中的一个方面,其活动必须满足组织整体战略的要求。战略最早是一个军事术语,在古希腊文中战略的意思是"将军的艺术"。20世纪60年代,随着组织环境的复杂化、动荡化和不确定化,战略问题进入了管理研究领域,并获得飞速发展。今天,我们讲组织战略是指,组织为自己确定的长期发展目标和任务,以及为实现长期目标而制定的行动路线。组织战略一般分为三个层次:整体战略、部门战略和职能战略。人力资源战略属于职能战略。人力资源管理活动必须能够支撑并帮助实现组织的整体战略。

(2)组织结构。

现代组织结构的特点表现在三个方面:一是小型化。组织的小型化是指对规模较大的组织来说,采取灵活的方法发展其内部的中小型部门,即把大组织分成几个小的相对独立的部门或单位,或设置临时性项目机构,以满足组织、员工、客户和其他重要的利益相关者的各种需要。小型化的组织结构对人力资源管理中的职业通道设计、激励系统、价值观等各方面提出了新的要求。二是组织的分散化与虚拟化。以前组织是集中工作,每个雇员都需签到,而未来组织的概念则是分散的甚至是虚拟的,雇员可以在家里或远离总部的办公室工作,并只需偶尔向总部汇报。未来组织内的多部门、多群体之间的边界是"可渗透的"或"半渗透的",而不是封闭的。虚拟组织不同于传统的实体组织,成员不再依赖于一个看得见摸得着的办公场所而运作,而是就职于自己的家里或一个独立的办公室,主要依赖于现代通信与信息技术实现远程的沟通与协调,形成一个虚拟的空间组织。因此,组织进行人力资源管理时必须考虑这种趋势。三是扁平化。组织的扁平化使过去强调个人,权、责、利分明的直线式管理组织逐渐向相互交织的网络状组织发展。

(3)领导者。

领导者的领导方式和方法会在很大程度上影响组织的人力资源政策选择以及人力资源活动实施。领导方式可以粗略地划分为两种:以任务为导向的和以人为导向的。以任务为导向的领导更强调任务,要求人员安排和使用围绕任务,人员的激励同任务完成情况挂钩。而以人为导向的领导更强调发挥人的主动性,要求人员安排和使用围绕人的特性和个性,人员的激励更多地同人的发展和需求满足挂钩。

(4)员工。

员工是人力资源管理的对象。不同组织中的人员,同一组织中不同部门和岗位的人员,有不同的个性、需求和价值观。人力资源管理只有仔细研判员工的需求、能力和个性,有针对性地进行人力资源管理活动,才能取得事半功倍的效果。

(5)人力资源政策。

人力资源政策反映了组织对人力资源的基本观念和态度。人力资源政策反映出一个组织如何看待人的问题,反映一种基本保持恒定的用人观念和价值取向。人力资源活动受到人力资源政策的直接影响和制约。

微软公司的人力资源政策就是不惜代价聘用顶级精英人才,因为微软认为,精英人才是软件业成功的关键,企业的真正资产在员工的头脑里。根据微软的记录,公司每年接到来自全世界各地的求职申请达 12 万份。面对如此众多的求职者,比尔·盖茨并不满足,他认为,许多令人满意的人才没有注意到微软,因而会使微软漏掉一些最优秀的人。微软安排的很多"面试",不是在考人家,而是在求人家。用微软研究院副院长杰克·巴利斯的话说,是在"推销式面试"。在西方记者撰写的关于微软的书籍中,多次提到一件事情:加州"硅谷"的两位计算机奇才——吉姆·格雷和戈登·贝尔,在微软千方百计的说服下终于同意为微软工作,但他们不喜欢微软总部所在地雷德蒙冬季的霏霏阴雨。比尔·盖茨说,这好办,就在"硅谷"为他们建立一个研究院。

海尔集团的人力资源政策可以概括为"人人是人才,赛马不相马"。海尔集团总裁张瑞敏认为,企业领导者的主要任务不是去发现人才,而是去建立一个可以出人才的机制,并维持这个机制健康持久地运行。这种人才机制应该给每个人相同的竞争机会,把静态变为动态,把相马变为赛马,充分挖掘每个人的潜质,并且每个层次的人才都应接受监督,压力与动力并存,方能适应市场的需要。在这种人力资源政策指导下,海尔建立了系列的赛马规则,包括三工并存、动态转换制度,在位监控制度,届满轮流制度,海豚式升迁制度,竞争上岗制度和较完善的激励机制,等等。

(6)企业文化。

企业文化是组织成员共有的价值观的行为规范体系。它的核心是共同价值观体系,它使组织独具特色,以区别其他组织。无论从宏观还是微观的角度来讲,文化因素无疑对人力资源管理具有重要影响和巨大意义。企业文化是组织成员在认识和行为上的共同理解,它贯穿于组织的全部活动,影响组织的全部工作,决定组织中全体成员的精神面貌和整个组织的素质、行为和效能。对企业文化的研究,有助于我们对组织成员乃至整个人力资源管理的理解、把握和预见。

### (五)战略性人力资源管理

随着竞争日益激烈,现代人力资源管理在20世纪90年代发生了深刻变化,即从传统的职能型的人力资源管理转向战略性的人力资源管理。战略性人力资源管理强调人力资源管理对组织发展战略的适应能力和支持作用。战略性人力资源管理(Strategic Human Resource Management,SHRM)是指为使组织实现其战略目标,有计划的人力资源活动和配置模式。具体而言,战略性人力资源管理就是系统地将人与组织联系起来的、统一性和适应性相结合的人力资源管理,是组织为了达到战略目标对人力资源进行的各种规划和部署。

战略性人力资源管理的核心要素主要包括:与组织战略相匹配的人力资源规划及员工职业生涯管理体系、明确的(基于能力素质模型的)任职资格体系、基于组织战略的绩效评估与薪酬管理体系(战略薪酬)、注重培训和团队管理及企业文化建设等。

### (六)人力资源管理的基本原则

在现代人力资源管理理念的指导下,人们经过长期的管理实践,逐步总结出人力资源管理的基本规律和运行规则。

1. 要素有用,同素异构原则

在组织中工作的每一个人都有自己的心理和行为特征。一般而言,每一种个体特征都是有用的,关键在于能否找到发挥该种个体特征长处的环境。也就是说,只要环境选择得当,人人都可以成为人才。管理者和被管理者必须认识到,每个人的能力有大小,但是只要在适合自己能力的岗位上,个人就能够发挥最大的价值。管理者要善于了解、把握员工的个性特征,使人力资源得到有效开发和使用。同素异构是指,任何一个人在组织中的作用的发挥不仅取决于他的个体特征,更取决于他同其他人以及其同事的搭配关系。如果搭配得好,个人能发挥出最大的潜力和才能;如果搭配得不好,个人的优势和积极性将受到抑制和破坏。管理者要针对不同工作任务的具体要求,将不同特征的人以某种适合的方式组合起来,发挥整体协作的功能和优势。

2. 德才素质统一原则

德和才是人力资源素质的主要内容。每一个组织对人员的具体要求不同，但在要求人员德才兼备这一点上是共通的。德的素质包括人员的政治品德、伦理道德、个性品德三个基本方面；才的素质包括智力、知识、专业与综合能力等。德才素质统一，意味着在人力资源使用和开发过程中，人员的德、才条件是不可或缺、不可偏废的。德保证人员活动的方向，才保证人员活动的效果。

3. 能级匹配，适才适用原则

能级匹配与适才适用原则是现代人力资源管理中的以人为本思想的具体体现和运用，它保证各种类型、各种层次的组织成员得到合理的和最大限度的使用。能级匹配是指根据员工个体能力的大小和能力的种类，科学地将其安排到相应职级的工作岗位上去，使其能力与具体的职位相称，从而达到人尽其才、各尽所能的管理目的。能级匹配、适才适用要求管理者能够准确、全面地掌握员工的能力结构和特长。管理者必须按照能力与工作性质的有机结合的要求进行管理，才能充分发挥员工的特长，真正调动其积极性。

4. 开发与使用并重的原则

在人力资源管理活动及其资源配置上，根据社会经济及管理的需要，将人力资源的现实使用和不断开发联系在一起，两者相互衔接、相互补充、相辅相成。人力资源开发是为了人力资源的使用，而人力资源的使用又为开发指明了方向。

5. 鼓励竞争，动力发展原则

人力资源管理的出发点是创造人员为组织工作的动力源泉。管理者已经普遍认识到，没有激励和动力源泉，人力资源就无法发展。人员工作的动力机制一方面来源于组织能够满足人员不同层次的期望和需求，另一方面来源于组织塑造一种良好的竞争环境，激发、鼓励人们充分发挥自己的积极性、主动性和创造性，展示自身的潜能。只有激励管理，才能够创造出组织与人力资源发展的生机和活力。

### （七）人力资源管理的任务

目前，在很多组织中，虽然人事部门的牌子换了（由人事部门改为人力资源部门），但人力资源管理并没有真正落到实处。究其原因，主要是人力资源管理者没有真正转换角色，没有形成人力资源管理的新观念，没有理解人力资源管理的任务究竟是什么。

人力资源管理的基本任务，就是根据组织发展战略的要求，通过有计划地对人力资源进行合理配置，搞好组织内员工的培训和人力资源开发，采取各种措施，激发员工的工作积极性，充分发挥他们的潜能，做到人尽其才，才尽其用，更好地促进工作效果、工作效率的提高，进而推动整个组织内各项工作的开展，以确保组织战略目标的实现。具体来讲，人力资源管理作为一个全方位的系统工作，涉及识人、选人、育人、用人、留人五大方面的任务，我们把这称为人力资源管理的5P模型。组织的人力资源管理是以识人为基础，选人为先导，用人为核心，育人为动力，留人为本质的系统的管理工作。

1. 识人

所谓识人，就是要认识和了解人的心理和行为规律，洞察人的心理需求变化。识人是人力资源管理工作的基础。以往的人事管理把人看成机械的、被动的实体而加以管制，并没有把员工看成具有能动性、自主性的主体来加以开发。因此，组织的各级管理者大多以自我为中心来管理员工，制定的人事制度由于缺乏员工的参与，在实践中往往缺乏可操作性和可接受性。

现代人力资源管理要求管理者充分了解员工的心理，分析员工的行为，在正确认识人的基础上构建良好的人力资源管理基础。心理是人对客观现实的客观反映，脑是心理的器官。心理学家认为，人的心理是可以借助科学方法和手段来认识的。人的心理现象包括心理过程和个性心理。人的心理过程包括认识过程、情感过程和意志过程。人的个性心理包括个性动力系统（兴趣、需求、动机、价值观）和个性特征系统（气质、性格、能力）。要真正激发员工的工作潜能，提高工作积极性，就必须深入了解员工的所思所想，分析员工的心理和行为的变化，把握员工的个体差异。只有在此基础上建立与形成的各种人事规章制度才能真正落到实处，达到规范与引导员工行为的目的。

2. 选人

选人，是对人员的招聘和选拔。要真正选好人才，第一，必须制定较为详细的人力资源规划;第二,要分析岗位要求,尤其是任职资格分析;第三,要有一个好的选人标准,处理好德与才的关系;第四,选人者本身要有较高的素质,有相应的专业知识,有能力鉴别人才、发现人才、选好人才;第五,要有科学的选人机制与程序。在选人机制上,要贯彻公平、公正、公开的原则,力戒单纯依靠主观印象选人,而应借助于科学有效的人事测评的手段去招聘、选拔人才。

3. 用人

对各级管理者来说,如何科学合理地用人,是人力资源管理工作中最具挑战性也最具艺术性的工作。只有用好人,才能发挥人才的积极性和创造性。用人首先是安置好人,在最合适的时间把最合适的人放在最合适的岗位,找到“人”和“事”的最佳结合点,做到人人有事做,事事有人管。同时,要真正做到用好人,管理者必须做到知人善任,量才使用,任人唯贤,用人所长。

4. 育人

育人,即培养人才。育人的根本目的是激发员工的工作兴趣,提高员工的工作素质,规划员工的职业生涯。因此,管理者的角色是老师、教练、导师。在组织发展的同时,帮助员工成长是管理者的重要职责。培训的出发点一定要从岗位出发,结合岗位任职要求,切实帮助员工提高素质和能力。培训要因材施教,学以致用,与实践紧密结合。现代人力资源管理越来越强调一种新的培训观念:培训不光是知识的传授、技能的提高,更重要的是观念的更新,态度的转变。因此,培训不是资金的消耗,而是投资,是一种可以产生效益的管理行为。

5. 留人

如何留住人才,尤其是留住重要技术岗位和管理岗位的人才,这是管理者最头疼的问题。留人要留“心”,如果员工觉得在组织外能有更大的发展,不要强行限制他,人才的合理流动是正常的。对员工来说,一个好的领导,一个好的工作氛围是留下的重要因素之一。

### (八)人力资源管理过程

人力资源管理过程包括八个步骤:

1. 人力资源规划

人力资源规划是管理者为了确保在适当时间、为适当的职位配备适当数量和类型的工作人员，并使他们能够有效地完成所分派任务的管理过程。人力资源规划过程可以归纳为两大步骤：(1)评价现有的人力资源；(2)预估将来需要的人力资源，并制定满足未来人力资源需要的行动方案。

2. 工作分析与设计

通过对工作任务的分析，根据不同的工作内容，设计为不同的职务，规定每个职务应承担的职责和工作条件、工作任务等，可使组织吸引和保留合格的员工。工作分析是通过观察和研究，确定关于某种特定职务的性质的一种程序。也就是说，工作分析就是把每个职务的内容加以分析，清楚地掌握该职务的固定性质和组织内职务之间的相互关系的特点，从而确定该职务的工作规范，并确定工作人员在履行职务上应具备的技术、知识、能力和责任。工作设计是指组织为了提高工作效率和员工的工作满意度，而不断完善或重新整合修改工作描述和任职资格要求的行为或过程。

3. 招聘

如果组织中存在一个或多个职位空缺，管理者可以根据职务分析得到的信息来进行招聘工作。所谓招聘，就是安置、确定和吸引有能力的申请者的活动过程。管理者可以通过多种渠道找到潜在的候选人。

4. 甄选

通过招聘吸引一批申请者后，人力资源管理的下一个步骤就是确定谁是该职位最合格的人选，这个步骤称为甄选或选拔。甄选实际是一种预测行为，它设法预见哪些人员会确保工作目标的实现。比较常见的甄选手段包括：(1)填写申请表；(2)笔试，测试申请者智力、能力、兴趣等方面的内容；(3)面谈，测试申请者的工作技能和应变能力；(4)模拟测试，试验申请者在模拟的工作环境中的实际表现等。

5. 培训

员工的技能可以分为三种类型：技术型、人际关系型、解决问题型。员工培训的目的是提高其中的一种或多种技能。技术型的培训包括训练最基本的技能，如电脑操作、公文写作等，也包括与特定职务相关的技术能力。每一个员工都从属于某一个工作单位。从一定程度上讲，员工的工作绩效取决于他与同事或者上级相处的能力。人际关系培训包括学习如何倾听,如何清晰地表达自己的思想,如何减少摩擦冲突,等等。许多员工在工作中需要解决一系列非常规的问题。解决问题型的培训可以训练员工提出若干解决问题的构想,对各种备选方案进行分析评价,选定最终的方案。大多数的培训以在职的方式进行,因为在职培训方式简单易行且成本通常比较低。但是,在职培训可能会干扰工作的正常秩序。另外,有的技能培训相当复杂,难以一边工作一边学习。在这种情况下,培训就需要采用脱产学习的形式。

6. 绩效考核

绩效考核是对员工的工作行为和工作结果进行全面的、系统的、科学的考察、分析、评估和沟通的过程。绩效考核的本质是考核组织成员对组织的贡献,是管理者与员工之间为提高员工的能力和绩效,实现组织目标的一种管理沟通活动。

管理者和员工本人需要知道员工是否在有效地完成工作,是否存在改进的必要。考核,是人力资源管理的核心工作,是正确的人事决策的前提和依据。绩效管理的目的不仅仅是考核工作结果,更是改进工作。考核工作不仅需要回答"员工干得如何"的问题,更重要的是回答"员工怎样才能干得更好"的问题。

绩效考核的一般过程分为五个阶段:(1)制定考核标准。考核标准是在考核中避免主观随意性而不可缺少的前提条件。考核标准必须以职务分析中制定的职务说明与职务规范为依据。(2)实施考核。对员工的工作绩效进行考核、测定和记录。(3)考核结果的分析和评定。对照考核记录与考核标准来进行分析评判,获得考核的结论。(4)考核结果反馈与改进。考核结果同员工见面,使其了解组织对自己工作绩效的看法和评价,针对考核中发现的问题采取纠正措施。(5)考核结果运用。考核的结果应与培训、加薪和晋升结合在一起,这样有利于产生激励效果。

7. 薪酬与福利

制定一个有效的、合适的薪酬制度,是人力资源管理的一个重要内容。有效的、合适的薪酬制度有助于吸引和保持有能力的员工。组织的薪酬制度被证实对一个组织的发展有重要的影响。管理者制定的薪酬制度,必须能反映工作性质的变化以及工作环境的特点,这样才能调动员工的积极性。组织给予员工的薪酬可以包括多种不同的薪酬和福利,如基本工资和年薪、工资和加薪、激励性的薪酬,以及其他福利和服务。传统的薪酬制度中,员工的薪酬在相当大的程度上是由其资历和职位层级决定的。而现代人力资源管理中,更多地考虑根据员工的技能制定薪酬标准。不论管理者采用何种方案,都必须建立起一套公正、平等和具有激励作用的薪酬制度,以确保组织能招聘到并保持一支高绩效的员工队伍。

8. 职业发展

职业发展又称职业计划、职业生涯,是指一个人一生的工作经历,特别是职业、职位的变迁及工作理想的实现过程。职业发展有两方面的含义:一是对员工个人而言,每个人都有从工作中得到成长、发展的愿望和要求。为了实现这种愿望和要求,他们不断追求理想的职业和职位,设计自己的职业目标和职业计划;二是从组织整体的角度看,对员工制订的个人职业发展计划应重视和鼓励,并结合组织的需求和发展给员工多方面的咨询和指导,通过必要的培训、工作设计和晋升等,帮助员工实现个人的职业生涯目标。

### (九)人力资源管理模式的国际比较

1. 美国人力资源管理模式

(1)人力资源的市场化配置。

美国企业中的人力资源管理,对市场依赖性很强,需要什么样的人,通过市场招聘、筛选,甚至不惜挖别的企业"墙脚";不需要的人,则毫不留情地予以解雇,由市场去安排就业。这样,雇主和雇员之间就是一种直截了当和相当短期的市场买卖关系,员工流动性很大,企业员工队伍不稳定。

(2)以详细职业分工为基础的制度化管理。

美国企业的职业分工极为细腻,全国各行各业有 20000 多种职称。比如,美国一家汽车制造厂中蓝领工人的工种有电工、机械工、清洁工、搬运工等,总计达数百种之多,美国的这种职业分工的基础是详细的职务分析。明确和详细的职业分工对企业员工招聘、客观地评定员工的工作成绩,有依据地制定公司员工的工资水平、有目标地发放奖金、合理地从事职务提升以及评级提级等打下了基础。而且在这种制度化的管理下，企业内部实行垂直领导，等级关系明确，上级对重大问题进行决策，下级对上级的指示必须执行。

（3）人才晋升的跳跃性和物质激励。

美国公司管理阶层注重个人表现，不搞论资排辈，较多地偏重以个人为中心，强调个人的价值。人才晋升的依据主要是工作绩效考核而不是工作年限。新职工只要能在工作中做出成绩，就可能很快得到提拔，而不必论资排辈地"熬年头"。此外，美国公司的奖金种类繁多，有利润分成、收益分成、高层经理短期奖金、高层经理长期奖金，如股票期权、账目价值计划、股票增值计划、工作完成奖励等。同时也有员工持股计划、表现奖来激励员工努力工作。

（4）劳资关系的对抗性。

员工追求高额的工资，企业谋求最大的利润。企业为了增加利润总是想办法压低工资，员工的大部分劳动成果都被企业拿去了。市场不景气时，企业往往通过解雇员工来降低劳动力成本和消除剩余生产能力，这使得员工对企业不信任，对管理者怀有敌对情绪，他们组织工会进行劳资谈判，迫使企业对他们让步，以提高工资并且提供就业保障。

（5）企业培训侧重于技术和管理。

技术和管理的"硬技能"是美国企业培训的主要侧重点。目前，美国企业每年在职培训的经费已达 2100 亿美元，超过中等和高等教育的经费。全美有 97%的企业为员工制订了培训计划，另外选送 5%的员工接受正规的大学教育。

2. 日本人力资源管理模式

第二次世界大战后，日本经济恢复和高速发展时期形成的日本人力资源管理模式更多地强调企业组织的文化，体现了人文关怀，日本企业走的是管理技术加企业组织文化型的模式。

（1）终身雇佣制、年功序列工资制与合作性劳资关系。

终身雇佣制是指"公司从大学毕业生或其他年轻人中雇用基本核心员工，规划员工的持续培训和发展计划，在公司集团内部任用员工直到 55 岁或 60 岁。除非发生极其特殊的情况，一般不解雇员工"（日本劳工部）。年功序列制是员工的工资随着年龄的增长和在同一个企业里连续工作时间的延长而逐年增加。同时,连续工龄还是决定职务晋升的重要依据。这两个制度使日本员工对公司十分忠诚。员工在企业终身就职,个人利益和企业利益紧密相连,企业吸收员工参加管理,员工对企业经营状况的及时了解和对企业的依赖,使员工更愿意也更容易和企业合作,从而形成了日本企业中合作性的劳资关系。日本工会都以企业为单位组成,而不像美国那样跨企业和跨行业,企业工会在代表员工发表意见时,对企业并不采取对抗性的态度。

(2)温情主义的管理方式。

日本人力资源管理的基本是人际关系,重视富有弹性的制度安排,组织结构上具有含蓄的职务主义,侧重于靠人对企业进行控制。企业更侧重于通过树立信仰、灌输价值观念潜移默化地影响员工的行为,使其自觉地与企业的目标和要求保持一致。

(3)非专业生涯途径。

终身职业可使工人在公司内轮换工作。这种长期继续培训的实践方法使员工能学到企业各方面的经验,与许多人建立同志式的关系。当个人确定了终身位置后,他们成了具有各方面才能的人,这样他们更能全面考虑自己的行为对整个组织的大目标的影响,为实现公司总目标服务。

(4)注重精神激励的工资福利政策。

日本企业的工资制度重视公平和合理,不强调人与人之间的差异,也不把奖励个人放在首位,企业的福利政策也与此相对照。因此,企业更多地进行内部激励,如他们不遗余力地为员工创造一个友好、和谐和愉快的工作环境,积极地吸收员工参与决策和管理,使员工有充分的安全感、满足感和归属感,从而形成全面合作的劳资关系。

(5)集体决策。

日本企业中每个人都有一种参与公司管理的意识,他们认为有了意见分歧,不能靠敌对手段或靠一方压倒另一方的方式去解决,而应从多种渠道取得更多信息,待大家都掌握后再来一起决策。一旦决策后,大家就齐心协力去做。这虽然是一个费时费力的过程,但由于最后大家的一致承诺,因此执行起来花的时间就少。

3. 德国人力资源管理模式

(1)严格选拔和使用人员。

德国企业一向力求人员少、素质高。不论管理人员还是工人都必须完全符合岗位要求的条件,并经过严格的考试,合格才被企业聘用。员工进入企业后,建立人事档案,有严格的工作绩效考评体系。德国基本上由专家来管理企业,只受过高等教育和有学位的人才能担任高级职务。德国企业内部组织结构严密,技术人员与管理人员界限分明。

(2)"双轨制"职业教育。

德国政府将职业教育放到战略高度上来认识,实行所谓的"双轨制"职业教育,即在企业里学习实际操作和在职业学校里学习理论知识平行进行。把教育体制和就业体制衔接起来。企业对在职员工的"再教育"涉及的内容很广,形式多样。

(3)能力主义的奖酬制度和完善的保险福利体系。

在工资和奖励方面,采取与美国类似的能力主义的职务工资制,员工工资收入由固定工资、奖励工资和津贴三大部分组成。而且,德国企业中,职工的保险和福利的社会化程度很高。

(4)以严密的法律体系规范企业劳资关系。

德国企业的劳资协调体制是以劳资协议为核心的。劳资双方的代表,有权在不受国家干预的情况下,缔结劳资协议。劳资协议具有法律约束力,当双方发生重大矛盾或冲突时,运用以双方妥协为主要特征的一套协调机制。

职工参与决定是德国劳资关系的又一大特色。目前,职工参与决策体制主要体现在以下几方面:

①董事会须有工人参与;

②联合管理;

③工会:充当劳资双方之间的协调角色。

4. 我国人力资源管理模式

中国企业已进入了快速发展的时期,企业人力资源管理也得到了长足的发展。现在企业决策层对人力资源管理给予了高度的重视,人力资源从业者从无到有,从借鉴到创新,从全盘西化到中国式的人力资源管理,人力资源管理已经形成了自己的模式,综观不同企业的人力资源管理,目前中国人力资源管理已经形成了三种模式:

(1)以“职位管理”为中心的人力资源管理。

以职位为中心的人力资源管理注重对职位的梳理,把岗位职责的管理作为人力资源管理的重点,在招聘中以岗位的要求招聘适合岗位的人才,注重人岗匹配;根据静态的岗位职责进行岗位评价,作为薪酬设计的基础;根据岗位职责设计工作的流程,并在此基础上设计考核指标。基于职位的人力资源管理注重流程与制度,规范化、制度化是企业管理的核心,严格照章办事,注重工作的检查与督促。以职位为中心的人力资源管理多半是制造企业、物流公司等比较传统的企业。

(2)以“绩效管理”为中心的人力资源管理。

以绩效管理为中心的人力资源管理注重结果,达成目标的手段是多种多样的,注意工作方法的交流和学习。招聘员工是以过去的业绩为考量的要点,注重实际操作的能力,薪酬与业绩的关联度高,资源向业务一线的倾斜明显,企业文化比较务实,工作节奏快,员工面临较大的工作压力,推崇英雄,管理风格比较硬朗,缺乏柔性。员工的职业发展和收入更多取决于硬性的业绩指标。

(3)以“能力管理”为中心的人力资源管理。

随着能力模型的流行和广泛应用,以能力管理为中心的人力资源的企业越来越多,这种管理以胜任能力为中心,这里的能力是指取得最优业绩的人所具有的能力和特质。所以企业首先要建立关键职位的能力模型,人力资源管理的招聘、培训、薪酬管理和绩效管理以及人力资源规划都是围绕能力模型进行。这种管理模式,以人为中心,注重公司文化的建立,注重员工的职业规划和员工的培养,并将公司的发展战略与人才战略充分结合起来。以高科技和营销为中心的很多现代公司已经建立了或者正在建立以“能力管理”为中心的人力资源管理模式。

5. 我国人力资源管理发展趋势

追寻改革开放30多年我国的人力资源管理发展历程,我们可以清楚地看到三个不同阶段的不同发展特点:1978 年开始的改革开放,使我国企业管理特别是对人的管理步入一个市场化、充满希望的进程;1998 年开始的企业人力资源重组,导致了企业人力资源的大变革、大发展、大提升;2008 年开始的又一个 10 年,我国企业人力资源管理将全面实现向市场化、规范化、国际化的大发展。

(1)从现场管理到非现场管理——非现场管理越来越重要。

网络技术的发展,现代通信手段的升级,促使无线联络、电子邮件、网络会议等成为人们日常工作联系的主要方式。同时,城市的扩大和交通的发达,使企业工作场所正由统一集中向点式分布扩大,员工居住地越来越分散,居家办公进一步普及,在家工作正成为现代劳动就业的重要发展趋势。

随着知识密集型产业快速发展,知识型员工的人数逐渐超过从事传统制造业和服务业的人数,目标导向、绩效导向、工作以项目为核心的发展趋势日益明显。传统的劳动人事管理主要局限于员工在企业中、上班时间内的行为管理,而现代人力资源管理已经开始将影响组织绩效、员工工作绩效的一切因素考虑在内,大大拓展了人力资源管理的范围。

(2)从动荡流动到稳定内敛——企业 HR 趋向稳定和内敛。

近年来,随着市场化的发展,全国范围内的人才流动不断加剧,尤其是最近 10 年,人才终身服务于一家“单位”的现象几乎已不复存在。

劳动力的大规模迁移或人才的快速流动也给企业人力资源管理带来了严峻的挑战。因为人才流动不仅可能大大增加企业的管理成本,影响企业的生产效率,而且可能导致客户的外流和商业机密的泄漏,使企业遭受不可估量的重大损失。所以人才竞争越来越激烈。与此相伴随,人员流动也更加频繁,劳动力市场呈季节性动荡,人才市场处于一种非严格规范的状态之中。

2008 年 1 月 1 日开始实行的《劳动合同法》是一个转折点。这些法律法规的实施,将加速人力资源管理法制化进程,逐步实现从动荡、无序流动到稳定、内敛的转变。法制化将大大改变管理的主观随意性,提升管理的科学化水平,加速我国管理包括人力资源管理与国际接轨的进程,使其逐步达到与国际通行的普遍规则相一致的程度。

(3)从相对低成本到相对高成本——企业 HR 成本快速提高。

在未来相当长的时间里,我国经济社会仍将主要面临就业问题。与此同时,我国也将进入一个工资上涨的时间通道。促进就业,提高就业者的薪酬水平,让全体国民能共享中国经济社会发展的成果,这是保持我国经济持续健康发展、构建社会主义和谐社会的价值取向,也是企业必须承担的社会责任和面对的艰巨课题。

同时,随着企业之间的竞争特别是人才竞争的日趋激烈,一方面需要引入人才的公司会提供更好的条件来吸引优秀人才,另一方面公司要想方设法留住优秀员工,其留人的主要条件便是薪酬福利。这两方面的原因都会促使企业投入更高的成本来进行薪酬福利项目的设计与执行。除了法定福利项目外,企业在公司自主福利项目的建立上也会越来越投入。这样,相互攀比将使企业薪酬福利的投入越来越多,用工成本越来越高。

(4)从"自给自足"到分工合作——HR 外包逐渐成为潮流。

过去,我国企业的人力资源管理总是追求大而全,或许是工作性质的"特殊性",一般都希望万事不求人,用"可靠的"自己人做好自己的事。但现在情况变了,观念也变了,人力资源外包应运而生。其实质是降低成本、提高效率,从而有效地适应外部环境,使企业人力资源和机构运行更精干、灵活、高效,实现企业可持续性竞争优势和战略目标。

外包就是将组织的人力资源活动委托给组织外部的专业机构承担,基础性管理工作向社会化的企业管理服务网络转移,比如档案管理、社会保障、职称评定等庞杂的事务性工作、知识含量不太高的工作等,逐渐从企业内部人力资源部门转移出去,而工作分析、组织设计、招聘培训、绩效考核等具有专业性的职能则交给外部管理咨询公司。

在发达国家和跨国企业,人力资源外包已经成为潮流。我国企业也必将顺应趋势,从"自给自足"过渡到更加注重分工合作。

(5)从手工过渡到自动化——HR 信息化正在加速发展。

信息化是实现有效管理和战略管理的重要手段。信息技术系统可以解决显性知识的收集和共享问题。21 世纪新的信息技术的应用,尤其是互联网的普及,加快了企业信息化的进程。

全球经济一体化加剧了企业之间的竞争,企业对人力资源管理的观念产生了重大的变化,逐渐意识到为了获取独特的竞争优势,人力资源管理必须从事务性的角色转变到战略合作伙伴角色。信息技术在人力资源管理领域的应用及时地满足了企业的这些需求。

伴随知识经济的发展,人力资源管理信息化成为企业关注的焦点,企业通过导入人力资源管理软件系统,建立一个综合性的、功能丰富的人力资源平台,实现企业人力资源的优化和管理的现代化。目前,加快信息化建设成为我国企业的焦点,诸如人事信息管理、薪酬福利管理、岗位管理、员工培训管理、全面绩效管理等已经被纳入企业的完整人力资源管理系统之中。

(6)从分割到统一——区域合作导致 HR 循环经济圈形成。

当今是强调国际化和战略管理的时代。在全球化进程中,区域一体化趋势正在加强。比如在东亚地区,中、日、韩三国人力资源市场、雇佣模式、人才系统、文化理念等正面临共同的挑战,并实现相近的变革,逐步走向融合。同时,东亚文化中的人本、和谐理念与美国式人力资源管理制度和技术也在逐渐融合。因此,无论是美国、日本、韩国还是中国,全球化背景下,人力资源管理的整体趋势是在加速融合。

2008 年 3 月新组建中华人民共和国人力资源和社会保障部,其目的就是更好地发挥我国人力资源优势,进一步解放和发展生产力,统筹机关企事业单位人员管理,整合人才市场与劳动力市场,建立统一规范的人力资源市场,促进人力资源合理流动和有效配置,统筹就业和社会保障政策,建立健全从就业到养老的服务和保障体系,从而真正形成全国性人力资源管理与开发体系,促进人力资源竞争力的全区域整合。

建立统一、规范的人力资源市场将打破现有的各种壁垒和障碍,包括区域和行业壁垒。区域合作将导致循环经济圈的形成,包括 HR 循环经济圈将加速形成。其实,国内许多区域已经出现了这种合作,并且有逐渐加大、增强之势。比如长三角、珠三角、以武汉为中心的长江中部经济带,以及环渤海、西部、东北等区域的人力资源或人才人事合作循环机制。

(7)从国内竞争到国际竞争——劳动力大国正在过渡到人力资源强国。

随着我国经济的快速发展,人力资源出现了许多新的特点。一方面是人口出生率在减少,另一方面是人口老龄化在加剧。未来10年我国企业将面临HR的短缺局面,将从强调劳动力规模和廉价优势过渡到注重建设人力资源强国。

全球化使全球市场联系越来越紧密,跨国公司成为世界经济的主宰性力量,战略联盟、虚拟组织成为新的重要组织形式。相应地,人力资源管理的边界也从清晰到模糊,从封闭走向开放,国际人力资源管理与柔性化组织人力资源管理成为人力资源管理的新领域。

突破传统意识中的国家边界和企业边界,培养全球观念和竞争协作精神,实施有效的跨文化管理,将成为我国企业人力资源管理必须面对的挑战。在这一不断整合提升与动态的进化过程中,如何将各种理论、模式与中国的管理实践结合起来,从而实现我国由劳动力大国过渡到人力资源强国,的确是一个严峻的现实话题。

(8)从泛化普用过渡到职业和专业——HR的职业化和专业化进一步加强。

人力资源价值的显现和地位的提升,使人力资源管理成为一个热门行当,对人力资源管理者本身也提出了越来越高的要求。

现代人力资源管理的内容已经突破了传统的封闭体系,正在不断创新。不仅人们的观念需要转变,而且需要具备许多素质特征和技术手段。人力资源管理是一门最具实践性的学问,但是现实在走极端:搞管理的很多不懂理论,懂理论的基本不搞管理,理论与实践相结合的空间巨大。

有关研究表明,优秀人力资源管理者的主要职责可用四种角色来表示:一是人事管理专家,要求熟悉机构或企业的人事管理程序,了解政府有关法规政策;二是业务伙伴角色,要求熟悉组织业务,参与制订业务计划,处理问题,保证业务计划得到有效执行;三是领导者角色,要求发挥影响力,协调平衡组织、部门要求与员工需求之间的关系;四是变革推动者角色,要求协助组织及其管理者,在人力资源管理及其理念方案上为组织变革提供有力的支持。

## 三、人力资源开发与人力资源管理的关系

人力资源开发和人力资源管理囊括了人力资源经济运动的总过程,两者既

互相联系又有所区别。

### (一)人力资源开发与人力资源管理的区别

人力资源开发与管理囊括了组织人力资源经济活动的全部内容,它可以分为人力资源开发与人力资源管理两个方面。

人力资源开发指国家或组织对所涉及范围内的所有人员进行人力资本投资、培植、挖掘和提高,使其能力得到充分发挥的战略管理过程。人力资源开发涵盖了教育、调配、培训、核算、周转等全过程,其侧重点在于组织一切力量和资源,采用一切可以采用的措施,有效地开发全社会或组织的智力,提高全社会人员或组织的整体素质和技能水平,目的在于为社会源源不断地提供各类人才。人力资源开发包括人口生育、节育措施,旨在提高人力资源质量的各种投资和管理活动,人力的预测、全社会人力资源的布局和宏观配置,就业和选拔人才的政策、制度设计、实施和管理等方面。

人力资源管理则主要指全社会或一个组织对从业人员从招工、录用、培训、使用、生产、调配直至退休的全过程进行的管理。人力资源管理主要强调国家、部门或企业对已进入劳动领域的人力资源进行的人事管理、组织管理等微观管理,涉及人力资源管理事务的各个阶段,包括了在职培训和开发智力等方面的开发性投资,既是人力资源管理系统的组成部分,也是人力资源开发系统的组成部分。

### (二)人力资源开发与人力资源管理的联系

人力资源开发和人力资源管理二者既有区别又有联系。首先,从学科上来划分,人力资源开发属于综合性的边缘学科;而人力资源管理则属于管理学科的一个分支,二者统一于人力资源经济活动的总体过程。其次,从研究对象来区别,人力资源开发面对的是广义的人力资源范畴,即面对所有的人,涉及人的整个生命周期;而人力资源管理面对的是狭义的人力资源,即面对工作中的人。再次,从问题本身的性质来区分,人力资源开发虽然也涉及微观问题,然而更多地属于宏观的战略性问题;而人力资源管理虽然也有宏观政策和目标管理,但更多地属于微观的操作性问题。人力资源开发与人力资源管理之间也存在密切联系。人力资源开发要求不断改善人力资源管理工作,合理安排和使用人力资源,充分发挥劳动者的生产积极性,在经济不断增长的前提下为人力资源的深度开发创造条件。与此同时,人力资源管理是实现人力资源开发战略的一个重要环节,人力资源开发的许多子目标要通过人力资源管理来落实、监控和优化。可以这样比喻,人力资源开发如同对一块田地的开垦和播种,人力资源管理则是对庄稼精耕细作、施肥浇水的具体管理过程。

因此,在通常情况下二者合在一起简称为人力资源开发与管理。

## 第四节 人力资源开发与管理的理论基础

### 一、马克思主义理论

#### (一)马克思关于人的全面发展思想

促进人的全面发展是马克思主义的基本价值取向。马克思指出,社会主义、共产主义是比资本主义"更高级的、以每个人的全面而自由的发展为基本原则的社会形式"。在《1857—1858 年经济学手稿》①中,马克思按照人的个体发展的程度,把人类社会分为依次递进的三种社会形态,其中最初的社会形态是指人对人的依赖,在这种形态下,"人的生产能力只是在狭窄的范围内和孤立的地点上发展着",通行人身依附。以物的依赖性为基础的人的独立性是第二种社会形态的特点,表现为货币面前人人平等,相对于第一种社会形态,人们有了多方面选择的自由。"建立在个人全面发展和他们共同的社会生产能力成为他们的社会财富这一基础上的自由个性,是第三个阶段。"在这个阶段,人的个体得到了全面、充分的发展,是马克思所追求的社会主义社会和共产主义社会所处的阶段。

所以说马克思主义的理论主题是人,是关于人的解放和发展的学说。但马克思所理解的人不是"纯粹"的、抽象的人,而是处于特定社会关系中的"现实的个人"。1844 年马克思在《1844 年经济学哲学手稿》中,从人的解放的角度

---

① 赵学清编著.马克思《1857—1858 年经济学手稿》研究读本[M].北京:中央编译出版社,2017.

第一次表达了对共产主义的理解。马克思指出,共产主义是人的异化的积极扬弃,它通过人、为了人而使人实现对人的本质的真正占有,使人复归为社会的人,即合乎人的本性的人,积极主张打造一个人人皆可成才、人人尽展其才的理想社会。1846年,马克思在《德意志意识形态》明确提出人的全面发展思想(即人的劳动能力的全面发展,包括人的智力和体力的充分、统一的发展,也包括人的才能、志趣和道德品质的多方面发展)。1848年,马克思和恩格斯在《共产党宣言》中指出:人的全面发展是共产主义者的理想目标和共产主义社会的基本原则。

马克思关于人的全面发展思想的着力点即劳动者劳动能力的提高。马克思把劳动能力的提高看作一种需要投入才会有产出的资本。劳动者创造的价值与劳动能力的高低程度直接相关,劳动能力的高低程度与劳动者的教育培训程度、知识经验积累直接相关。

不难看出,马克思关于人的全面发展理论,既包括马克思主义关于人的基本理论,同时也包括用马克思主义的立场、观点和方法来研究人的问题所形成的各种理论,对深入学习研究人力资源管理与开发工作具有很强的理论和现实指导意义。

### (二)习近平新时代中国特色社会主义思想

十八大以来,以习近平同志为核心的党中央,坚持以马克思列宁主义、毛泽东思想、邓小平理论、“三个代表”重要思想、科学发展观为指导,坚持解放思想、实事求是、与时俱进、求真务实,坚持辩证唯物主义和历史唯物主义,紧密结合新的时代条件和实践要求,以全新的视野深化对共产党执政规律、社会主义建设规律、人类社会发展规律的认识,进行艰辛理论探索,取得重大理论创新成果,创立了习近平新时代中国特色社会主义思想。党的十九届六中全会《中共中央关于党的百年奋斗重大成就和历史经验的决议》在党的十九大报告的基础上,用“十个明确”进一步概括了这一重大思想的核心内容。

习近平新时代中国特色社会主义思想集中体现了中国共产党始终秉持立党为公、执政为民的理念。当下践行的新发展理念,更是致力于人的全面发展,突出了对人的关注,凸显了人的价值和人的生存发展,贯穿其间的一条主线和围绕的一个核心就是“以人民为中心”。满足人民日益增长的美好生活需要是以人民为中心的落脚点，而促进人的全面发展是以人民为中心的最终目标。人的全面发展在十九大报告中被多次强调，这是马克思主义人的自由发展思想在当代中国的生动实践和重大发展。人的需要的丰富性和全面性是人的全面发展的前提，马克思曾把人的需要划分为生存需要、享受需要和发展需要三个层次。在马克思看来，“富有”和“贫困”已经具有全然不同于“国民经济学”的含义，“富有的人和富有的人的需要代替了国民经济学上的富有和贫困”。贫困不仅是指物质财富的缺乏，更是指需要的单一，“富有的人同时就是需要有完整的人的生命表现的人”，亦即自由全面发展的人。因此，把人的全面发展作为以人民为中心的最终目标，与马克思人的全面发展思想一脉相承。从全面建成小康社会到基本实现现代化，再到全面建成社会主义现代化强国，其根本目的都是满足人民日益增长的美好生活需要、促进人的全面发展，而人的全面发展又是实现新时代中国特色社会主义战略安排的主体基础和保障，二者处于相互作用过程之中。中国共产党这种执政理念，既遵循了个人发展与组织发展相辅相成的现代管理规律，又体现了习近平新时代中国特色社会主义思想的理论精髓和实践要求。

中国特色社会主义进入新时代，面对新的世情国情，习近平总书记多次强调，要“牢固确立人才引领发展的战略地位”，尤其是 2021 年 9 月 27 日习近平总书记在中央人才工作会议上的重要讲话高屋建瓴、视野宏大、内涵丰富、思想深刻，具有很强的政治性、思想性、理论性，是指导新时代人才工作的纲领性文献，为做好新时代人才工作指明了前进方向，提供了根本遵循。①

## 二、人力资本理论

### （一）早期的人力资本理论

关于人力资本的理论，可以一直追溯到现代意义的经济学创立之初。那时的古典大师们就已经通过他们提出的劳动价值学说，确立了人的劳动在财富创

① 习近平. 深入实施新时代人才强国战略 加快建设世界重要人才中心和创新高地[J]. 求是. 2021.

造中的决定性地位,这实际上已经确定了人力资源在经济活动中的特殊地位。著名古典经济学家亚当·斯密和他的主要继承人李嘉图,把这些思想推到了那个时代经济学家可以达到的最高点。

西方经济学从研究人力资源开发的角度,提出了人力资本的概念,并看到了人力资源在国民经济中具有重要作用,力图通过人力的投资来取得更大的效益,促进其经济的发展。亚当·斯密在他的名著《国富论》中提到,人的能力是一种"资本",人们经过学习得到的有用的才能,可以变成社会财富的一部分。他认为,一个国家全体国民的所有后天获得的有用的能力是资本的重要组成部分。因为获得能力需要花费一定的时间和费用,所以,这可以被看作是在每一个人身上已固有的、已经实现了的资本。当这些能力成为个人能力的一部分时,也就成了社会财富的一部分。一个人技能的提高如同一部机器或一件工具的改进一样,可以节约劳动,提高效益。虽然提高人的技能要投入相当多的费用,但它能产出更多的利润,足以补偿费用的支出。

马克思继承和发展了古典经济学大师们的劳动价值论,并在此基础上,创立了马克思主义的经济学说。马克思科学地区分了劳动和劳动力两个范畴,揭示了价值的来源。马克思指出,劳动力"是一种创造价值的力量,是一种产生价值的源泉,并且——在适当使用的时候——是一种能产生比自己具有的价值更多的价值的源泉"。因此,从一定意义上说,人及劳动是马克思主义经济学说的核心。马克思从哲学的角度阐明了人是劳动的主体,自然资源是劳动的客体,资本资源是联结主体与客体的媒介。而且,资本资源实质上是劳动主体的延伸,是人对自然界控制的表现。

早期的人力资本的基本观点可归纳为以下四点:

1. 有技能的人力资源是一切资源中最为重要的资源。

2. 人力资本投资的效益大于物力资本投资的效益。

3. 教育投资是人力资本投资的主要成分。

4. 人力资本理论是经济学中的重大问题。

### (二)现代人力资本理论

从20世纪50年代末到60年代,西方的现代人力资本理论开始形成,并获得了较大的发展。

20世纪50年代后期,由于科学技术的进步、社会生产条件的发展以及其他社会因素的影响,人力资源在生产中的地位发生了很大的变化。特别是第二次世界大战后,一些经济学家对于诸如总投资、总收入、总储蓄和总消费之类的总量关系的分析日益深入,这种经济的总量分析揭示出的一个重要现象是:对于不同的国家和地区来说,相同的实物资本总投入量带来的收益增长差别很大。对这种差别的进一步研究揭示了引起这些差别的主要因素,已经不是一国拥有廉价劳动力和原材料这类传统经济因素的多少,而主要是一国人力资源质量的差异。因此,人力资本理论的产生便具有其客观的必然性。

从20世纪50年代末至60年代,出现了许多著名的人力资本理论学者。但人们通常认为人力资本理论的创始人是美国的两位著名经济学家舒尔茨和贝克尔,而对人力资本要素作用的计量分析则首推丹尼森。

1. 舒尔茨的人力资本理论

西奥多·W. 舒尔茨,是美国芝加哥大学的教授,早年从事美国农业经济研究,是一个农业专家,他研究美国农业发展50年发现了一个问题,即在美国农业的发展中,人的投资起更大的效应。他认为,人不仅是一种资源,而且是一种资本,叫作"人力资本",并形成了人力资本学说。他在1960年出任美国经济学会会长时,发表的就职演说《人力资本投资》一文,给学术界留下了极为深刻的印象,并为推动这一领域的研究做出了重大贡献,使他成为西方公认的"人力资本理论"之父,并因此获得了1979年的诺贝尔经济学奖。

舒尔茨是从探索经济增长和社会丰裕的秘密而逐步走向研究人力资本道路的。舒尔茨认为:自然资源、物质资本以及原始的劳动对于发展较快的经济来说,是永远不够的。他说:"我在衣阿华州立学院工作时,对科学如何促进生产这个问题产生了兴趣。起初,我以为生产的高新材料正在成为土地的替代物,因而食品的供应对土地的依赖性正在逐渐减少。但是,我越来越感到科学的进步并不能解释生产力提高的全部原因。从20世纪40年代后期起,我在芝加哥大学开始寻求对此更全面的解释。我逐渐认识到,人获得的能力是尚未得到解释的生产力提高的一个重要原因。获得这些能力显然不是无代价的,要消耗稀缺性资源,因此,是分析研究'对人投资'问题的时候了。"舒尔茨从第二次世界大战以后的统计中发现,国民收入的增长一直比国家投入资源(包括自然资源、实物资源和劳动时间)的增长快得多。而且,一些在战争中实物资本遭到严重破坏的国家(如日本、西德)都创造了奇迹般的成就,另一些资源条件很差的国家或地区(如称为亚洲四小龙的韩国、新加坡、中国香港和中国台湾)也同样在经济上实现了起飞,取得了很大的成就。舒尔茨认为,这些现象说明,除了人们已知的生产要素之外,一定还有更重要的生产要素被遗漏了,这个要素就是人力资本。①

舒尔茨指出,人力是社会进步的决定性因素。但是,人力的取得不是无代价的。人力的取得需要消耗稀缺性资源,即需要消耗资本投资。人力,包括人的知识和人的技能的形成是投资的结果。只有通过一定方式的投资,掌握了知识和技能的人力资源才是一切生产资源中最重要的资源。因此,人力、人的知识和技能,是资本的一种形态,随之称为人力资本。

舒尔茨的人力资本理论,概括起来有以下四个要点:

(1)人力资本体现在人的身上,表现为人的知识、技能、经验和熟练程度,即表现为人的体力、智力、能力等素质的总和。

(2)人力资本通常用人的数量、质量以及有效的劳动时间来计算。

(3)人的能力和素质是通过人力投资而获得的,因此,人力资本又可以理解为对人力的投资而形成的资本。从货币形态看,它表现为提高人力的各项开支,主要有学校教育和在职教育支出、保健支出、劳动力迁徙的支出等。

(4)既然人力是一种资本,无论对个人还是对社会,其投资必然有收益。即人力资本可以带来利润。

人力资本概念向经济学的引进,使资本理论呈现出新面貌。在此之前,人们通常认为投资于物力资源其收益最高。但在此以后,人们开始转变观念,认为对人的投资收益最大。这个观念改变了世人对投资的看法。

---

① [美]舒尔茨.论人力资本投资[M].吴珠华,译.北京:北京经济学院出版社,1992:6.

2. 加里·贝克尔的人力资本理论

加里·贝克尔被认为是现代经济学领域中最有创见的学者之一。舒尔茨曾称“贝克尔的人力资本理论是一个里程碑”①。贝克尔的著作《人力资本》被西方学术界认为是“经济思想中人力资本投资革命”的起点，贝克尔和舒尔茨同在芝加哥大学执教，并成为著名的芝加哥学派的主要代表人物之一。芝加哥学派坚持认为，关于“经济人”的假设是经济学最基本的标准假设，追求利益最大化是作为最小理性单位的个人的必然选择。从这一点出发，不但能够解释人类的经济行为，而且能够解释人类的一切行为。

贝克尔对人力资源理论的贡献，突出地表现在人力资源的微观经济分析上。他通过对家庭生育行为的经济决策和成本-效用分析而提出的生育、培养孩子的直接成本和间接成本的概念，家庭时间价值和时间配置的概念，家庭中市场活动和非市场活动的概念，都令人耳目一新。他在人力资本形成方面，在教育、培训和其他人力资本投资过程的研究方面，都具有开创意义。

3. 爱德华·丹尼森的人力资本理论

爱德华·丹尼森是美国经济学界中的一位人力资本经济分析专家。他在经济学上的主要贡献是通过精心的分析计算，论证了在 1929—1957 年间的美国经济增长中，有 23%的份额要单独归于美国教育的发展，即人力资本方面。

学术界普遍认为，丹尼森的计算方法要比舒尔茨的更严密精确。从 20 世纪 60 年代开始出现的世界各国教育经费的激增，在相当程度上归功于丹尼森和他的一大批追随者。

### （三）近期人力资本理论

20 世纪五六十年代以来，国外人力资源和人力资本理论研究迅速发展，并形成了一股巨大的潮流。英国经济学家哈比森在 1973 年发表的《作为国民财富的人力资源》中指出：“人力资源是国民财富的最终基础。资本和自然资源是被动的生产因素；人是积累资本、开发自然资源，建立社会、经济和政治组织并推动国家向前发展的主要力量。显而易见，一个国家如果不能发展人民的技

① ［美］加里·贝克尔. 人力资本（原书第 3 版）［M］. 北京：机械工业出版社，2016.

能和知识，就不能发展任何别的东西。”哈比森的这段论述，集中地反映了这一时期经济学界思想观念的变化。据统计，关于人力资本的论文和专著，在1940年以前只有14种；1950年增加到98种；1960年增加到283种；1970年增加到1358种。这表明，人力资本理论的发展，同其他科学理论的发展一样，经历了一个指数式增长的过程。

随着人力资源和人力资本投资理论研究的深入，一些新兴的经济分支学科迅速发展起来。其中最主要的是“教育经济学”“卫生经济学”“家庭经济学”和“人力资源会计学”等。如“教育经济学”，是把教育投资作为生产性投资来研究其分配和经济收益的科学。人力资本理论研究者探索的内容无不涉及教育。舒尔茨1962年发表的《教育的经济价值》一书，计算出美国教育的收益率为17.3%，并得出教育要素对经济增长的贡献在国民收入增长额中占33%的结论。目前，教育经济学已经成为范畴独立、门类齐全，并有自己特定对象和方法的比较成熟的经济分支学科。

随着人力资本理论研究的深入发展，国际上有关人力资源开发和利用的研究机构在不断产生。这些机构从不同的角度对人力资源开发与社会经济发展进行了广泛的探讨和研究。国际劳工组织认为：人力资源开发的范围非常广泛，但主要内容是指企业培训、技术培训和职业教育。总之，西方人力资本理论的产生与形成，说明西方经济学家看到了人力要素在国民经济中的重要作用。他们高度重视人力资源，力图通过人力的投资来取得更大的收益，维持其经济的增长。

## 三、人性假设理论

西方管理在其历史发展中，曾提出了五种与管理有关的人性假设，即“经济人”“社会人”“复杂人”“文化人”和“自我实现的人”的人性假设。由于依据的人性假设的不同，便产生了相应的各种不同的管理理论。这些管理理论对加强人力资源开发与管理都有积极的指导意义。

### （一）“经济人”

1.“经济人”假设的基本观点

“经济人”也叫“唯利人”或“实利人”。这种假设认为：人的行为在于追求本身的最大利益，人工作的动机就是获得经济报酬。其主要观点是：

(1)多数人生来就是懒惰的，他们都想尽量逃避工作。

(2)一般人都没有雄心壮志，不愿负任何责任，而宁愿受别人的指挥和摆布，容易受他人的影响，容易盲从，并缺乏自制力。

(3)多数人的个人目标和组织的目标是相矛盾的，必须采取强制的、惩罚的办法，才能迫使他们为达到组织目标而工作。

(4)多数人干工作是为了满足温饱。因此，只有金钱才是激发他们积极性的唯一动力。

(5)人大致可以分为两类，即多数人具有上述特性，属于被管理者；少数人能克制和鼓励自己而成为管理者。

美国麻省理工学院教授麦格雷戈在1960年出版的《企业中的人性面》一书中，把基于这种人性假设的理论称为X理论。所谓X理论就是上述对“经济人”假设的概括和总结。

2.“经济人”假设的管理措施

基于“经济人”的假设(X理论)，所采取的管理措施和方法可概括归纳为以下几个方面。

(1)管理工作的重点就是完成生产任务、提高劳动生产率。因此，实行以任务为中心的管理方式，即管理就是计划、组织、控制、指导和监督。而对人的愿望和感情并不关心，无视人的心理因素。通俗地说是“见物不见人”的管理。

(2)管理工作是少数人的事，与广大员工无关，员工的责任就是干活，俯首帖耳地听从管理者的指挥。

(3)由于这种理论认为人是自私自利的，人的工作动机就是获得经济报酬，所以在奖励方面主要用金钱来刺激员工的劳动积极性，同时对消极怠工者施以严厉的惩罚措施。

19世纪末“科学管理”的代表人物泰勒就是“经济人”观点的典型代表。以“经济人”的假设为基础的“泰勒制”提倡的“时间—动作”分析，虽有科学的一方面，但他的基本点只是考虑如何提高生产率，而对工人的思想感情和心理需要漠不关心；他主张把管理者和工人严格分开，反对工人参加企业管理；他提倡的“计件工资制”完全依靠金钱来调动和维持工人的生产积极性；他还发现，工人中有联合起来对付管理当局的倾向，因此，他规定，除特殊允许外，不得有四个以上工人在一起工作。

随着生产和科学技术的发展，现在一些发达的西方国家一般都认为X理论已经过时，用“经济人”的观点来管理企业已经为数不多了。但是，这并不意味着对“经济人”的假设及“泰勒制”的科学管理原则的全部否定。正如列宁所指出的：“泰勒制也同资本主义其他一切进步的东西一样，有两个方面，一方面是资产阶级剥削的最巧妙的残酷手段；另一方面是一系列丰富的科学成就。”在我国完善社会主义市场经济过程中，“经济人”的假设及其相应的管理方法，对于我们提高劳动生产率、科学地组织劳动、实行物质奖励与精神奖励相结合的原则和建立各种责任制，都有着积极的参考价值。

### （二）“社会人”

#### 1.“社会人”假设的基本观点

“社会人”也叫“社交人”。“社会人”这个概念是美国哈佛大学教授梅奥在霍桑试验之后提出的。这种假设认为：调动人的生产积极性的因素不是人们在工作中得到的经济报酬，而是良好的人际关系。和良好的人际关系相比，物质刺激只具有次要的意义。这种假设认为，“社会人”有以下主要特征。

（1）人类的工作以社会需要为主要动机，人们最重视人与人之间的相互关系，经过同事间的交往，可以满足人的社交需要。

（2）现代工业机械化程度越高，分工越细，会使工作本身变得单调、枯燥、乏味。因此，人们只能从社会关系上去寻求意义。

（3）和管理者所给予的经济诱因以及控制相比，工人们更加重视同事们的社会影响力。

（4）工人的生产效率，随着上司能满足他们社会需要的程度而改变，就是说，工人的社会需求的满足与否，决定着他们生产效率的高低。

由此可见，“社会人”假设与“经济人”假设大不相同。“社会人”假设认为，人与人之间的关系在调动人的积极性上起决定性作用。正是从这个观点出发，梅奥提出了他的“人群关系”理论，形成了人际关系学派。

2.“社会人”假设的管理措施

(1)管理人员不仅要注意完成生产任务,而且要注意关心人,满足人的需要。

(2)管理人员不仅要注意生产过程中的指挥、计划、组织和控制,而且要重视职工之间的关系,培养并形成职工的归属感和整体感。

(3)在实行奖励时,着重提倡集体奖励,不主张个人奖励制度。

(4)管理人员不应只限于制订计划、组织工序、检验产品等,其职能应该发生相应改变,即在职工与上级之间起联络作用。一方面要听取职工的意见和要求,了解职工的思想感情;另一方面要向上级呼吁、反映。

梅奥从“社会人”的观点出发,提出了“参与管理”的新型领导方法。所谓“参与管理”,就是让职工或下级在不同程度上参加企业决策的研究和讨论。“参与管理”比传统的任务管理更有成效。因为职工参与企业决策的研究和讨论,使职工感到与管理者处于平等的地位,增强了主人翁感,满足了其自尊等社会性需要,从而心情愉快舒畅,关系协调,工作积极性和热情高,生产效率也就大为提高。

从“经济人”以工作为中心的管理方式到“社会人”以员工为中心的管理方式,无疑是管理思想的一大进步。从“社会人”的观点出发实行的参与管理,满足了工人的一些心理需要,因此,在一定程度上缓和了劳资双方的矛盾。但这种人性观的改变不是因为西方国家雇主变得善良了,而是由于生产力和科学的发展,由于企业间的竞争和劳资双方关系的紧张,迫使雇主不得不改变他们的看法。

“社会人”假设主张,良好的人与人之间的关系,对于激发人们的行为动机,调动职工的积极性比物质奖励更为重要。这一点对我国机关及企事业单位人力资源管理制定相关奖励制度有一定的参考意义。

(三)“复杂人”

1.“复杂人”假设的基本观点

“复杂人”是在20世纪60年代末70年代初提出来的一种人性假设。这种假设认为,人既不是单纯的“经济人”,也不是完全的“社会人”,更不是纯粹的

“自我实现人”,而应该是因时、因地、因各种情况而采取适当反应的“复杂人”。深入研究发现,人类的需要和动机并非如此单一,而是非常复杂的。人的需要在不同的情况下和不同的年龄阶段,其具体表现形式是不一样的。每个人的需要和潜力,将随着环境的改变、年龄的增长、知识的积累、地位的改变以及人际关系的改变而不断变化。“复杂人”的假设,正是在这样的事实基础上提出来的,以求合理说明人的工作动机的理论。

“复杂人”假设的基本要点:

(1)人的需要是多种多样的,随着人的发展和生活条件的变化,人的需要不断发生变化。并且,需要的层次也不断改变,因人而异。

(2)在同一时间内,人有各种不同的需要和动机,各种不同的需要和动机相互作用,结合成为一个统一的整体,形成复杂的动机模式。

(3)由于人的工作和生活条件不断变化,因此,人们不断地产生新的需要和动机。

这就是说,在某一时期,人的动机模式的形成是内部需要和外部环境相互作用的结果。

(4)人在不同组织或在同一组织的不同部门,其动机的满足可能不同。一个在正式组织中落落寡合者,在非正式组织中可能会获得社会需求或自我实现的满足。

(5)人们可以依自己的需要、能力,对不同的管理方式做出不同的反应。因此,不可能有一套适合于任何时代、任何个人的万能的管理方法。

“复杂人”的假设,并非完全否定有关的人性假设及管理方式。因为上述几种人性假设,对某些人在某种场合是适用的,这里所强调的只是不能把所有的人都视同一类,千篇一律地用某一固定模式加以管理。根据“复杂人”的假设,摩尔斯(J. Malse)和赖斯克(J. W. Larsch)提出了既区别于X理论,又区别于Y理论的一种新的管理理论,但因它是在Y理论上的发展,所以称之为超Y理论,又叫权变理论。

2.“复杂人”假设的管理措施

根据“复杂人”的假设,由于每个人的需求和能力不同,并能对不同的管理方式做出不同的反应,因此,管理者应根据工作性质、个人特点、外界环境三者合理配合,因人而异,因事而异,灵活地采取不同的管理方法和措施,以提高效率。一成不变、普遍适用的“最好的”管理原则和方法是不存在的。因此,一个管理者不但必须具备洞察员工个别差异的能力,而且还要具有能够随时采取必要行动的应变能力与弹性。

### (四)“文化人”

“文化人”假设是20世纪80年代初,西方企业文化运动蓬勃发展时期提出来的。“文化人”假设认为:企业中的人是有思想、有情感、有价值观的人,人的心理和行为归根结底是由人的价值观决定的;人的价值观、责任感及人们在生产中的行为表现,与他长期以来所受的文化熏陶有关。“文化人”人性假设理论认识到人性的可塑性,将人在生产中的地位提到了前所未有的高度,也将人类对人性的认识向前推进了一大步。

“文化人”假设向传统管理理论提出了挑战,强调管理中的“软”因素,提倡文化管理。它从“灵魂和精神”入手,高扬批判“理性主义”的旗帜,恢复了管理中人的主体地位,超越以往行为哲学对人的社会心理层次的关注,直接进入对人的行为影响更深远、更有力的文化价值层面;它认为,人不仅是社会人,还是一种文化人,即有自身的观念、信仰、工具和语言;它倡导在企业中形成一种有利于每个职工得以创造和发展的环境,其实践也从“使用人”提高到“发展人”的层次;它将过去建立在对抗基础上的管理理论发展为非对抗基础上的管理理论,在更深刻、更广泛的领域里协调了管理二重性的关系,实现了管理的科学性与艺术性,新的管理理念与新的组织形式的结合,使管理理论的发展出现了一个质的飞跃。

因此,“文化人”假设认为,任何一个企业或组织,任何一个国家,其生存与发展,都是与它所在国度的传统及周围的文化环境分不开的,人是“文化人”,为此,管理者必须通过支持和塑造文化进行领导。

### (五)“自我实现的人”

1.“自我实现的人”假设的基本观点

“自我实现的人”这个概念是美国著名心理学家马斯洛提出来的。马斯洛认为，人有生理、安全、社交、尊重和自我实现五种需要，自我实现是人的需要的最高层次。“自我实现”就是人都需要发挥自己的潜力，表现自己的才能，只有将潜力和才能充分发挥出来，人们才能感到最大的满足，人格才能臻于完美。马斯洛主张人只有通过“成长”才能达到完美的人性的实现。只有充分实现个人的全部价值，才能成为自由的、健康的、无畏的人，才能在社会中充分发挥作用。

“自我实现的人”的基本观点是：

（1）一般人都是勤奋的，如果条件对人有利的话，人们对工作就会感到像娱乐和休息一样轻松自然。

（2）人们在执行工作任务中会自我指导和自我控制。因此，对工人实行控制和惩罚并不是实现组织目标的唯一方法。

（3）在通常情况下，一般人不仅乐于接受工作任务，而且会主动地寻求责任。

（4）人群中蕴藏着丰富的聪明才智，存在着丰富的想象力和创造性，只是在目前条件下，人的才智只利用了“自我实现的人”中的一部分，还有相当大的潜能没有被充分发挥出来。

2.“自我实现的人”假设的管理措施

根据“自我实现的人”的假设所形成的管理思想和管理方法，同在上述其他几种人性假设基础上形成的管理思想和方法相比较，尤其与“经济人”“社会人”相比较有很大的不同。其具体特点有以下几方面：

（1）管理重点的改变。“经济人”的观念是把管理的重点放在物质因素上，只重视生产任务的完成，而忽视了人的因素和人际关系；“社会人”的观念是把管理的重点放在人的因素上，重视人的作用和人际关系，而把物质因素放在次要位置上；“自我实现的人”的观念则把管理的重点从人的因素上转移到工作环境上，主张创造一个适宜的工作环境、工作条件，使劳动者在这种适宜的环境中能够充分地发挥自己的潜力和才能，能够充分地“自我实现”。

（2）管理职能的改变。“经济人”的观念认为，管理者就是生产的指挥者，执行计划、组织、监督和控制的职能。“社会人”的观念认为，管理者应当在职工与上级之间起“联络人”的作用,成为人际关系的协调者。“自我实现的人”的观念则认为,管理者是一个“采访者”,其主要任务是为如何发挥人的才智去创造适宜的条件,减少和消除职工自我实现过程中所遇到的困难和障碍。

(3)奖励方式的改变。“经济人”的观念主张依靠金钱刺激来激发和调动职工的积极性;“社会人”的观念主张依靠协调好人际关系来激发和调动人的积极性。这些都是从外部条件来满足人的需要,并且所满足的主要是生理、安全和社交需要。“自我实现的人”观念则主张从人的内在动机的激发上来调动人的积极性,让人们在工作中获得知识,增长才干,充分发挥自己的潜能,以满足人的尊重和自我实现的需要。

(4)管理制度的改变。根据“自我实现的人”的假设,人有自动、自治的工作特性。所以,管理制度应该保证劳动者充分施展自己的才能,以充分发挥职工的积极性、主动性和创造性。比如,下放管理权限,建立决策参与制度、提案制度,制订发展计划,选择具有挑战性质的工作,实行目标管理,实行工作扩大化,工作内容丰富化以及弹性工作时间,等等,以满足人的自我实现的需要。

“自我实现的人”的假设是在资本主义生产高度发展的条件下提出来的。随着生产过程的机械化,生产日益专业化,生产的分工越来越细,而且固定不变,工人几乎整日被束缚在一个狭小的工作范围之内,做着重复、单调、简单的动作,看不到自己的工作与整个组织任务的联系。因此士气很低,影响了产品的数量和质量。

“自我实现的人”的假设启发我们:在可能的条件下,尽量为员工的学习、深造和工作创造适宜的客观条件,以利于充分发挥个人的才能;从外在激励与内在激励方式中吸取对我们有用的激励形式;相信员工的智慧和力量,相信员工的独立性、创造性,以充分发挥他们的积极作用。

## 四、激励理论

激励理论是用于处理人力资源开发与管理过程中员工的需要、动机、目标和行为四者之间关系的核心理论。行为科学认为,人的动机来自需要,由需要确定人们的行为目标,激励则作用于人内心活动,激发、驱动和强化人的行为。激励理论是绩效考核理论的重要依据,它说明了为什么业绩评价能够促进组织业绩的提高,以及什么样的业绩评价机制能够促进业绩的提高。

早期的传统激励理论研究侧重于“需要”的研究,回答了以什么为基础或根据什么才能激发调动起员工工作积极性的问题,包括马斯洛的需求层次理论、赫茨伯格的双因素理论、麦克利兰的成就需要理论等。现代激励理论研究更多是从激励机制等方面入手,运用博弈论等现代经济学理论进行深入探讨,诸如委托代理理论和交易费用理论等。

### (一)传统激励理论

#### 1. 需要层次理论

早期流行的管理心理学激励理论是心理学家马斯洛提出的需要层次理论。20 世纪 40 年代,马斯洛发表了《人的动机理论》一书,系统论述了需要层次理论。马斯洛认为,人的需要可分为五种不同层次,即生理需要、安全需要、社交需要、尊重需要和自我实现需要,这些需要是从低级向高级发展的。

(1)生理需要:这是人类最基本的需要,包括维持生理机能的各种需要,如饥、渴等。

(2)安全需要:一个人要求得到保障,获得稳定的生活和交往环境。

(3)社交需要:包含爱的需要,情感与归属的需要,尤其是与他人关系和群体的认同。

(4)尊重需要:一个人需要得到他人的尊重,包含自尊、声誉、认可、个人才能、胜任感。

(5)自我实现需要:这是最高层次的需要,包含实现个人理想、抱负,发展和发挥个人的能力与创造性。

需要层次理论把上述需要分为低层需求和高层需求。前者包括生理需要、安全需要和社交需要,后者有尊重需要和自我实现需要。理论还认为,这些需要相互交叉和影响,其中的某一需要往往会占主导地位。马斯洛的需要层次理论对需要的类型和层次性做出了较好的解释,但是,当时并没有找到充分的实证研究依据,人们在需要层次方面表现出更为灵活的类型,而不是明确的层次结构。研究表明,员工的需要层次分类与职务层次密切有关,中高管理层次职务的人员更偏重高阶需要,而基层职位的员工更着重于较低阶的需要;同时,需要层次也与人们的职业发展阶段、组织规模、组织环境和交叉文化背景等因素有关。

2. 双因素理论

双因素论又称激励-保健因素理论，是美国行为科学家弗雷德里克·赫茨伯格提出来的。

20 世纪 50 年代末期，赫茨伯格和他的助手们在美国匹兹堡地区对 200 名工程师、会计师进行了调查访问。访问主要围绕两个问题：在工作中，哪些事项是让他们感到满意的，并估计这种积极情绪持续多长时间；又有哪些事项是让他们感到不满意的，并估计这种消极情绪持续多长时间。赫茨伯格以对这些问题的回答为材料，着手去研究哪些事情使人们在工作中快乐和满足，哪些事情造成不愉快和不满足。结果他发现，使职工感到满意的都是属于工作本身或工作内容方面的；使职工感到不满的，都是属于工作环境或工作关系方面的。他把前者叫作“激励因素”，后者叫作“保健因素”。

“保健因素”的满足对职工产生的效果类似于卫生保健对身体健康所起的作用。保健从人的环境中消除有害于健康的事物，它不能直接提高健康水平，但有预防疾病的效果；它不是治疗性的，而是预防性的。“保健因素”包括公司政策、管理措施、监督、人际关系、物质工作条件、工资、福利等。当这些因素恶化到人们认为可以接受的水平以下时，人们就会产生对工作的不满意。但是，当人们认为这些因素很好时，它只是消除了不满意，并不会导致积极的态度，这就形成了某种既不是满意、又不是不满意的中性状态。

那些能带来积极态度、满意和激励作用的因素就叫作“激励因素”，这是那些能满足个人自我实现需要的因素，包括：成就、赏识、挑战性的工作、增加的工作责任，以及成长和发展的机会。如果这些因素具备了，就能对人们产生更大的激励。从这个意义出发，赫茨伯格认为传统的激励假设，如工资刺激、人际关系的改善、提供良好的工作条件等，都不会产生更大的激励；它们能消除不满意，防止产生问题，但这些传统的“激励因素”即使达到最佳程度，也不会产生积极的激励。按照赫茨伯格的意见，管理当局应该认识到“保健因素”是必需的，不过它一旦使不满意中和以后，就不能产生更积极的效果。只有“激励因素”才能使人们有更好的工作成绩。

赫茨伯格及其同事以后又对各种专业性和非专业性的工业组织进行了多次调查,他们发现,由于调查对象和条件的不同,各种因素的归属有些差别,但总的来看,“激励因素”基本上都是属于工作本身或工作内容的,“保健因素”基本都是属于工作环境和工作关系的。但是,赫茨伯格注意到,“激励因素”和“保健因素”有若干重叠现象,如赏识属于“激励因素”,基本上起积极作用;但当没有受到赏识时,又可能起消极作用,这时又表现为“保健因素”。工资是“保健因素”,但有时也能产生使职工满意的结果。

赫茨伯格的双因素理论同马斯洛的需要层次论有相似之处。他提出的“保健因素”相当于马斯洛提出的生理需要、安全需要、感情需要等较低级的需要,“激励因素”则相当于受人尊敬的需要、自我实现的需要等较高级的需要。当然,他们的具体分析和解释是不同的。

双因素理论促使人力资源管理人员注意工作内容方面因素的重要性,特别是它们同工作丰富化和工作满足的关系,因此是有积极意义的。赫茨伯格告诉我们,满足各种需要所引起的激励深度和效果是不一样的。物质需求的满足是必要的,没有它会导致不满,但是即使获得满足,它的作用往往是很有限的、不能持久的。要调动人的积极性,不仅要注意物质利益和工作条件等外部因素,更重要的是要注意工作的安排,量才录用,各得其所,注意对人进行精神鼓励,给予表扬和认可,注意给人以成长、发展、晋升的机会。随着温饱问题的解决,这种内在激励的重要性越来越明显。

3. 成就需要理论

美国哈佛大学教授戴维·麦克利兰运用“主题统觉投射测验”(TAT)作为工具,研究人类需要与动机。这种测验通过呈现一组图片与照片,要求受测人员在观看以后写出有关故事,并从中加以分析,确认了三种主题,对应于三类需要:

(1)成就需要:需要把事情办得更好,更有效地解决问题和完成复杂任务;

(2)关系需要:需要与他人建立和保持友好、热情的关系;

(3)权力需要:需要影响和控制他人,并对他人负责。

成就需要理论认为，上述三种需要是在人们的生活与工作经历中随着时间的推移逐步形成和确认的；管理者应该创造条件，以便满足下属的需要特点。具有高度成就需要的人在工作中倾向于承担工作责任，设立和选择具有挑战性的目标，并且寻求获得绩效反馈；具有高度归属需要的员工偏重人际关系和沟通的机会；而具有高度权力需要的管理人员则愿意寻求影响力，得到注意与认可，并且注重组织意愿。许多研究提出，在工作与管理情境中，成就需要具有更为显著的效应，尤其是存在明显的跨文化差异。研究表明，欧美国家的管理人员比来自其他文化背景的人表现出更高的成就需要，而在东方文化背景下，成就需要表现得比较细微，因而在一些合资企业中，双方经理常常在共事时出现跨文化差异或冲突。因此，成就需要理论在管理培训中日益得到广泛的应用。

成就需要理论为人力资源开发与管理研究提供了理论框架。近年来，在我国企业人力资源开发与管理过程中开展了一系列有关成就动机的管理心理学研究，取得了富有理论意义和应用价值的成果。在一项有关中层管理人员动机特征的测评研究中，把争取成功与回避失败作为成就动机的重要评价指标，把组织意愿与控制他人的倾向作为权力动机的关键成分，而把社交愿望与群体协同作为亲和动机的主要方面，并在数千管理人员的测试中，获得了系统的实证依据。

### （二）现代激励理论

现代激励理论主要有委托代理理论、交易费用理论等，这里重点介绍一下在人力资源开发与管理理论中起重要作用的委托代理理论。

1. 委托代理理论内涵

委托代理关系的概念来自法律。在法律上，当甲授权乙代表甲从事某种活动时，委托-代理关系就发生了，甲称为委托人，乙称为代理人。

委托代理理论是 20 世纪 60 年代末 70 年代初一些经济学家深入研究企业内部信息不对称和激励问题发展起来的。委托代理理论的中心任务是研究在利益相冲突和信息不对称的环境下，委托人如何设计最优契约激励代理人。

委托代理关系是随着生产力大发展和规模化大生产的出现而产生的。其原因一方面是生产力发展使得分工进一步细化，权利的所有者由于知识、能力和精力的原因不能行使所有的权利;另一方面专业化分工产生了一大批具有专业知识的代理人,他们有精力、有能力代理行使好被委托的权利。但在委托代理的关系当中,由于委托人与代理人的效用函数不一样,委托人追求的是自己的财富更大,而代理人追求自己的工资津贴收入、奢侈消费和闲暇时间最大化,这必然导致两者的利益冲突。如果没有有效的制度安排,代理人的行为很可能最终损害委托人的利益。而世界——不管是经济领域还是社会领域——都普遍存在委托代理关系,如股东与经理、经理与员工、选民与人民代表、公民与政府官员、原(被)告与律师,甚至债权人与债务人的关系都可以归结为委托人与代理人的关系。为了预防和惩治代理人的败德行为,委托人有必要采取"胡萝卜加大棒"政策:一方面对其代理人进行激励,力求实现激励相容;另一方面对代理的过程实行监督,充分发挥"经理人市场"的作用。这样使得代理人的行为符合委托人的效用函数。因此,一般意义上的委托代理关系泛指在市场经济条件下任何一种涉及不对称信息的交易(合同、协议)中参与者之间的经济关系。掌握信息多、处于信息优势的一方称为代理人,掌握信息少、处于信息劣势的一方称为委托人。简单地说,"知情者"是代理人,"不知情者"是委托人。

需要指出的是,同一种社会经济关系中可能包含有多种不同的委托代理关系。例如软件生产商与软件用户的关系,对于软件的生产成本、软件性能等方面的信息,生产商掌握的比用户多,生产商是代理人,用户是委托人,从这一方面来说是"用户委托生产商进行生产";对于需求欲望、支付能力等方面的信息,用户掌握的比生产商多,从这一方面来说又是"生产商委托用户进行消费"。可见,委托代理关系是与不对称信息相联系的,针对不同的不对称信息,可以构成不同的委托代理关系,对于参与各方,不能简单地说某一方是委托人、某一方是代理人。

2. 构成委托代理问题的基本条件

委托代理关系并不必然会导致委托代理问题:

一是如果委托人有完全的理性,那么在签订委托代理契约时,可以把代理人可能的机会主义行为全部想到并写进契约,此时,委托代理问题不会产生。

二是如果委托人与代理人不存在信息不对称,或者说,委托人可以不费成本地监督代理人，此时，委托代理问题不会产生。

三是如果代理人没有机会主义动机，完全忠诚，也不会产生委托代理问题。

四是如果两者的目标函数完全同构，也不会产生委托代理问题。

所谓委托代理问题，是指由于代理人目标函数与委托人目标函数不一致，加上存在不确定性和信息不对称，代理人有可能偏离委托人的目标函数而委托人难以观察并监督之，而出现的代理人损害委托人利益的现实。

因此，构成委托代理问题必须满足下列基本条件：

(1)委托人和代理人是两个相互独立的利益主体，双方都以自身效用最大化为追求目标。代理人为委托人工作，并且可以选择自己的行动；委托人付给代理人报酬，并且可以决定报酬的给予方式。

(2)委托人和代理人都面临不确定性和风险。代理人工作的最终成果是由代理人的行动和其他一些随机因素共同决定的，这些随机因素不为任何一方所观测和控制。由此可知，代理人不能完全控制自己行动的最终结果，而委托人不能根据最终结果获得代理人行动的确切信息。

(3)委托人和代理人之间信息(代理人选择的行动)不对称，代理人的信息优势可能影响委托人的利益。

3. 委托代理问题的五种基本模型

(1)隐藏行动的道德风险模型。双方签约时信息是对称的；签约后，代理人选择行动(如工作努力程度)，“自然”选择“状态”；代理人的行动和环境状态一起决定某些结果，也就是说，结果是由代理人的行动和某些随机因素共同决定的；有关代理人行动的信息在代理人和委托人之间是不对称的，代理人知道自己选择的行动，委托人只能观测到与行动相关的结果，而不能观测到代理人的行动本身。委托人需要解决的问题是如何使代理人选择对委托人最有利的行动。

(2)隐藏信息的道德风险模型。双方签约时信息是对称的；签约后，“自然”选择“状态”，代理人可以观测到“自然”的选择，并据此选择行动；有关“自然”选择的信息在代理人和委托人之间是不对称的，代理人知道“自然”的选择，委托人可以观测代理人的行动，但不能观测到“自然”的选择。委托人需要解决的问题是如何使代理人在给定自然状态下选择对委托人最有利的行动。

例如,病人(委托人)与大夫(代理人)的关系,大夫可以诊断出病人的病情,并且根据病情开药;病人不完全知道自己的病情,从而无法判断所开药物的好坏及价格的高低。如何使大夫针对不同病情选择对病人既有效又便宜的药物,这是病人所关心的问题。

(3)逆向选择模型。双方签约时信息就是不对称的,代理人拥有某些委托人不知道的信息(我们将这些信息称为代理人的“类型”)。例如在商品市场上,销售者(代理人)对于所售商品的质量具有比较多的知识,而消费者(委托人)所拥有的有关商品质量的知识相对比较少。

(4)信号传递模型。代理人知道自己的“类型”,委托人不知道;为了显示自己的“类型”,代理人选择某种信号发送给委托人;委托人观测到信号后,与代理人签订合同。例如劳动力市场上应聘者(代理人)与用人单位(委托人)之间的关系,应聘者知道自己的能力,用人单位不知道;为了显示自己的能力,应聘者选择文凭作为信号传递给用人单位;用人单位根据文凭判断应聘者的能力,决定是否加以录用。

(5)信息甄别模型。代理人知道自己的“类型”,委托人不知道;为了获取代理人的“类型”信息,委托人提供多个合同供代理人选择;代理人根据自己的“类型”,选择一个适合自己的合同;委托人从代理人的选择中得到有关代理人“类型”的信息。以劳动力市场上应聘者与用人单位之间的关系为例,用人单位提供多个岗位供应聘者选择,不同岗位有不同的要求、任务以及待遇;应聘者根据自身条件选择一个最适合自己的岗位;用人单位从应聘者的选择中了解其能力。

4. 委托代理理论的主要内容

委托代理理论主要讨论如下一类问题:委托人想使代理人按照委托人的利益选择行动,但委托人不能观测到代理人选择了什么行动,能观测到的只是一些相关的结果,这些结果由代理人的行动和一些随机因素共同决定,委托人无法从可观测的结果中得到代理人行动的全部信息。

委托人需要解决的问题是:与代理人博弈时,应当采取怎样的策略,以使代理人选择对委托人最为有利的行动。例如,甲是一位信息生产部门的工作者(如报社记者),乙是部门的管理者(如报社主编),甲为乙工作,乙给甲付薪。某一天能否采访到有价值的新闻,既取决于甲的努力程度,也取决于一些随机因素(如偶然机遇、突发事件)。同样的努力,也许会采访到重大新闻,也许一无所获。如果有一天甲没有采访到有价值的新闻,乙就很难判断这个结果是因为甲没有努力跑新闻造成的,还是由于这一天本身就没有有价值的新闻。在这里,甲是代理人,乙是委托人,关于甲是否努力的信息在甲乙之间是不对称的。

在委托代理关系中,委托人与代理人利益不一致,代理人的行为可能危害委托人的利益,而这些行为又是委托人观测不到的。为了解决道德风险对委托人造成的利益损失,委托人在与代理人签约时就会考虑如何减少道德风险的损害。

一种解决方案是在契约中签订避免道德风险的条款,以避免代理人采取危害委托人的行为。比如,一个人购买人身保险以后再自杀,以便让家人领取丰厚的保险金,这属于道德风险问题。保险公司可以在保险合同中明确规定:对自杀行为拒绝赔付。这就是一项避免道德风险的条款。当然,这个条款能否真正避免道德风险,关键在于保险公司能否监督投保人的行为以及监督成本的大小。在这个例子中,保险公司可以通过医疗机构或公安部门确定投保人死亡的原因,从而监督到投保人投保后的行为,而且监督成本相对较小,所以这样的条款可以避免道德风险。

在不同的委托代理关系中,监督的难易程度各不相同。例如流水线装配工人的工作比较容易监督,信息工作者的工作就较难监督。监督的难易主要取决于最终成果与代理人工作情况的相关程度。如果最终成果完全取决于代理人的工作情况,那么委托人根据最终成果就可以监督到代理人是否努力工作。但实际上最终成果往往不完全取决于代理人的工作情况,如记者努力工作并不能保证采访到独家新闻,在这种情况下,监督一般比较困难。监督越困难,道德风险出现的可能性越大,而且道德风险的危害也越大。

由于监督的困难,为了减少道德风险,一种积极的方法是促使代理人“主动”采取对委托人有利的行为,这就是激励。换句话说,激励就是委托人对代理人的刺激,目的是使代理人从自身效用最大化出发,自愿地或不得不选择与委托人标准或目标相一致的行动。

当委托人利益的实现要取决于其他社会成员(代理人)的积极性、而代理人又是自利的时候,委托人需要激励代理人做出恰当的行动,激励的目的就是提高社会成员(代理人)的积极性、增强他们的责任心。

5. 基于委托代理理论的激励机制设计

委托代理问题中的委托人与代理人之间是博弈关系。委托人要想达到自己的目标,就必须对代理人的利益加以考虑。经理要让雇员“不偷懒”,就必须使雇员“不偷懒”的得益大于“偷懒”的得益;政府要使市民不随地吐痰,就必须使市民随地吐痰的成本高于不随地吐痰的成本。

委托人要想促使代理人选择符合委托人利益的行动,就必须想方设法使这个行动成为代理人的“自愿”行动。对于委托人来说,激励要解决的问题是:如何让代理人努力工作,就像为他自己工作一样。由于委托人和代理人是通过合同或契约发生联系的,所以合同中就应包含激励代理人主动采取积极行动的条款和内容。如何设计这些条款和内容属于激励机制设计问题。

(1)激励机制设计原则

激励机制设计必须满足的两个原则:一是参与约束。代理人执行合同后所获得的效用不能低于某个预定效用。二是激励相容约束。代理人执行合同后,以自身效用最大化原则选择行动,其结果也使委托人的效用最大化。

(2)激励机制设计的核心

激励机制的核心:我怎样使人愿意为我工作,愿意积极地为我工作。例如,甲请乙打印一篇文稿,跟乙签订一份合同。合同第一款规定甲将付给乙 100 元,而乙必须在三天以内交稿;合同第二款规定每个打印错误扣一角钱,每迟交一小时扣 10 元钱。这样的一份合同就有内在的激励。当然,这个合同要达到有效激励当事人乙的目的,还必须满足参与约束和激励相容约束。首先,如果乙这三天从事其他工作或者不工作得到的收益不超过 100 元,这个合同就满足了参与约束(为简单起见不考虑成本因素),这时乙愿意参加这项工作。其次,这个合同也满足激励相容约束,因为根据合同第二款,乙接受这份工作后,从自身利益出发应该选择积极认真工作以尽量保证按时按质交稿,这也正是甲所希望的。由此可见,这个合同是一个有效的激励合同,它可以防止代理人乙偷懒,解决道德风险对委托人甲可能造成的损失。

激励问题的关键是在合同中并不事先规定代理人(乙)的全部收入是多少,而是根据事后委托人(甲)可观测到的工作成果(打印完成情况)决定代理人的收入,这些工作成果同委托人不可观测的代理人的行动有关。合同的目标是促使代理人选择对双方都有利的行动。

由于委托合同的核心内容主要是工资、奖金或股权,因此,激励机制的设计常常就是报酬给予方式的选择。有效的激励机制必须让代理人的收入与代理人的工作成果相关,激励机制设计的关键在于确定收入与工作成果的具体关系。因此,有效的激励机制应该是:一是能为员工提供公平合理的福利待遇;二是建立公平有效的评估机制;三是尊重员工个人人格;四是能进行开放式沟通;五是能为员工提供职业发展机会。

目前,在我国继续深化经济体制改革过程中,政府与企业的关系、企业与上级主管部门的关系、领导与员工的关系等都具有委托代理关系的性质。如何调动利益相关者方方面面的积极性和主动性一直是我国经济体制改革的核心问题之一。因此,注意对委托代理问题的研究具有十分重要的现实意义。

## 五、领导权变理论

### (一)领导权变理论的产生与发展

领导权变理论是继领导者行为研究之后发展起来的领导学理论。领导权变理论出现后即以它独特的魅力而使以往的其他领导理论黯然失色。

第一,领导权变理论统合了领导现象的复杂性。领导是一个极为复杂的社会现象。一种领导现象的出现,不仅是领导者本人的行为结果,而且还有赖于周围的领导环境。领导者特质研究和领导者行为研究皆以领导者为出发点,而以领导者个人之内在素质或行为来探究领导现象,程度不同地忽略了与领导现象相关的领导环境的重要作用,忽略了被领导者在领导过程中的作用。领导是一种动态的群体过程或社会关系,领导者与被领导者的交互影响是领导过程之本质。在领导过程中,领导者是发生影响作用的主体,被领导者是被影响的客体。没有被影响的客体,发生影响作用的主体也就失去了存在的依据,若忽略对被领导者的研究,便难于了解领导现象之全貌,因而有偏颇之嫌。领导权变理论研究把领导者个人特质、领导者行为及领导环境联系起来,从而创造了一套比较完善的领导理论体系。

第二,领导权变理论的另一个重要贡献是它为人们提供了一套有效的领导方法。领导者特质研究重点在于分析领导者应具备的各种特质,以此作为选拔领导者的依据,而没有涉猎领导方法领域。领导者行为研究虽已涉足领导方法领域,但其研究旨趣是企图从众多的成功领导者的行为中概括出一套理论的、固定不变的和放之四海皆适用的领导方式。而领导权变理论则以领导者个人特质、领导者行为及领导环境交互影响来解释领导现象,否认有任何固定不变、普遍适用的领导方式的存在,认为任何领导方式在与环境适当搭配下,均可能成为最有效能的领导方式,因此,它没有提出有关最佳领导方式的主张,而代之以领导方式与情景搭配的模式。

第三,领导权变理论更切合实际领导工作者的需要。由于领导本身是一种极为复杂的社会现象,加之研究者的观点和研究方法的不同,不论是领导者特质研究还是领导者行为的研究,所得研究结果都矛盾丛生,使实际领导工作者无所适从。领导权变理论以统合方式和权变观点解释了领导现象的复杂性,吸收了前人的有益研究成果,从而为人们提供了研究领导现象的新途径和提高领导效能的新方法,这就在很大程度上拉近了领导理论与领导实际的距离,满足了实际领导工作者对领导理论的需要。

### (二)具有代表性的领导权变理论

更多的管理学者和心理学家认为,作为人力资源开发与管理的管理者——领导行为不仅取决于其个人的品质、才能,还取决于他所处的环境,因此,领导行为应随环境因素的变化而变化。比较具有代表性的领导权变理论以菲德勒模型、领导生命周期理论和路径-目标理论最为典型。

#### 1. 菲德勒模型

伊利诺大学的菲德勒从 1951 年开始,首先从组织绩效和领导态度之间的关系着手进行研究,经过长达 15 年的调查试验,提出了“有效领导的权变模式”,即菲德勒模型。他认为任何领导形态均可能有效,其有效性完全取决于是否与所处的环境相适应。他把影响领导者领导风格的环境因素归纳为三个方面:职位权力、任务结构和上下级关系。

(1)职位权力。职位权力指的是与领导者职位相关联的正式职权和从上级及整个组织各个方面所得到的支持程度,这一职位权力由领导者对下属所拥有的实有权力所决定。领导者拥有这种明确的职位权力时,组织成员将会更顺从他的领导,有利于提高工作效率。

(2)任务结构。任务结构是指工作任务明确程度和有关人员对工作任务的职责明确程度。当工作任务本身十分明确,组织成员对工作任务的职责明确时,领导者对工作过程易于控制,整个组织完成工作任务的方向就更加明确。

(3)上下级关系。上下级关系是指下属对一位领导者的信任爱戴和拥护程度,以及领导者对下属的关心、爱护程度。这一点对履行领导职能是很重要的。因为职位权力和任务结构可以由组织控制,而上下级关系是组织无法控制的。

2. 领导生命周期理论

领导生命周期理论由赫塞和布兰查德提出,他们认为下属的“成熟度”对领导者的领导方式起重要作用。所以,对不同“成熟度”的员工采取的领导方式有所不同。

所谓“成熟度”是指人们对自己的行为承担责任的能力和愿望的大小,它取决于两个要素:工作成熟度和心理成熟度。工作成熟度包括一个人的知识和技能,工作成熟度高的人拥有足够的知识、能力和经验完成他们的工作任务而不需要他人的指导。心理成熟度指的是一个人做某事的意愿和动机。心理成熟度高的个体不需要太多的外部激励,他们靠内部动机激励。

根据员工的成熟度不同,将领导方式分为四种:命令式、说服式、参与式和授权式。

(1)命令式。表现为高工作低关系型领导方式。领导者对下属进行分工并具体指点下属应当干什么、如何干、何时干,它强调直接指挥。因为在这一阶段,下属缺乏接受和承担任务的能力和愿望,既不能胜任又缺乏自觉性。

(2)说服式。表现为高工作高关系型领导方式。领导者既给下属以一定的指导,又注意保护和鼓励下属的积极性。因为在这一阶段,下属愿意承担任务,但缺乏足够的能力,有积极性但没有完成任务所需的技能。

(3)参与式。表现为低工作高关系型领导方式。领导者与下属共同参与决策,领导者着重给下属以支持及其内部的协调沟通。因为在这一阶段,下属具有完成领导者所交给任务的能力,但没有足够的积极性。

(4)授权式。表现为低工作低关系型领导方式。领导者几乎不加指点,由下属自己独立地开展工作,完成任务。因为在这一阶段,下属能够而且愿意去做领导者要他们做的事。

根据下属成熟度和组织所面临的环境,领导生命周期理论认为,随着下属从不成熟走向成熟,领导者不仅要减少对活动的控制,也要减少对下属的帮助。当下属成熟度不高时,领导者要给予明确的指导和严格的控制;当下属成熟度较高时,领导者只需给出明确的目标和工作要求,由下属自我控制和完成。

3. 路径-目标理论

路径-目标理论以期望几率模式和对工作、对人的关心程度模式为依据,认为领导者的工作效率是以能激励下属达到组织目标并且其个人需求在工作得到满足的能力来衡量的。领导者的基本职能在于制定合理的、员工所期待的报酬,同时为下属实现目标扫清道路,创造条件。根据该理论,领导方式可以分为四种:

(1)指示型领导方式。领导者应该对下属提出要求,指明方向,给下属提供他们应该得到的指导和帮助,使下属能够按照工作程序去完成自己的任务,实现自己的目标。

(2)支持型领导方式。领导者对下属友好,平易近人,平等待人,关系融洽,关心下属的生活福利。

(3)参与型领导方式。领导者经常与下属沟通信息,商量工作,虚心听取下属的意见,让下属参与决策,参与管理。

(4)成就指向型领导方式。领导者做的一项重要工作就是树立具有挑战性的组织目标,激励下属想方设法去实现目标,迎接挑战。

路径-目标理论告诉我们,领导者可以而且应该根据不同的环境特点来调整领导方式和作风,当领导者面临一个新的工作环境时,他可以采用指示型领导方式,指导下属建立明确的任务结构和明确每个人的工作任务。接着可以采用支持型领导方式,与下属形成一种协调和谐的工作气氛。当领导者对组织的情况进一步熟悉后,可以采用参与型领导方式,积极主动地与下属沟通信息,商量工作,让下属参与决策和管理。在此基础上,就可以采用成就指向型领导方式,领导者与下属一起制定具有挑战性的组织目标,然后为实现组织目标而努力工作,并且运用各种有效的方法激励下属实现目标。

**案例分析:**

**刘强东:我是如何管理京东 75000 人的**

我今天跟大家分享一下公司的人事权。作为一家公司,也包括国家和家庭,其实所有的权力,无非是人事权和财权,管人和管钱。第一堂课和大家分享一下京东是怎么管理人的。我们 2004 年做电商的时候,总共是 36 个人,截至昨天晚上(2015 年 3 月 31 日——编者注)已经有 75000 多人,而且年底新增将近 4 万名员工,而且还有 10 万多名村民代表。

(一)公司人“废铁”“铁锈”理论

给大家分享一下京东公司的内部表格,叫能力价值观体系,这是京东的第一张管人的表格,最重要的表格。也是我们选人、留人包括辞退,其实用的都是这张表格。横轴为价值观,纵轴为能力,如果把一个人用量化标准评分,这是 0 分,这是 100 分的话,对所有的员工进行分类,你发现有这样几类:

第一类,能力(也就是业绩和绩效很一般)得分很低,价值观的匹配度也很低(在试用期三个月之内,一个人的所有行为都是被他价值观所左右的。三个月之内对他日常工作的言行观察,基本上判断出这个人的价值观和你的公司价值观的匹配度是多少),在内部就称之为“废铁”。

这样的员工在招聘的时候一般不要,就是在你面试的时候把“废铁”弃掉,要不然没有任何的业绩,价值观跟你公司不太相符。

第二类,价值观跟公司非常匹配,但是他的能力绩效就是不达标,这类人我们称之为“铁”。对待“铁”这类的员工我们一般来讲会给予至少一次转岗的机会。

如果给完转岗之后还是不行,公司要请他走,因为公司不是一个慈善机构,面临生存压力。

第三类,公司80%的员工能力价值观都在90分之间,我们称之为“钢”。这是公司核心的员工主体,一般来讲正常的、比较稳定的结构是占80%。当然还有员工非常强,价值观和公司价值观匹配度非常高,能力也非常好,这类人我们称之为“金子”,稳定的结构占20%,也有可能是技术人员,不一定是管理人员。

第四类,能力非常强,业绩非常好,但是他的价值观跟公司不匹配,这类人最难对待,各个老板都不太好定夺。我们称之为“铁锈”。我们第一时间要干掉的就是“铁锈”,比“废铁”还要糟糕。

为什么?“废铁”的能力不行,价值观不行没有关系;“铁锈”有腐蚀性,能力强,这种人会成为群体的领导,口才很好,又有能力。有一天他对你公司进行破坏的时候,“铁锈”会造成很大的破坏和杀伤力。“铁锈”百分之百要清除掉。哪怕只有一分钟、一秒钟,不管公司业绩有多大的损失,我们都不能留,宁愿职位空着,宁愿这一块我不做,我也不让“铁锈”在这里。当然这种人能力强,隐藏性很强,发现不了他的价值观跟你有什么重大的不同。

这就是我们公司选人和用人非常重要的表格,每年我们所有公司中高级管理人员,副总监以上都要做一次360度考核。包括他的能力,一年连续四个季度的业绩拿出来得分,通过360度访谈对他的同级别的、上级和所有的下属都进行访谈,以及无记名打分投票的方式。

为什么“金子”20%,“钢”是80%?很多公司进行10多年的打拼,包括京东,人都是在增长的时候,有一天公司业绩增速放缓,上市之后、成功之后,这家公司的“金子”太多了。“金子”太多是不稳定的结构,会影响公司发展,薪水等都是有限的,导致很多“金子”出去创业,纷纷被拉走。

如果说“金子”只有1%,管理团队会出现很多问题。经常出事,如果说这家公司财务出了事,人出事,各部门出事,往往是这家公司的“金子”占比过低造成的。如果说高管纷纷离职,说明这家公司的“金子”太多了。也就是你的现金、奖金、各种资源股票支撑的是20%的“金子”。二八规则在世界上是存在的,人才结构也是80%的“钢”和20%的“金子”,是相对稳定的团队结构。

(二)ABC原则

把人选了之后,人事权之后是授权。管人怎么管?谁管谁?怎么一个管法?我们第二张表格叫ABC原则。就是我们HRABC,比如说我们每个工作日集团公司支出六个亿,其实每周现在两三张表格。

什么叫ABC呢?按照级别C汇报B,B汇报A。两级人事权,C是加薪、辞退、奖金、股权等都由A和B来决定。比如说我只能管公司副总裁,比如说招一个总监都不要经过我面试,对于升职、加薪、授权包括辞退等我都不知道。但是我们公司设立CEO,这我是知道的。

所以按照ABC来讲,我是A,子公司下面的副总裁属于公司的C。

这样就是为了避免一个人说了算,同时旁边还跟着HR。也就是说,业务部门说A和B,这个人可以加薪。HR为什么在旁边?没有提名权,HR可以审核,不可以跳过A或者B决定给C升职,给他涨工资,HR没有这个权力。

对C的提名都是A和B一块,A不可以跳过B给C加薪和升职。HR监督你的决定是否符合公司的价值观和普遍人事的政策。这种AB资源就避免了公司单一员工决定生杀的权力。

(三)管理人的8120原则

第三张表格就是公司的8120原则,就是我们管人的一张表格。我们认为,一个管理人员最佳的管理数是8到12个人,让他能够有足够的时间思考战略,同时也不清闲。

很多公司都是一个人管理两个人的结构,在京东公司不允许。如果出现这种情况怎么办?合并上面的A,变成一个团队。每个管理人员管理的下属不能低于8个人,低于的话合并,假如说超过12人了,他的业绩受影响了。12个人不是一个死的上限,我们有12个人、18个人。原则上不超过12个人业务不允许分,如果说我的一个副总裁管了9个总监,公司只有一个副总裁,不可能有两个。一个副总裁管了9个总监、12、13或者15,超过12个之后公司可以考虑设立第二个副总裁。

我们很多公司有一个人管一个人的，不超过12个人公司是不可以去分拆业务。20是什么意思？对公司最底层的管理人员，我们要求每个主管管理人员不低于20个。为什么呢？基层员工业务比较单一，我们要求不低于20人，我们有的时候管了50人到80人都存在。这样就可以避免公司人浮于事，官太多，人太少。

（四）2N原则

最后一个原则是2N原则，两件事情在公司是不可以做的，所有加入集团公司的，过去有很多工作经历。每个人最多只允许带原单位的一个人过来，如果带人多怎么办？也欢迎，去别的部门。在你的部门最多只允许带一个人，公司原则上不欢迎任何一个管理人员带原单位的人过来，公司是鼓励你一个人不要带过来。很多公司是一个部门来一个头，带了很多原部门的人。等到这些人走的时候，发现这些人都走了。这样是非常可怕的，走的时候损失也很大，我们不可以。

第二个不可以的是，所有管理人员给你一年的时间，找到指定的公司认可的人员做后备，如果找不到的话，第二年新的业务也不会给你，加薪也不会给你。如果两年之内还是找不到，你不能说这个人就是你的后备，我们还要调查。如果找不到的话，公司请你走，必须离职。

第一个原则是避免公司帮派情绪产生，第二个是确保公司必须有人员备份，不会因为一个高管人员的离职使业务瘫痪。很多人说我有替补人员也害怕，很容易被替代。但是在京东公司我没有说谁是绝对安全的，我都不是。如果说这家公司业绩非常糟糕的话，我是有股票言语权的，但是我没有非要做这个公司的CEO，每个人要为公司考虑。

上述四张表格组织了公司选人、用人、留人的基本原则。当然，每个公司都不一样，所有的行业都不一样，以上是仅仅针对我们京东过去十几年用的几张表格。比如说纯技术公司，适当加以改造。但是不管怎么说，我们创业公司管人是最难、最重要的事情。如果说一家公司失败了，绝对不是因为钱的问题，是团队出了问题。公司成功和失败永远是团队的问题。如果说哪个出了问题，我们从来不想竞争激烈、政策因素、市场因素，我们从来不找，我们就找人的原因，业绩不行就是团队出了问题，我们从来不考虑别的因素。

**讨论题：**

刘强东的人力资源管理理念和经验做法给你带来哪些启示？

# 第二章　人力资源规划

## 第一节　人力资源规划基本内涵

### 一、人力资源规划概述

人力资源规划是指组织根据内外环境的变化,合理地分析和预测组织对人力资源的需求和供给情况,并据此制订相应的计划或方案,以保证组织在适当时候获得适当数量、质量和种类的人员补充,满足组织和个人发展需求。人力资源规划包括人力资源数量规划、人力资源结构规划和人力资源素质规划三个方面。

人力资源数量规划是指基于组织发展战略对未来业务规模、地域分布、商业模式和组织结构等因素的考虑,确定未来组织人力资源编制及各类员工配比关系或比例,并在此基础上制订出未来人力资源需求计划和供给计划。

人力资源结构规划是指组织依据行业特点、组织规模、未来战略重点发育的业务及业务模式,对组织人力资源进行分层分类,同时设计和定义组织的职类、职种、职层功能、职责及权限等,从而理顺各类人员在组织发展中的地位、作用和相互关系。

人力资源素质规划则是依据组织发展战略、业务规模、业务流程和组织对员工行为要求,设计各类人员的任职资格要求,包括行为能力、行为标准等。

人力资源规划与传统的人事计划有着本质的不同。人事计划属于传统的人事管理范畴,是对未来的人才需求做出安排,主要体现为数量上的需求。人力资源规划实现了对传统人事计划的超越。

人力资源规划作为人力资源开发与管理的第一关口,对其丰富的内涵一定要深刻理解,特别是其中的辩证统一关系应重点把握。

第一,人力资源规划是目标与过程的统一。人力资源规划的目标就是确保组织在恰当的时间拥有恰当的人员,其基本内容主要侧重于发现和发掘组织所需人才,既体现为一种目标,又体现为一种过程。它要求组织对未来发展所需的人才类型、数量、素质、结构等做出规划,同时还要选择开发方式,明确实施计划,确立组织体系和建立评价制度,等等。所以说,人力资源规划既是计划,又是实践,是目标与过程的统一。

第二,人力资源规划是稳定性与动态性的统一。人力资源规划作为组织人力资源开发与管理活动的依据,只有具备一定的稳定性,才能使组织在选人、用人、育人的过程中有据可依,才能使组织的发展具有可持续性。但组织对发展战略做出适度调整或组织内外环境发生明显变化时,人力资源规划也要随之发生变化,以适应组织战略和环境要求。所以人力资源规划要坚持稳定性与动态性的统一。

第三,人力资源规划是组织发展与个人利益的统一。人力资源规划要制定合理科学的政策,充分发挥每个员工的积极性、主动性和创造性,提高劳动效率,从而实现组织目标。同时,组织也要关心每个成员的利益和要求,帮助其在为组织做贡献的同时也能实现个人的目标与价值。

## 二、人力资源规划的作用

人力资源规划是组织战略规划的重要组成部分,是具体人力资源开发与管理活动的起点和依据,处于整个人力资源开发与管理活动的统筹阶段,既是实施人力资源开发与管理活动的原则和方法,又直接影响着组织人力资源开发与管理的成效。就组织而言,人力资源规划一般具有以下功能。

第一,为组织实现目标提供人力保证。众所周知,在知识经济时代,人力资源作为组织的第一资源,在组织中的地位越来越重要,直接关系乃至决定着组织的未来发展和战略目标的实现。然而作为组织所需人员,特别是管理人员和专业技术人员,对组织来说大都是稀缺资源,并非随时可以获得,因此,必须提前规划预测,以保证组织能及时拥有这些人员。

第二，为组织人力资源开发与管理夯实基础。人力资源规划规定了组织在人力资源开发与管理中的具体方案，是组织人力资源开发与管理的起点和基础。从战略层面来说，人力资源规划通过分析组织内外因素，估计未来组织人力资源状况，预测组织发展所需人力资源的数量和质量，对组织人力资源开发与管理进行方向指导和宏观把握。

从战术层面来说，人力资源规划通过预测组织人力资源的供给与需求，制定人力资源开发与管理的方针政策，实施具体行动方案，使得人力资源的运用科学化、合理化。并且人力资源规划的业务计划可以为组织成员的工作分析提供依据，指导和预警组织的人员储备状况，为组织成员的培训与奖罚提供参考，等等。

第三，为组织控制人力成本创立机制。组织的成长发展，使得其人力成本也处于一个不断地变化过程之中。一方面，当组织壮大或战略扩张时，如果组织所需人员的培养未能跟上，那么虽然人力成本较低但使组织绩效严重受挫，最终还是得不偿失。另一方面，基于目前组织发展的惯性，往往会出现人员冗余现象，这也造成了组织人力成本负担，制约了组织的绩效提升。

第四，为组织人力资源开发与管理的有序化提供依据。人力资源规划是组织人力资源开发与管理活动的基础，由总体规划和各业务规划构成，它为组织的各类管理活动如确定人员需求供给数量、调整职务和任务、人员的培训开发等提供可靠的信息和依据，进而保证人力资源开发与管理的有序化。如果没有人力资源规划，那么组织什么时候需要补充人员、补充什么样的人员、对晋升人员如何组织培训等，都会出现极大的混乱与随意性。

第五，为调动组织人员积极性创立条件。现代人力资源开发与管理要求在实现组织发展目标的同时，满足组织成员个人物质上和精神上的需要，这样才能激发员工的持久积极性。只有在人力资源规划的条件下，员工对自己可满足的东西和满足的水平才是清楚可知的。当组织提供给员工的东西和员工需求大致相符时，员工就会努力工作，积极进取，表现出极大的积极性和创造性。

人力资源规划作为组织人力资源开发与管理的首要部分，目的是保证组织在恰当的时间拥有恰当的人员。这种拥有不仅表现在数量上，还表现在质量和结构上。所以，通过人力资源规划的监督与调整，可以使得组织中的“人与事”

得到最优结合,使人力成本得到有效控制。

## 三、人力资源规划的类型

人力资源按照不同的维度,可以进行不同的分类。一般可从时间、范围、性质等方面进行区分。

### (一)按时间划分

人力资源规划按计划期的长短可分为:长期人力资源规划、中期人力资源规划和短期人力资源规划。

长期人力资源规划一般指的是三年以上的规划,它适用于组织长期的全局性发展目标,是对组织人力资源开发与管理的系统筹划,具有较高的战略性和指导性。短期人力资源规划一般指的是一个季度以上一年以下的规划,它内容具体、目的明确,具有较高的操作性和灵活性。中期人力资源规划介于长期和短期之间,一般指一年以上三年以下的计划,它既包括有组织发展的中长期目标方针,又有一些具体的政策安排和实施措施。由于不同组织的不同情况,这种时间划分不是绝对的。不同的组织应按照本组织的具体情况灵活掌握。

### (二)按范围划分

人力资源规划按其范围,可分为整体人力资源规划、部门人力资源规划和项目人力资源规划。整体规划一般由组织最高层制定,是关系组织整体性的人力资源发展规划;部门规划是指组织各层级机构根据组织整体规划分别制定的本部门、本单位的局部性规划;项目规划是指某项具体任务的规划,它是针对人力资源开发与管理的特定课题所制定的规划,例如经理培训开发计划等。

### (三)按性质划分

人力资源规划按其不同性质,可分为战略性人力资源规划和战术性人力资源规划。战略性人力资源规划是与组织长期战略相适应的人力资源规划,特点是具有总体性和长期性。战术性人力资源规划一般指具体的人力资源规划,包括人员补充计划、人员接替计划、工资激励计划等。

## 四、人力资源规划的内容

人力资源规划包含两个层次的内容,即总体规划和各项业务计划。

### （一）人力资源总体规划

人力资源总体规划是指根据组织的战略目标，所制定出的在一定规划期内人力资源开发与管理的总目标、总政策等。它是人力资源业务计划的纲领和指南。

### （二）人力资源业务计划

人力资源业务计划是人力资源总体规划的展开和细化，一般包括以下几个方面的规划：

1. 人员补充计划。人员补充计划是为了合理增补组织将出现的职位空缺，制定出的关于组织所需人员的数量、标准、来源及待遇等政策。

2. 人员使用计划。该计划包括制定任职条件、工作轮换的范围、部门编制等政策，目的是优化人力资源的结构，提高工作绩效。

3. 人员晋升计划。该计划通过制定人员选拔的标准、资格、晋升比例以及对未被提拔的资深人员的安置等政策，保证组织发展的后继有人和改善人力资源结构。

4. 人员培训计划。该计划包括人员培训的内容、时间、期望的效果、培训期的待遇、培训结果考核以及培训后的使用等政策，目的是改善现有人员能力与素质，转变组织人员的工作作风和态度，为组织发展储备人才。

5. 人员激励计划。该计划通过制定激励的重点、条件和物资等有关政策，运用各种奖励措施表彰在组织中有突出贡献的人员，以激励士气，降低人才流失。

6. 人员薪酬计划。薪酬计划对于确保组织的人力成本和调动组织人员的积极性都有极其重要的作用。该计划包括薪酬结构、工资数额和福利项目等方面的政策制定。

7. 退休解聘计划。该计划是指按照有关规定使组织成员适时退休，解聘不合格人员，以降低人力成本，提高劳动效率。退休解聘计划需要制定退休年龄、待遇、解聘因素、程序等政策。

8. 劳动关系计划。该计划要制定出组织人员参与组织管理、疏畅组织各层级沟通等政策，目的是改善干群关系，减少组织人员的不满度。

## 五、人力资源规划的基本程序

人力资源规划过程大体可分为人力资源规划预测阶段、人力资源规划制定阶段、人力资源规划执行阶段、人力资源规划测评阶段四个部分。其基本流程图如图 2-1 所示。

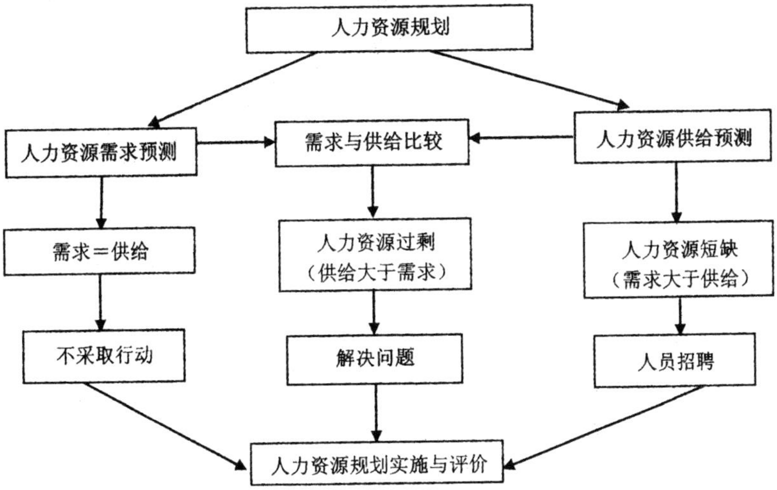


图 2-1

## (一)人力资源规划预测阶段

人力资源规划预测是人力资源规划的第一阶段。在进行人力资源规划时,首先要以组织整体发展战略和人力资源管理战略为指导,通过调研分析组织内外部环境和现有人力资源状况等系列活动,科学预测组织在未来的一段时期内可能出现的人员短缺或人员过剩情况。

## (二)人力资源规划制定阶段

人力资源规划的第二步是人力资源规划制定阶段,这是人力资源规划的一项重要内容。即以人力资源预测的结论为依据,结合组织承受能力等实际情况,进一步明确规划的时间段、规划目标等,制定出切实可行的人力资源实施方案。

## (三)人力资源规划执行阶段

人力资源规划的第三步是执行人力资源规划。制定的人力资源规划如果不加以实践,那么再科学、再完美的规划都会成为一纸空文。而在人力资源规划的执行阶段,就是把人力资源规划方案转化为具体行动的过程。其一般包括实施、检查、反馈、修正四个环节。

### (四)人力资源规划测评阶段

人力资源规划的最后一步是对人力资源规划进行测评。人力资源的执行并不是人力资源规划的终结,对于执行效果需要进行科学评估。例如,预测是否准确,计划是否合理,执行是否有力,等等。经过测评,既能对本次规划有一个客观的认识,测评结果又能反过来指导下一次的规划。

# 第二节　人力资源需求预测

人力资源需求预测,是指以组织的战略目标、发展规划和工作任务为出发点,综合考虑各种因素的影响,对组织未来人力资源需要的数量、质量和时间等进行评估的活动。

## 一、影响人力资源需求的因素

人力资源作为现代经济社会的第一资源,既对经济社会发展起着举足轻重的作用,又在客观上不可避免地受诸多因素的影响与制约。对组织来说,影响人力资源需求的因素大体可分为组织外部环境因素、组织内部环境因素和组织成员自身因素三类。

### (一)组织外部环境因素

组织外部环境的发展变化会影响组织对人员的需求,具体而言,一般包括以下因素:

1. 经济形势。随着社会经济的发展,人们对组织提供的某些服务和产品的需求会增加或者减少,因而使得组织需要对人员做相应的调整。从宏观层面看,在经济不景气的时候,往往会有较高的失业率,人力资源一般会供大于求;而在经济上升发展时期,劳动力成本也会相应提高。

2. 政策法规。国家和政府制定的一系列法律法规也会对人力资源需求造成影响,如员工的福利制度、最低工资保障等。

3. 技术革新。科技的改进对人力资源需求一般有正、反两方面的影响。一方面,新技术的应用使得生产力大为提高甚至代替一部分人员的工作,从而可以减少组织对人力资源的需求;另一方面,新技术的应用可能需要专业人员,因而,组织需要招聘掌握此技术的人员。

当然,除上述因素之外,影响组织人力资源需求的外部因素还有社会文化环境、市场竞争状况等方面。

### (二)组织内部环境因素

组织内部对人力资源需求的影响因素主要有:

1. 组织战略规划。组织战略规划是关于组织前途与未来的纲领,人力资源规划是基于组织战略规划制定并实施的,因而,其对人力资源的需求理所当然要受到组织战略的制约,并且在组织战略规划调整时,人力资源规划也要做相应调整。

2. 组织职能变化。当组织业务扩大或地域扩张时,所需人员数量一般需要增加;当组织业务减少或职能合并时,往往需要精简机构裁并人员。

3. 组织财务预算。如果组织财务预算较高,就有条件招聘较多人员或高素质人才;如果财务紧缩,就只能雇用较少人员,支付较低工资。

4. 组织领导变更。组织领导的变换,可能会使组织的战略目标发生变化,进而影响到人力资源规划。

此外,组织文化、组织人力资源部门人员的素质等也会对人力资源需求产生一定影响。

### (三)组织成员自身因素

组织成员的自身因素也可能影响组织的人力资源需求。例如,组织成员的辞职退休、劳动合同的终止、各种原因的休假和意外伤亡等情况,都需要组织招聘人员进行补充。

## 二、人力资源需求预测的方法

组织对人力资源需求的准确预测,不仅是人力资源规划的坚实基础,也是人力资源规划的核心内容。目前,已形成多种科学的预测方法,总的来说,可分为定性预测和定量预测两大类。

### (一)定性预测方法

1. 经验预测法。经验预测法又称为管理人员判断法,是组织管理者根据以往经验,结合组织发展要求,对人力资源进行预测的方法。不同的管理者的预测可能有所偏差,但可以通过多人综合预测和查阅历史记录等方法来提高预测的准确性。这种方法只适用于结构稳定的中小型组织。当组织战略发生调整,组织业务发生变化的时候,不适用此方法。

2. 德尔菲法。德尔菲法也称专家预测法,是美国兰德公司在 20 世纪 40 年代发明的一种方法。此方法是指在组织内外广泛召集具有人力资源管理知识的专家,组织向专家提供充足的信息并对预测重要性进行说明,以取得专家理解和支持。专家依据系统程序,采用匿名方式发表意见(即专家之间不得互相讨论,不发生横向联系,只能与调查人员保持联系),通过多轮调查专家对问卷所提问题的看法,经过反复征询、归纳、修改,最后汇总成专家基本一致的看法,作为预测的结果。这种方法具有广泛的代表性,较为可靠。

具体实施步骤如下:(1)组成专家小组。按照预测课题(项目)所需要的知识范围,确定专家。专家人数的多少,可根据预测课题(项目)的大小和涉及面的宽窄而定,一般不超过 20 人。(2)采用问卷方式向所有专家提出所要预测的问题及有关要求,并附上有关这个问题的所有背景材料。然后,由专家做书面答复。(3)各个专家根据他们所收到的材料,提出自己的预测意见,并说明自己是怎样利用这些材料并提出预测值的。专家对问卷的答复采用匿名方式,以保证专家能畅所欲言地表达自己的意见与观点。(4)将专家意见汇总归纳,然后再反馈给各位专家,让专家比较自己同他人的不同意见,修改自己的意见和判断。也可以把各位专家的意见加以整理,或请身份更高的其他专家加以评论,然后把这些意见再传达给各位专家,以便他们参考修改自己的意见。在向专家进行反馈的时候,只给出各种意见,并不说明发表各种意见的专家的具体姓名。(5)将收集意见和信息反馈这一过程重复进行(一般要反复 3~5 次),直到各专家的意见趋于一致。

德尔菲法作为人力资源需求预测的一种方法,在实际中广泛应用,并且预测的准确性程度也比较高。

### (二)定量预测法

1. 工作负荷法。工作负荷法是指经过工作分析和调查,计算出每类工作所需的标准工作时间,再根据组织在未来一段时间内的任务总量和组织人员一定时期内有效工作时间,推算出所需人力资源。

2. 回归分析法。回归分析法是运用数学中的回归原理对人力资源需求进行预测的一种方法。这种方法通过探寻人力资源需求数量与其影响因素之间的函数关系,建立回归模型,根据自变量(影响因素)的数值变化,预测因变量(人力资源需求数量)的数值变化。根据影响因素数目的不同,可分为一元线性回归分析和多元线性回归分析。

3. 散点分析法。散点分析法是通过作图的方式大致判断人员需求量与某一影响因素之间是否相关,它是一种比较直观的人力资源预测方法。

4. 电脑分析法。电脑分析法又称为计算机模拟法,是指组织用计算机来开发自己的人力资源需求预测系统。它运用各种复杂的数学模型对在各种情景下组织人员的配置运转状况进行模拟测试,从模拟测试中得出各种人力资源需求方案,以供组织择优选择。

5. 大数据分析法。从 2012 年始,大数据一词越来越多地被提及,人们用它来描述和定义信息爆炸时代产生的海量数据,并命名与之相关的技术发展与创新。哈佛大学社会学教授加里・金说:“这是一场革命,庞大的数据资源使得各个领域开始了量化进程,无论学术界、商界还是政府,所有领域都将开始这种进程。”人力资源规划同样如此。大数据时代人力资源规划的量化研究及管理有利于推进人力资源开发与管理的科学化、规范化和制度化进程。如,在我国东南部沿海地区尝试的“人才团队项目绩效评价”,就是人力资源规划量化管理的一个有效方法。此方法通过包含数十项指标、体现人才项目效益的“人才项目绩效评价指标体系和标准体系”的评价与相应数学模型的测算,能得到各类人才团队项目绩效的量化分值,及其优劣的量化分析结论。由此,不少地区将此预期绩效评价结果作为引才的“罗盘”。人才项目引进从产业需求出发,在项目申报之时就开展“预期绩效评价”。项目的评审认定按照绩效评价方法加以考量,并将项目“预期绩效”作为今后发展实绩的比对标杆。这样能够有侧重地推行“节点引才”,尽量避免“捡到篮里就是菜”,阻止“凭领导的好恶点人才”现象的发生。

### (三)各种预测方法适用性比较

人力资源需求的各种预测方法并没有绝对的好与坏,组织要根据不同时期、不同目标采用不同的方法。在这里要特别指出的是,在采用定量分析方法的时候,一定要与定性方法相结合。因为运用任何数学方法进行人力资源需求预测,在相关变量之间都有一个定性的前提假设。而且在实际中,人力资源需求与影响因素之间的函数关系不是绝对不变的,因此,在很多情况下即使运用了严谨的数学模型,也要借助经验的判断对结果进行适当的调整。所以,为了提高人力资源需求预测的准确性与科学性,一般需要将定量预测与定性预测相结合,将各种预测方法综合运用。只有这样,才能用合理的方法得出有效的结果。

## 第三节　人力资源供给预测

人力资源需求预测为组织提供了所需人员的数量和类型,但并未对人员的来源、组织的吸引力等方面做出讨论。因此,当组织预测了未来人力资源需求,接下来就要分析人力资源的供应问题,也就是进行人力资源供给预测。人力资源供给预测与人力资源需求预测一样重要,都是组织进行人力资源规划的关键环节。

人力资源供给预测是指组织为满足在未来一段时期内的人力资源需求,对组织可以获得的人力资源数量和质量进行的预测。一般包括内部供给预测和外部供给预测两种类型。

### 一、人力资源内部供给预测

人力资源内部供给预测,是指对组织内部人员的情况进行分析,通过了解人员数目、年龄分布、技术水平、发展潜力、流动趋势等,进而预测在未来一定时期内有多少人员可以稳定地在组织留任、有多少人员有发展晋升的可能等情况。

### (一)影响内部人力资源供给的因素

组织内部的人力资源供给,除了受到社会人力资源市场供需状况影响外,一般还受组织竞争对手对本组织人力资源的影响等。概括来说,影响内部人力资源供给的因素可分为内部推力和外部拉力两大类。

内部推力是说由组织内部原因所造成的人力资源外流。例如,组织的用人方法、管理办法、人际关系、奖罚制度等存在问题,使得组织人员丧失工作热情和对组织的归属感,出现组织人员的辞职、跳槽等现象。外部拉力是指组织内部相关人员因为受到组织外部的各种吸引力而造成的人力资源外流。例如,组织外部的机会多、收入高等都会产生这种“拉力”。

因此,如何有效地消除“推力”和减弱“拉力”,是组织做好人力资源供给所要考虑的首要问题。不管组织面对的是“拉力”还是“推力”,最重要的是把现有的人力资源配置好和运用好,通过改进管理方式、完善管理机制、协调人际关系、优化工作环境等,使组织中的每个人员都能各展其才,各取所需。只有这样,才能有效避免各种不利因素给内部人力资源供给带来的负面影响。

### (二)人力资源内部供给预测方法

一般来说,组织内部调配供给所需人力资源要比从组织外部招聘成本更低,而且新任工作岗位的员工无须太长时间的熟悉适应期,并且由于已有前期积累,其所需培训也相对较少。而且从内部提升人员还可提高组织人员的士气和积极性。因此,从组织内部供给人员是组织最为常见的供给方式,而一般运用以下方法对人力资源内部供给进行预测。

1. 技能清单法。技能清单法也称员工档案法或员工信息记录法。技能清单是用来反映组织人员工作记录和能力特征的列表,主要包括组织人员的工作经验、受教育程度、特殊技能等信息,以帮助人力资源部门估计现有人员调换岗位、升迁职务的可能性大小,以及决定哪些人员可以补充到当前空缺职位。一般在人力资源个体进入组织开始,人力资源管理部门就为其建立了员工档案。

技能清单预测法一般用于晋升人员的选定、管理人员接替计划、特殊项目的工作分配、工作调换、人员培训、薪酬奖励计划、职业生涯规划、组织结构分析等。技能清单既可为组织全体成员制定,又可只为管理人员制定。可根据不同组织的不同需要而定。

2. 人员核查法。人员核查法是通过对企业或组织现有人力资源的数量、质量、结构以及在各职位上的分布状态的核查,掌握组织可供调配的人力资源拥有量及其利用潜力,并在此基础上,评价当前不同类别员工的供应状况,确定晋升和岗位轮换的人选,确定员工培训开发的项目,帮助员工实现其职业生涯规划。

3.管理人员接替法。管理人员接替法是通过管理人员替代图来预测组织内部的人力资源供给的一种方法。通过确立在组织的各个管理岗位上有哪些可能的继任者,以及确认这些可能继任者的胜任状况和发展潜力如何,进而制订出管理人员接替计划。

4.马尔可夫预测法。马尔可夫预测法也称为转换矩阵法,它是一种定量预测方法。其基本思路是,通过收集历史数据,找出组织内部过去人员流动的规律,由此来推测组织未来的人员变化趋势,如升迁、留任、进出的比例和人数等。该方法的一个假设前提是组织员工流动的方向与概率基本保持不变。实质上就是组织过去的某种状态转移到未来的过程。

运用马尔可夫预测法:第一步是根据组织过去人员变动的历史数据,通过计算人员在不同职务之间流动的概率,做出一个人员变动矩阵。当然,所收集数据的时间周期越长,预测的准确性就越高。第二步是将组织现有人员数目乘以人员流动的概率,得出人员流动矩阵表。再将所得人员数目纵向相加,就可以看出组织内部未来人员净供给的数值。

## 二、人力资源外部供给预测

人力资源外部供给预测主要是通过对人才市场的供求状况、可能为组织提供所需人力资源的渠道以及组织外部竞争者拥有的人力资源状况进行分析,得出组织可能从外部获得人力资源的相关信息,并对获得这些人力资源的成本,以及可能遇到的困难做出提前预测。

### (一)影响人力资源外部供给的因素

影响人力资源外部供给的因素一般可分为行业性因素、地区性因素和全国性因素。

行业性因素包括组织所属行业的运营状况、发展前景,行业内其他相关组织的数量、实力,特别是引进人力资源的措施与方法,以及本组织在行业内的地位及自身对人力资源的吸引力如何，等等。

地区性因素主要是指组织所在地的人力资源状况。既包括当地的人口密度、教育水平、就业观念等，特别是对组织来说有效的人力资源状况，还包括组织所在地对人才的吸引程度，如组织所在地经济发展状况如何、人居环境怎样等，这些都对人力资源的供给有相当大的影响。

全国性因素主要是指一个国家的大政方针、政策法规对组织人力资源供给的影响。一般包括分析国家今后几年发展状况，科技文化的发展趋势，人才培养的数量与模式，劳动力的增减情况，以及国家的就业法规、薪酬制度，等等。随着全球化趋势日益明显，全球经济的发展态势以及全球范围内的人力资源供求状况，将越来越深入地影响各组织的人力资源供给。

#### （二）人力资源外部供给预测方法

人力资源外部供给预测涉及国家、地区、行业等多种因素，而且其中很多情况是组织自身力量所不能把握的。所以说，组织的人力资源外部供给预测相当复杂，而且很难做出定量的研究，只能是大体上估计人力资源外部供给的可能性大小，常常会从以下方式入手。

一是查阅已有资料。例如国家和地区统计部门、人力资源社会保障等部门定期公布的劳动力统计数据，国家和地区法律法规的调整变化，等等。

二是调查有关信息。组织可以就自己所需的人力资源进行专门调查，与能提供组织所需人力资源的部门长期联系，例如，可与设有组织所需专业的高校建立合作伙伴关系等。

三是对组织近期招聘人员进行分析。了解他们的素质与来源、应聘本组织主要是缘于何种因素等。通过对已有应聘人员进行调查分析，也可得出组织未来人力资源外部供给的状况。

## 第四节　人力资源规划目标与政策

### 一、人力资源规划目标

人力资源规划总的目的是使组织在适当的时间、适当的岗位获得适当的人员，具体而言包括两个层面的含义：一是人力资源规划是为了满足组织的发展对各种人力资源的需求，包括规划所需人员的数量、质量、层次结构等方面；二是人力资源规划是为了最大限度地开发和利用组织现有人员潜力，以此提高工作效率，促进组织发展，并使员工需求得到满足。但落实到操作层面，人力资源规划的目标就是实现组织人力资源的供需平衡。前面所述的人力资源需求和供给预测，事实上也都是围绕组织人力资源供需平衡所展开的。只有平衡人力资源供需，组织才能有效提高人力资源利用率，降低人力资源成本，最终实现组织的发展目标。

一般来说，人力资源需求与供给之间存在以下四种关系：供需平衡，人力资源需求与人力资源供给相等；供不应求，人力资源需求小于人力资源供给；供大于求，人力资源需求小于人力资源供给；结构失衡，某类人员供过于求，而某类人员却供不应求。

然而就实际情况来看，在组织整个发展过程中，其人力资源的供需平衡的状态极为少见，事实上，组织大多数情况下都处在人力资源的供需失衡状态。因此，组织要通过制定增加人员、削减人员和人员结构调整等政策使组织人力资源由供需不相配达到基本平衡状态。

## 二、人力资源规划政策

人力资源规划政策是人力资源规划的一项重要内容，是协调人力资源供给状况的有效工具。不同组织都有各自不同的实际情况，其人力资源规划的政策也是多种多样。但就人力资源供求不平衡的几种状态而言，还是有基本规律可循的。下面就对一些常用的政策措施做一简单介绍。

### （一）供不应求时的政策

人力资源供不应求主要出现在组织规模扩大和组织业务扩展时期，当预测到组织的人力资源需求大于供给时，组织通常采用下列政策措施以保证人力资源供需平衡。

1. 外部招聘。外部招聘是组织最为常用的应对人力资源供不应求的政策方法。当组织出现技术型和业务型人员短缺时，采用外部招聘方式可以较快得到有专业背景的员工，从而满足组织的工作要求。但如果组织从外部招聘管理人员，由于新员工熟悉组织情况需要一段时间，往往见效比较慢。一般来说，当组织有内部调整和内部晋升机制时，应该先考虑此类方式，再考虑外部招聘。但外部招聘可以为组织带来新鲜血液与新的管理理念等。

2. 人员转移。人员转移即人员的内部调整，指的是当组织的某个职位出现空缺时，从组织内部调整人员到该职位。内部调整可以节省组织的招聘成本，丰富员工的工作类别，提高其工作兴趣。但对于一些较为复杂的工作，内部调整的员工可能需要花费一段时间进行培训。

3. 雇用临时工。雇用临时工是组织从外部招聘员工的一种特殊形式，是组织因阶段性或专项性工作而经常采用的一种方法。由于临时工不属于组织正式编制，所以一方面可以减少组织的福利开支，另一方面，在组织工作完成后可以随时与其解除劳动关系，所以说，雇用临时工既能方便组织工作，又能为组织节约人力成本。

4. 延长工作时间。延长工作时间通常也称之为加班，在组织工作量临时增加时，可以考虑延长工作时间。延长工作时间也可节约组织的人力成本，而且与雇用临时工相比，还可以保证工作质量。但延长工作时间要在组织员工愿意的情况下进行，并且要符合国家劳动法的有关规定。长期运用此方法可能会伤害员工的工作热情和积极性。

5. 内部晋升。当组织较高层次的职位出现空缺时，组织一般优先采取内部晋升的方式进行人员补充。一方面，在很多组织中都会有系统的员工培训与开发计划，内部晋升更是员工职业生涯规划的重要内容，并且对员工有较高的激励作用；另一方面，由于内部员工了解组织情况，会比外部招聘人员更快地适应工作环境，同时也节省了外部招聘的成本。但当组织缺乏生气或面临重大改革时，可适当考虑从外部招聘人才。

6. 技能革新。对组织现有人员进行必要的技能培训，使之不仅能胜任当前工作，还能适应更高层次工作或组织转型后的工作；更新组织工作条件及设备，创新组织工作流程和机制，以提高效率节约成本。

7. 工作外包。组织可以将某些专业性较强的工作，如薪酬发放、人员测评、员工培训等，委托、转让给专业性的管理咨询服务机构，这样既可节省组织内部的人力资源,又可以使组织将工作的重点集中在其核心业务上。

(二)供大于求时的政策

绝对的人力资源过剩主要出现在组织经营萎缩时期,此时,过剩人员的安置成为组织能否度过萧条期的关键因素之一。其政策制定应从以下几个方面入手:

1. 提前退休。组织可以适当放宽退休年龄和条件限制,并对退休人员给予较高的福利,促使更多员工提前退休。提前退休是组织减少人员比较容易的一种方法,但组织有可能因此背上沉重负担。

2. 减少人员补充。减少人员补充是解决人力资源供过于求最为常用的方法。当组织出现人员退休、离职等情况时,对空缺岗位并不进行人员补充,这样就可以通过比较人性化的方式减少组织内部的人员供给,从而达到人力资源供求平衡。但采用此方式减少人员数量往往效果有限,并且难以得到组织需要的人员。

3. 增加无薪假期。当组织出现短期的人力资源过剩时,增加无薪假期既可以暂时减轻组织的财政负担,又可以避免组织需要员工时再从外部进行招聘。

4. 裁员。裁员是组织一种不得已的行为,是没有办法的办法,但其效果相当有效。在进行裁员时,要注意制定优厚的裁员政策,如为下岗者发放优厚的失业金等。而且在裁员时通常先裁减那些主动希望离职人员和工作能力低下的员工。裁员一般会降低员工对组织的信心,挫伤员工积极性,甚至会影响组织的形象,所以在采用此方法前一定要慎重考虑。

(三)结构失衡时的政策

对于人力资源结构失衡并无专门的政策,而是上述两种调整方法的综合运用。其实所谓的人力资源结构失衡,也就是人力资源供不应求与供过于求在一个组织中同时出现的情况。可能是高层次人员供不应求,而低层次人员又供过于求;也可能是这个部门人员供不应求,而那个部门的人员却供大于求。所以,要根据组织不同层次、不同职位的人力资源需求供给状况,有针对性地选择不同的解决措施,并将各种方法综合分析,灵活应用。

常用人力资源政策比较,如表 2-1 所示。

表 2-1 常用人力资源政策比较

| 问题 | 常用政策 | 解决问题的速度 | 员工受伤害程度 |
|---|---|---|---|
| 预期人力资源短缺 | 加班 | 快 | 高 |
| | 临时雇用 | 快 | 高 |
| | 外包 | 快 | 高 |
| | 再培训后上班或换岗 | 慢 | 高 |
| | 减少流动数量 | 慢 | 中等 |
| | 外部雇用新人员 | 慢 | 低 |
| | 技术创新 | 慢 | 低 |
| 预期人力资源过剩 | 裁员 | 快 | 高 |
| | 减薪 | 快 | 高 |
| | 降级 | 快 | 高 |
| | 工作轮换 | 快 | 中等 |
| | 工作分享 | 快 | 中等 |
| | 退休 | 慢 | 低 |
| | 自然减少 | 慢 | 低 |
| | 再培训 | 慢 | 低 |

## 第五节 人力资源规划执行与评估

### 一、人力资源规划的执行

人力资源规划的执行是将人力资源所制定的政策措施落实到组织工作中的活动,是主观的方案转化为客观实践的过程。如果有规划没执行,那么再好的规划都会成为空谈。所以,对于组织来说,人力资源规划一旦制定出来,就要全力以赴地执行。

人力资源规划的执行一般分为实施、检查、反馈和修正四个步骤。

#### (一)实施

在实施过程中要注意以下两点:一是要严格按照计划执行;二是在实施前做好充分的准备工作,实施时全力以赴。

#### (二)检查

没有检查或者检查的力度不够,都会使人力资源的具体规划流于形式,或使实施缺乏必要的压力。检查可以由执行者的上级或平级出面进行,但不能由执行者本人或下级执行。为了获得准确的信息,在检查前要列出检查提纲,明确检查目的和内容,根据提纲逐条检查并进行记录,检查后要及时与执行者沟通检查结果。

(三)反馈

最主要的反馈是保证信息的真实性,只有获得真实的信息,才有助于人力资源规划的修正。反馈可以由检查者进行,也可以由实施者进行或两者共同进行。

(四)修正

人力资源规划是一个动态的过程。在规划的执行过程中,通过随时检查、及时反馈,对计划进行适当修正是十分必要的。只有修正和调整人力资源规划的不足之处,才能保证组织目标的真正实现。

## 二、人力资源规划的评估

评估人力资源规划是人力资源规划过程的最后一步,不仅可以对本次人力资源规划的实施效果有一个基本的判断,而且可以对组织以后人力资源规划的制定实施有指导和借鉴意义。在对人力资源规划进行评估时,一定要客观、公正和准确。

首先,要考虑人力资源规划目标本身的合理性。特别需要注意以下问题:第一,熟悉人力资源的程度及对其的重视程度;第二,处理好与提供人力资源数据及使用人力资源规划的管理人员之间的工作关系;第三,合理掌握与相关部门进行信息交流的难易程度;第四,考察管理人员对人力资源规划中提出的预测结果、行动方案和建议的重视及利用程度;第五,关注人力资源规划在组织高层管理者心目中的地位和价值。

其次,在评估人力资源规划时,还要将行动的结果与规划本身进行比较,目的是通过发现规划与实际效果之间的差距,修正和指导今后的人力资源规划的制定与实施。比较主要的方面一般包括:

1. 实际人力资源招聘数量与预测的人力资源净需求量比较;

2. 劳动生产率的实际水平和预测水平的比较;

3. 实际的和预测的人员流动率的比较；

4. 实施人力资源规划的实际结果和预期目标的比较；

5. 人力的实际成本与人力费用的预算比较；

6. 行动方案的实际成本与行动方案的预测比较；

7. 人力资源规划的成本与收益比较。

上述项目之间的差距越小，表明人力资源规划越符合组织实际，越有利于组织目标的实现。最后，需要指出的是，人力资源规划的执行和评估并不是两个独立的过程，而是在执行中评估，在评估中执行，相辅相成，共同促进规划目标的实现。

## 第六节　基于战略柔性的人力资源规划

组织的发展与壮大是组织战略与组织环境不断地相互作用和协同演进的结果。现今的组织环境发生了并继续发生着重大的变化，复杂性、不确定性和不稳定性成为组织的重要特征。在这种急剧变动的环境里，战略柔性成为组织赢得竞争和可持续发展的重要因素。

战略柔性思想源于传统战略管理理论在实践中所遇到的困难，即在指导企业实践过程中逐渐暴露出来的对竞争环境的复杂性、不可确定性等特征把握不足、应对不力的问题。它的含义主要包括两个方面：组织环境的变化偏离了原来的预期，必须根据所遇到的新的环境条件进行一系列的调整，此时的战略柔性表现为对不可预期的一种战略反应；在可预期的情况下，存在某些未曾估计到的方面或者发生某些突发性的事件，它们破坏了战略设计的预设前提，此时的战略柔性表现为解决难题的灵活性。动态因子相适应的战略管理理念，试图克服传统战略理论的不足，强调以“柔性”应对变化，从而增强战略的适应性。

为组织做好人员上的准备是人力资源规划的基本任务，也是提升组织战略柔性的根本保障。为此，应当重新确立人力资源规划的起点，在时间维度上，提前至战略制定或战略修订之前的战略判断阶段；在组织层次上，提高到战略制定人。从起点开始，逐步递推，形成基于战略柔性的人员流程规划体系。

## 一、前战略时期的人员规划

一般情况下,组织运行的程序是:制定战略,寻找合适的人选,逐步向预定的目标推进。但柯林斯等人的研究表明,卓越公司必须严格遵守的一项原则恰恰相反:先找到合适的人,再制定战略。我国的联想集团所采取的发展路线是:搭班子——定战略——带队伍。“搭班子”在“定战略”之前突出了人的重要性,企业的发展战略实际上是由办企业的人来制定的,而不是相反。

将选人置于定战略之前,的确提升了组织的战略柔性,问题是如何确定选人的标准呢?在管理实践中,对影响战略制定的关键性要素的判断构成了战略人选的前提。联想集团在创立的初期以“立意”定人选,其立意是:做一个长久性、有规模的、具有国际影响力的高科技公司。在这种“立意”下,柳传志选择了李勤。1994 年联想基于“立意”和对竞争形势的判断,选择具有营销经验和技术背景的杨元庆进入决策层。

前战略时期,选人的目的是制定战略或者为变化做准备,进入组织的人选不一定与组织当下的岗位相匹配。前战略时期人力资源规划的困难在于无战略可依,选人的标准比较模糊,仅有一个方向而已。正因为如此,很多组织放弃了这方面的努力。

## 二、未来导向的人力资源评估

未来导向不仅包括前战略的内容,还应包括既定战略中预定目标的实现所必需的要素。未来导向的岗位评估,主要分析某一岗位对于下一阶段的战略执行的重要性,无论这一战略是既定的还是新制定的。在这里要评估的是岗位的重要性程度,而不是职位的高低,有些职级较低的岗位也可能很重要。比如说,软件公司的产品测试岗位,其职级并不算高,但它对公司战略目标的达成产生着重要的影响。岗位评估的结果是识别出关键性的岗位,并重点抓好这些岗位的建设,以保证下一个战略目标的实现。

未来导向的人员评估不是对传统评估的简单否定,而是对传统评估的超越。它要求不但要评估过去与当下的业绩,还要评估达成业绩的行为,进而从行为表现中推断出被评估者对未来的适应能力。

下面以一个案例来说明这种评估的用处。某集团公司对三个不同业务部门的主管进行评估，业绩指标显示：张鹏以高出预定指标的5%超额完成任务，王小虎刚刚完成指标，李娜只完成预定目标的90%。如果单从业绩上看，显然张鹏是佼佼者。仔细考究，张鹏的成功来得比较容易，他所从事行业的增长速度因国家政策的调整超出了当初的预期，如果将他的业绩与同行业的其他人相比，只能居于中等水平。王小虎就没那么幸运，他所在部门的产品受到了替代品的冲击，为了完成年度计划，他想尽办法将产品推向销售渠道，造成了产品在销售环节的积压。对于李娜来说，面对原材料价格急剧上涨、行业利润普遍下滑的压力，她及时采取措施，降低消耗，提高生产效率，最大限度地减少了该部门的利润损失，其经营业绩远远超出了同行业的平均水平。王小虎以公司的长期利益为代价完成了近期指标；李娜应对变化积极主动，措施得力；张鹏借助机遇，坐享其成。从三者的行为可以看出，李娜最有助于提高企业的战略柔性；王小虎只顾眼前利益，不具未来眼光；张鹏满足于现况，缺少追求卓越的激情。

通过对业绩和行为两个维度进行评估，可以将组织人员进行有效的区分，最有潜力的人选显然是那些业绩与行为两项得分都高的人。

## 三、人员流动分析

人员评估为人员的变动提供了必要的依据，在科学评估的基础上对组织人员变动的可能性进行分析，有利于提升组织的战略柔性。任何组织的人员变动首先是去与留的问题，对于留下的人员来讲，无外乎三个流向：向上流动、平向流动和向下流动。在组织人员的内部流动方面，海尔集团的"三工并存、动态转换""在位要受控、升迁靠竞争、届满要轮岗"等制度具有创新意义。

在人员评估中，那些绩效与行为都在标准水平以上的人备受同业关注，他们是猎头公司瞄准的对象，也是最有可能流失的群体。为了预防具有发展潜力人员的外流，组织需要进行挽留风险分析。挽留风险分析主要关注一个人的流动性潜力和他的离开可能给组织带来的损失。对于那些对公司的未来发展具有重要影响的人物，应当对他们的存在价值给予合理的估价，对他们的挽留成本也不应该超出因其外流而带来的损失。当然，在中国的文化背景下，对人的挽留，除了考虑经济因素之外，还要考虑情感、面子、家庭观念等非理性的因素。

尽管企业不断地想办法挽留那些对企业未来发展至关重要的人才，总还是有人要离开企业。面对这种情况，企业应当争取主动，提前做好准备。具体地讲，就是通过继承深度分析，确定关键岗位的继承人选，保证关键岗位的正常运作。通用电气公司非常重视关键岗位的继承深度分析，一旦处于关键岗位的人离职，公司能在24小时之内找到合适的人选充实该岗位。

员工的培训和继续教育是岗位继承的重要保证。在对员工的培养中，应把工夫下在员工专业技能的提高和公司的发展方向上，对中高层管理人员和一般员工分层次进行培训。通过培训，将员工的志向、兴趣、爱好与公司的信誉、发展战略紧密结合起来，将员工的个人发展与公司的发展联系在一起。

一个组织当中，总有一些目前表现比较优异却无法满足组织未来发展需要的人。为了应对未来的挑战，基于战略柔性的人员流程规划必须对之提出解决方案。毫无疑问，这是一个比较复杂的社会流程，需要考虑的因素也比较多。在制定此种方案时，应当将经济补偿、心理安慰、再就业支持（比如推荐就业）等措施纳入其中。不管怎样，要想办法尽快让他们以一种体面的方式离开公司。在处理这类问题的时候，最可怕的是拖而不决。实际上，让那些明知不会有结果的人仍然待在那里，无疑会对他们造成精神上的压力，使他产生被排斥的感觉，这对当事人也是不公平的。因此，在制定解聘方案的时候，要把被解雇人员的“软着陆”作为处理问题的目标。

有人流出就要有人流入，这样才能保证组织未来发展过程中对人员的需求与人员拥有量的合理匹配，只是战略柔性对人员的挑选提出了更加严格的要求。在做规划时，除了规范传统招聘程序之外，还要加上对应聘者初步评价的验证。一般情况下，证明人不应少于三人，验证的内容要具体，不要泛泛而谈。在选人上，坚持宁缺毋滥是表现卓越的公司的一项基本原则。通用电气前CEO韦尔奇在看过应聘者的资料和进行面谈之后，坚持给了解应试者背景的人打电话，为了能获得有用的信息，他还专门为打电话准备一个问题清单。

### 四、外部人才的虚拟存储

组织所掌控的资源是有限的，而变化却是无穷的，任何组织永远都不可能将所有未来导向的相关人才尽收旗下。事实上，组织需要保留的是那些既能做好现有的工作,又有能力执行下一步战略的员工。与此同时,实现跨越的组织也不会无视那些组织之外的未来导向的人才。将这些人才以虚拟的形式储存起来,对组织的未来发展绝对是有必要的。被组织虚拟储存的人员主要包括:应聘人员中由于种种原因未被组织吸纳的优秀人才,对于他们游离于组织之外,组织产生较高的遗憾值;竞争对手的关键人物;相关行业的弄潮儿,他们具有引导潮流的作用。有效的虚拟储存需要不断评估和更新,不然的话,这些储存就会失效,为之所做的付出也就变得毫无意义。

基于战略柔性的人员流程规划不仅仅依赖于既定的战略,还依赖于对未来的分析和判断,它不是一种静态的决策,而是一个随着战略执行要素的不断改变而调整的动态过程。

**案例分析:**

## 某公司 2005 年度人力资源规划

(一)目标

以人力资源体系为支撑,通过公司内外因素的分析,利用多种方式招聘、培养适合公司发展的各种人才,建立人才梯队,培育企业稳定的骨干人员队伍,提高现有人员的综合素质,为公司持续、稳定发展提供可靠的人力资源保障。

(二)现状分析

1. 公司人员状况

公司现有员工 1550 人,大专以上员工 685 名,初中学历 865 人,多集中在后勤服务岗位、生产一线及品管最终质量控制。3 年的时间,公司培养了大部分基本满足岗位要求的员工,相对以前,员工技能有较大提升,生产一线的大部分管理人员都是公司自己培养出来的,外聘比例不高。

①公司高层:目前,高层共计 7 名,均从事过企业管理,对企业运作和分管业务都比较熟悉,基本具有指导下属的能力,但水平存在一定的差距,在管理技巧、系统理论及指导下属的有效方法上还有待加强,且需保持良好、冷静的心态。要引进竞争淘汰机制,建立人才梯队,加速高层人员提升速度,增强业务操作性和对下属工作方向的引导性。

②中层：目前共计11个部门，部门经理12名，敬业意识较强，提升愿望较强烈，但水平参差不齐，部分进步较快，具备相应的行业技能和相当的管理经验，基本满足目前岗位的要求；部分与公司战略发展的目标还有差距，只有增强中层的管理素质，快速提升专业技能，才能与公司快速扩张和发展相适应。

③科长级：公司的基层管理岗位，以专业技能为主，主要用于解决实际工作中的技术问题，目前现有的科长员工均具备一定的专业技能，在综合管理上有待加强。

④基层员工具备一定的技能，基本满足公司发展的需要，但需加强专业技能培训，增强质量意识和成本意识。

⑤存在的威胁：关键岗位人才的流失及引进人才的不适应性；内部管理不善造成人才的流失。

2. 内部供求分析

①需求预测（略）。

②供给预测（略）。

③结果分析：综合以上需求、供给分析，公司的人力资源状况是供小于求，人才的质量和数量均有欠缺，人力资源的使用以内部培养为主，外部招聘为辅。对关键的技术岗位，在公司欠缺的情况下，对外招聘，但同时积极培养后备力量，形成技术骨干队伍和管理骨干的梯队；对工作量不饱和但又必不可少的岗位，培养人员一专多长的技能，满足公司人员的需求，降低人力成本。

3. 行业竞争对手分析

①竞争对手一：由于企业的高度市场化竞争意识、严格的管理模式及其优越的地理位置，其员工素质较高，质量意识较强。但由于该企业成熟技术人员的相对稳定性高，其助手、副手上升空间受到限制，成为导致其人员流动的一个因素。

②竞争对手二：在行业的管理堪称老大，其人才以内部培养为主。多数员工居安思危，即没有进步就意味着没有机遇，没有竞争实力，没有个人的发展前景。公司技术、管理人员同时也成为同行厂家猎取的对象，故而也面临着人员流失的问题，但其关键岗位的人才稳定，且其人才梯队建设较好。公司管理人员行业专业知识的欠缺，亦构成其未来发展的瓶颈。

③竞争对手三：地处省会城市，虽地理位置比不上沿海、南方发达地区，但此公司仍占有一定优势，设备较为先进，但人员的竞争意识比不上本公司，本公司有与其竞争的机会和空间。

4. 市场情况分析

优势：行业发展较快，人才已成熟，行业所需的工艺开发、产品设计、工艺技术、机台操作工都已形成粗具规模的人群，为企业的发展形成了较好的支撑。

劣势：

①目前行业专业技术人员呈紧俏趋势，大中专院校的毕业生就业形势较好，本科院校学生一般可以接到 2~3 个单位的接收函，学生挑选余地较大，签约和留职的稳定性不强，给学生招聘、培养工作带来一定的困难。正因为如此，学生目前对工资、福利的期望值较高，在一定程度上增加了人力资源成本。

②行业内技术人员的流动性较大，但多为普通技术人员，且多为缺少晋升空间或在原单位表现欠佳的人员；真正专业技术含量高、技能强的人员因其待遇较高，稳定性较好，是各公司挖掘的对象。

③公司地处中西部地区，而行业的强势企业主要集中在东南沿海地区，人才亦集中在以上地区，加之行业的工作特点和工资状况，行业人员工资普遍较高，增加了公司的招聘难度和用工成本。

机遇：用较高的待遇去物色公司所需的各类人才，让企业在短时间内能够形成一个较强的竞争群体参与市场竞争，同时将公司拟培养的人员补充到相关岗位，缩短“空降兵”角色的适应周期，快速培养公司内部人员，从而达到人才引进和企业发展两不误。

威胁：

①较高待遇留不住引进的关键岗位人员和内部培养的人员，让企业形成的暂不稳定的核心竞争力瓦解，企业发展受限。

②企业人力资源成本增加，短期的人力资源成本的增加与公司效益的增长不成比例。

（三）人员招聘计划

1. 招聘需求（略）

2. 招聘方式

①普通岗位招聘以网络招聘和人才市场、劳动力市场招聘为主；

②关键、重点岗位在网络招聘进行的同时，引进猎头公司服务、委托招聘、跟踪招聘等方式；

③通过公司招聘的相关专业技术人员在业内的人缘关系进行介绍、引导。

3. 招聘策略

①以相对较低的成本和较短的周期招聘到公司所需的人才；

②配合公司战略发展需要，进行前瞻性的人才储备。

4. 招聘人事政策

按照公司招聘管理办法执行。

5. 风险预测

①公司所需要的人才高于市场成本；

②招聘周期过长；

③招聘人员的稳定性；

④因岗位特点，市场人才稀缺，较难招聘到适合岗位的人才。

（四）人员晋升计划

根据公司的需要及现有人力资源的现状，以知人善用、能者即任为原则，以调动员工的积极性、提升人力资源利用率为目的，以筹建人力资源人才库为基础，最大限度地降低人员流动的风险。

1. 人员晋升的条件：

①工作态度认真，工作勤勉，认同公司文化；

②完全胜任本岗位工作；

③有学习欲望和发展潜力；

④对拟晋升岗位有充分的认识和了解，并在短期内能基本胜任；

⑤拟晋升人员的岗位有人员接替。

2. 人员晋升测评：

①对用人部门及人力资源部门推荐人选的前期工作状况进行考核；

②运用相关测评软件对该人选进行测评。

3. 人员晋升方案：

①用人部门提出人员晋升计划；

②人力资源部门对人员进行测评；

③晋升人员的工资按公司薪酬管理制度执行；

④拟晋升人员提出晋升后的工作计划和实施方案；

⑤用人部门对晋升人员提出明确要求和考核办法；

⑥用人部门对晋升人员进行指导、跟踪、考核；

⑦考核合格予以正式任用，否则可培训延期或退回原岗。

4. 实施控制：

①用人部门和人力资源部门需共同关注晋升人员的发展；

②对晋升人员在工作中遇到的问题要正确分析：属态度问题纠正态度，属技能问题设计具体培训提升计划；

③用人部门应积极配合晋升人员的工作，不得设置障碍；

④对用人失误的情况要及时调整，并与相关人员充分沟通。

**讨论题：**

1. 该公司对人力资源的现状分析有什么特点？

2. 请评价该公司的人员招聘计划和人员晋升计划。

3. 请分析该公司人力资源规划的可取之处和不足之处。

# 第三章　工作分析与设计

工作分析与设计是人力资源管理的基础环节，是人力资源规范化、科学化的前提。只有做好工作分析与设计，才能顺利地完成人力资源管理工作。工作分析是什么？工作分析要做什么？怎样进行工作分析？工作分析的结果是什么？工作设计又该如何开展？这些都是学习工作分析与设计需要解决的问题，也是本章的主要内容。

## 第一节　工作分析概述

### 一、工作分析的含义

#### （一）工作分析的定义

目前，学界对于工作分析（Job Analysis）的定义有很多，其中，有的学者把工作分析等同于职务分析。重要的定义主要有以下一些：

1. E. J. 麦克考密克（Ermest J. McCormick）认为，职务分析是研究人的工作，涉及与职务有关的信息收集、评估与记录。

2. R. 韦恩·蒙迪（R. Wayne Mondy）认为，工作分析就是确定完成各项工作所需技能、责任、知识的系统过程。

3. 雷蒙德·A. 诺伊（Raymond Andrew Noe）认为，工作分析是指获取与工作有关的详细信息的工程。

4. 日本学者村中兼松认为，所谓职务分析包括两个方面：一是分析者对确定的目标职务进行仔细观察；二是为适应录用、配备、工资、晋升、教育、培训等需要，对该职务的性质进行全面分析，并建立信息库。

5. 加里·德斯勒（Gary Dessler）认为，工作分析就是组织确定某一工作的任务、性质以及什么样的人可以胜任这一项工作，并提供与工作本身要求有关的信息的过程。

6. 罗伯特·L. 马希斯（Robert L. Mathis）认为，工作分析就是一种系统地收集、分析和职务有关的各种信息的方法。

本书认为，所谓工作分析，就是通过对工作内容与工作责任的资料汇集、研究和分析，确定该项工作的任务、性质和相对价值，以及哪些类型的人适合从事这一工作。简单地说，工作分析就是系统地收集、整理和综合分析工作信息，并对工作及工作岗位所需任职资格、工作条件等进行确定的过程。

### （二）工作分析的相关术语

工作分析是一项专业性较强的人力资源管理工作，要很好地理解工作分析，很有必要弄清楚以下一些与之相关的基本术语：

1. 工作要素。工作要素是工作中最小的、不能继续分解的最基本工作动作。例如教师讲课包括讲解文章、提问等工作要素。

2. 任务。任务就是人力资源个体在工作过程中为实现特定的目的而进行的具体活动。例如调研员书写调研报告。

3. 职责。职责是一个人完成本职工作所承担的若干项任务组成的责任和活动。

4. 职位。职位是组织中的任务落实到具体人员时形成的工作岗位。例如部长职位、副部长职位等。

5. 职务。职务由职位组成，是若干具体职位的集合。例如处长职务包括正处长、副处长等职位。

6. 职业。职业是指跨组织、跨行业、跨部门的组织中具有相似属性的工作构成的职位集合。例如助教、讲师、副教授、教授组成教师职业。

7. 其他术语。在各类组织中，为便于人力资源管理，常常把各种职位进行分类。进行职位分类，通常是将所有的职位（也叫工作岗位）按照其工作性质分为若干职组、职系（从横向来说），然后按工作繁简难易、职责轻重大小及所需资格条件分为若干职等、职级(从纵向来说),对每一个职位做明确的定义和描述,为人力资源管理的招聘和任用提供信息和依据。为此,还有必要理解以下几个术语:

①职系。职系由两个或两个以上的职位组成,是职责繁简难易、轻重大小及所需资格条件不同,但工作性质充分相似或相同的所有职位集合。如一所高校工作人员可分为教师系列、科研人员系列、实验人员系列、图书和档案系列等。每个职系构成一个职位升迁的系统。

②职组。工作性质相同的若干职系综合在一起构成职组。如我国通常把事业单位划分为高等教育、科学研究、医疗卫生等系统。

③职级。工作内容、难易程度、责任大小及所需资格条件都很相似的职位划分为同一等级。如我国现行事业单位职称系列总体分为正高级、副高级、中级、初级和员级五个职级。在同一等级中,实行相同的管理使用和报酬。

④职等。职等由工作内容不同或者是工作职务不同,但工作繁简难易、职责轻重大小及所需资格条件充分相似或相同的职级构成。在我国通常有五个职等,与上述职称系列的五个职级相对应,分别用罗马数字Ⅰ、Ⅱ、Ⅲ、Ⅳ、Ⅴ来表示。

## 二、工作分析的原则

为了提高工作分析的科学性、可靠性和合理性,在组织实施中要注意遵循以下几项原则:

### (一)系统原则

所谓系统就是指由若干既有区别又相互联系的要素所组成的、处于特定环境的、具有特定结构和功能的有机整体。每个系统又可以划分为整个大系统中的若干子系统。像人类社会这个大系统由自然资源、人力资源、政治、经济等各个有区别又有联系的要素组成一样,任何一个组织都是由其内部若干既有区别又有联系的岗位构成的。在人力资源开发与管理工作中,构成组织的这个大系统的各个岗位分别承担责任,完成各自的任务,在整体的配合下,确保组织的顺利运转。因此,在对一个组织实施工作分析时,就应该对每一个岗位进行分析,并注意各个岗位之间的相互联系,从总体上把握该岗位的特征以及对任职人员的要求,即具体的任职资格、条件以及工作环境等要素的确定。

（二）最优化原则

最优化原则是指在一定的环境和条件下，使组织的各个岗位趋向最理想的状态，以达到最优的效果。在对组织实施工作分析时，不仅要在每个环节上以最优化原则来进行分析，在选择工作分析方法、工作分析人员时也要遵循这一原则。比如，在一个组织中，往往需要设定工作岗位，并对工作岗位进行配员，这就必须遵循最优化原则，一方面要尽量减少岗位的配员，另一方面又要谋求工作的高效率。

（三）目的原则

在工作分析中，要明确工作分析的目的。根据工作分析的目的，注意工作分析的重点所在。如果工作分析的目的在于明确职责，就要把工作分析的重点放在对工作范围、工作职能和工作任务的分析上；如果工作分析的目的在于聘选工作人员，要把重点放在对工作岗位的分析和工作任职资格条件的分析上；如果目的在于制定薪酬标准，则要把重点放在对工作责任、工作量、工作环境和条件的分析上。只有明确了分析的目的，才可以使工作分析更具针对性，有利于提高工作分析的效果。

（四）能级原则

能级是指组织中的各个岗位的功能等级。一个工作岗位能级的大小，要对该岗位在组织中的工作性质、复杂难易程度、责任大小、任务轻重等因素进行分析，按照其在组织中的功能进行确定。一般来说，在一个组织中，工作岗位能级从高到低可分为四个层级，即决策层、管理层、执行层和操作层。这四个层级呈塔形分布。

（五）标准化原则

在工作分析中，标准化原则既要求工作分析的内容、方法、程序、指标的标准化，又要求在工作分析基础上形成的人力资源管理文化的标准化。

## 三、工作分析的作用

工作分析被称为人力资源开发与管理的奠基工程，是进行人力资源开发与管理的首要环节，在人力资源开发与管理的过程中，具有十分重要的作用和意义。

（一）工作分析有利于人力资源规划更加合理

在组织中，各项工作的繁简难易不同，职责的轻重大小各异，并且不同的工作还受到时间和工作条件的约束和限制。这一系列的不同因素决定了组织需要不同的工作人员,这样才能更好地完成工作任务,提高工作效率。工作分析就是要根据组织的需要,对影响组织的种种因素进行收集,分析出在组织中需要设置哪些工作岗位以及完成这些工作需要什么样的工作人员。通过对组织内部工作岗位及工作人员的分析,为组织编制提供有效信息,为整个人力资源规划提供基础性服务,有利于提高人力资源管理的质量和效益。

(二)工作分析有利于使工作权责更加明晰

在组织中,工作管理者和工作人员要完成好工作任务,不仅需要清楚地了解工作目的、工作任务、工作程序、工作要求,还需要明确所在工作岗位的职责范围和权利。只有明确地了解工作职责,才能确保组织的各项工作都有相应的工作者承担;只有明确地了解工作权利,才能避免越权行事。

(三)工作分析有助于组织选拔和任用合适的工作人员

在招聘过程中,组织需要聘任符合要求的、能够胜任工作要求的工作人员,这就需要确定规范的任用标准。通过工作分析可以明确组织的任务和工作重点,使各项工作的要求、规范明确化和清晰化,对任职者的心理、工作技能以及思想素质提出要求,并在此基础上确定出组织部门透明、清晰的任用标准。有了明确的任用标准,就可以对组织内部的工作人员和应聘者进行素质测评和评估,最终选出符合要求、胜任工作的合适工作人员。

(四)工作分析有利于提高培训开发的绩效

在组织中,首先要对招聘的工作人员进行培训,以使其明确工作目的、工作任务、工作职责、工作流程等相关内容。对工作人员组织培训,必须讲求培训的有效性,并且要尽可能地降低培训成本,这就要求培训的内容、方法必须与工作内容、工作岗位所需要的工作能力和资格条件以及技术要求相关。通过工作分析,就可以明确工作任职者所必备的知识、技能及心理条件等要求。在培训的过程中,就可以准确地按照需求采用有针对性的方法,安排具有针对性的培训内容,这样就可以使培训人员更加快捷地掌握培训内容,提升他们的事务处理能力,大大地提高培训的效率,从而提升人力资源开发的效益。

### (五)工作分析有利于更好地规划职业生涯

在组织中,为激发和调动工作人员的积极性,需要对工作人员进行一定的激励。激励工作人员的方式很多,可以采用评比、嘉奖、提薪、发补贴等方式。但是,工作人员长期在组织中工作,久而久之可能会对工作产生厌倦感,影响了工作的效率。为了更好地激发工作人员的工作热情,组织还需要设置职业生涯阶梯为工作人员职业发展提供必要的条件,帮助工作人员对职业生涯进行合理规划。通过工作分析,对工作岗位及工作人员的情况进行深入了解、分析,一方面可以帮助组织设计出吸引工作人员的工作岗位,另一方面可以使工作人员对最适合自己发展的职业方向和空间更加明确。

### (六)工作分析有利于使绩效考评更加有效

要有效地实施考评,真正达到一定的考评效果,必须依据合理的考核标准对各项考核指标进行测评。工作分析得出的工作职责大小和工作所需资格条件的相关信息,为制定合理的考核标准提供了科学依据。通过工作分析,对工作的职责的描述越详尽、具体,考核的指标就越明确、全面,这样可以使得考核的操作性增强,进而使得绩效考评更加有效。

### (七)工作分析有助于使薪酬体系更加公平

在组织中,公平的薪酬体系能够很好地调动工作人员的积极性,能够更好地激发工作人员发挥自己的特长和优势。而薪酬的高低很大程度取决于工作对整个组织的相对价值和重要性。具体到各项工作对于整个组织的相对价值和重要性如何进行评估,这就要进行工作分析。工作分析能从工作任务、工作责任、职位的技能、强度和责任等方面进行评价,建立合理、公平的薪酬体系。在公平的薪酬体系中,工作人员的积极工作将为组织带来更好的效益。

总之,工作分析对人力资源管理的作用非常重大,其结果可以运用到组织管理的各个方面。通过图3-1,我们可以更加直观地了解工作分析的作用。

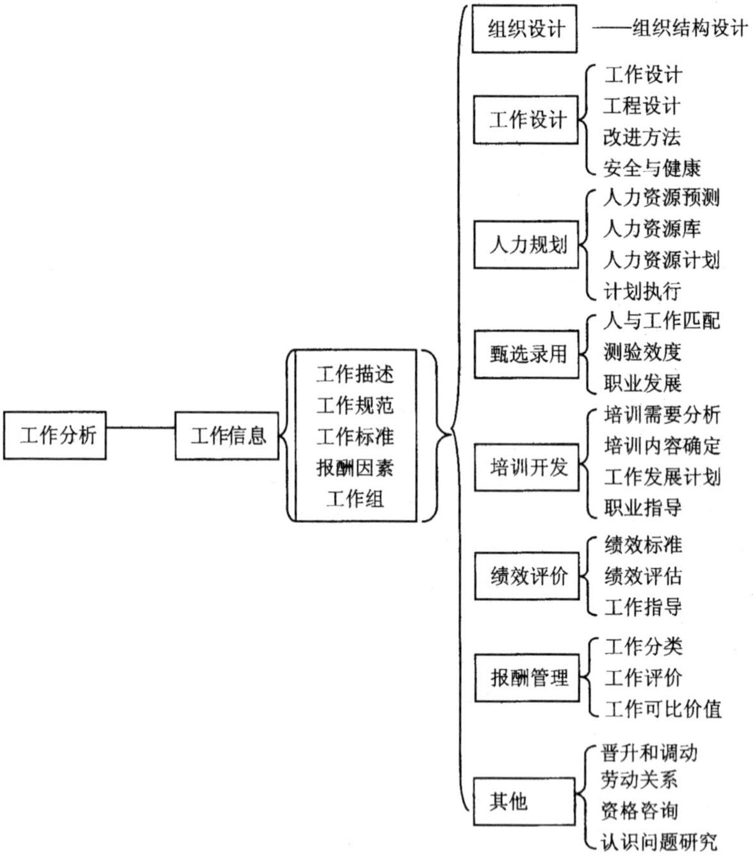


图 3-1

## 第二节 工作分析方法

在国内外的各种不同行业的组织中，工作分析作为人力资源开发与管理的基础环节被普遍地开展。在长期的工作分析过程中，已经形成了许多较为成熟的工作分析方法。有的学者按照分析对象的不同来进行划分，将工作分析方法分为以工作为中心和以人员为中心的方法。有的学者按照分析结果的量化程度，将工作分析方法分为定性的工作分析方法和定量的工作分析方法。在本书中，将工作分析方法分为定性的工作分析方法和定量的工作分析方法两类，并进行介绍。

## 一、定性的工作分析方法

定性的工作分析方法在工作分析中运用得比较广泛，常用的有以下几种：

### （一）问卷调查法

问卷调查法是工作分析中最常用的一种方法，是指调查者通过运用统一设计的问卷向被调查者了解情况、获取工作信息，以达到工作分析的目的的方法。其基本过程就是分发调查问卷，然后，由选定的人员在一定的期限内按照要求填写，最后回收调查问卷。具体可以描述为以下步骤：

1. 由有关人员设计出一套工作分析的问卷；
2. 由工作分析人员发放问卷，并由承担工作的员工填写问卷；
3. 回收工作分析问卷；
4. 将问卷加以归纳、分析，并做好详细记录；
5. 根据整理出来的信息写出职务说明书。

工作分析调查问卷分为结构型工作分析问卷和非结构型工作分析问卷。其中，结构型问卷又叫封闭式问卷，是在相应理论模型和假设前提之下，按照结构型的要求设计出来的、相对稳定的工作分析问卷。这种问卷的重要特点是，问题的设置和安排具有一定的结构化形式，在问卷中只提供一定数量的答案，被调查者只能从中选择作答。非结构型工作分析问卷又叫开放式工作分析问卷，这种问卷在问题的设置和安排上没有严格的结构形式，被调查者在很大程度上依据自己的主观意愿进行回答。

在实际操作中，结构型工作分析问卷和非结构型工作分析问卷往往会结合起来使用。非结构型工作分析问卷比较简单，相对于结构型工作分析问卷而言，可以收集到更广泛的工作信息，对一些问题也可以得到更加深入的调查。在调查的过程中，调查者还可以根据被调查者的回答提出一些新的问题，使得调查的范围更加广泛，为工作分析提供更加全面的重要信息。但这种问卷收集到的工作信息无规律性，多种多样，问卷回收后整理分析比较困难，而且一般很少单独使用，常常被作为结构型工作分析方法的基础。结构型问卷在前期编制问卷时难度比较大，但是编制完成后收集到的工作信息比较便于整理和分析。

相对于其他的工作分析方法来说，问卷调查法有其优点，但也存在一些不足。

问卷调查法的优点主要有:

1. 费用低,速度快,节省时间和成本;

2. 所需时间短,可以在工作之余填写,一般不会影响工作正常进行;

3. 调查范围广,可以获得大量与工作有关的信息;

4. 调查的样本量大,可以对很多的工作者进行调查;

5. 所要调查的内容可以量化,借助于计算机可以进行数据处理,既方便又快捷。

问卷调查法的不足主要有:

1. 对问卷设计要求高,需要花费较多的时间、人力和物力,增加了工作分析的成本;

2. 被调查者在填写问卷的过程中可能不愿意提供所需信息,影响调查的质量;

3. 调查过程中,被调查者对于问卷问题的理解是不同的,可能会因为对题目的不理解影响调查的顺利进行。

总之,尽管问卷调查法是工作分析中最常用的一种方法,但是要根据具体的情况进行选择,若能结合其他的一些方法一并使用,将取得更好的工作分析效果。

### (二)面谈分析法

面谈分析法又叫访谈法,是在组织中实施工作分析常用的一种方法,是指由工作分析人员通过面对面的交流、对话的形式获取相关工作信息的分析方法。采用面谈分析法,分析人员可以直接与工作任职者本人面谈,也可以与工作任职者的主管人员进行面谈,以了解工作的相关信息。

在进行面谈时,工作分析人员需要尽量收集以下四个方面的信息:

1. 工作目的,主要了解工作在组织中的作用,对整个组织有什么重要价值,组织为什么要设置这个工作;

2. 工作内容;

3. 工作职位的性质和范围;

4. 工作责任,主要了解工作任职者在工作过程中需要承担什么责任。

在进行面谈时,还需要注意一些访谈的准则:

1. 与主管密切合作。在组织中,工作主管是对工作人员最了解的,他们掌握着工作人员的基本情况。与主管合作得好,可以从他们那里得到一些最可能对自己所从事的工作进行客观描述的工作任职者资料。而通过主管客观描述自己所分管工作的任职者,可以更好地收集到相关工作分析信息。

2. 面谈时要注意调节好气氛,使面谈者能够轻松、愉快地进行交流,无拘无束地讨论其工作。在没有压力的环境下,工作者最可能谈出最客观的感受。

3. 面谈过程中要采用通俗易懂的语句进行交流,尽量减少使用专业术语进行提问,最大限度地利用好面谈时间。

4. 在面谈之前,需要拟定一份面谈提纲,在面谈时可以按照提纲上问题的顺序一一提问,并做详细记录。

5. 面谈结束后,需要对资料进行检查和核实。对资料进行检查可以通过被访谈者本人进行检查,也可以通过被访谈者的上级主管对被访谈者所提供的信息进行核实。

### (三)观察分析法

观察分析法也叫直接观察法,是由工作分析人员在考察工作岗位的现场运用感官或工具,对员工的工作过程进行观察,并以文字、图像或影音的形式进行表述的分析方法。

在实施观察分析法时,分析人员应该有明确的观察目的,最好在进行观察前拟定好一份观察提纲,并以此为观察指南对工作人员的活动进行有针对性的观察。要实施观察,需要取得观察的许可,不可以未经同意进行私自观察,以避免一些麻烦。在观察的过程中,要注意观察细节,不要疏忽了一些关键的工作环节,这样会失去一些有效的信息。还要尽量不影响工作任职者的情绪,并不干扰其正常的工作,这样可以避免工作行为的失真,确保得到的信息的真实性。

观察分析法是一种比较好的信息收集方法,特别适用于工作内容、工作程序以及对工作人员的要求在一段时间内不会发生明显变化的职务中。通过直接的观察,分析人员可以获得有关工作人员行为、工作态度等多方面比较广泛、充分、准确的信息，往往比通过工作人员自己描述更深入、全面。但是，观察分析法也有一定的局限性，因为在组织中的一些职务往往会有变化，没有很好的周期性，给观察分析带来很大的不便，也影响了观察分析的如期进行。此外，在观察的对象方面，往往是以体力为主的工作，对于那些脑力工作则很难把握。

### （四）工作日志法

工作日志法又叫工作写实法，是指工作任职者按照时间顺序把自己在一段时间内的工作内容和工作过程实时记录下来，形成对一个工作的全景描述，为工作分析员提供工作信息，最终达到工作分析目的的方法。通过工作任职者填写工作日志，可以得到最原始的工作信息。在各种工作方法的运用过程中，工作日志法可以发挥其优势，提供信息支持。此外，工作日志法所需的费用比较少，可以降低工作分析的成本。但是，工作日志法也有其自身的不足：由于要填写工作日志，工作任职者重视工作的过程而不是工作结果，这就使得工作日志法在一些工作周期长、工作不太稳定的工作中的实用性降低，适用范围有所局限。此外，填写工作日志的人员会有很强的主观性，而且容易受到情绪的影响，产生一些记录误差。要避免这些误差，需要在填写后进行信息核对，并做一些必要的信息修正。

工作日志需要工作任职者坚持每天及时填写，并能够按照表格填写的要求认真填写，这样可以避免遗漏部分信息，确保收集到的工作信息的完整性。工作日志需要填写的具体内容主要包括以下几个方面：

1. 工作活动名称：对工作活动的简要描述；
2. 序号：记录工作活动的先后顺序；
3. 工作时间：工作开始的时间和工作结束的时间；
4. 工作结果：工作所带来的直接结果；
5. 工作地点；
6. 工作频率；
7. 工作时间消耗。

### （五）关键事件法

关键事件法（Critical Incident Technique，简称 CIT）又叫典型事例法，是一

种由对工作熟悉程度比较高的人向工作分析人员描述一系列关键性事件来对工作做出分析的技术方法。运用这种方法进行工作分析，要求对在至少半年到一年时间里发生的关键事件进行描述，需要对完成该工作的关键行为做详细记录，并选择其中最重要和最关键的部分进行评定。在大量收集关键事件后，要对所得到的信息进行分类，然后总结出职务的关键特征和行为要求。

一般来说，对关键事件的描述应该包括以下几个方面的内容：

1. 导致该事件发生的背景和原因；

2. 工作任职者特别有效和特别无效的工作行为；

3. 关键行为所产生的结果；

4. 工作任职者能否控制以上结果。

关键事件法对工作中的关键事件进行描述，能够反映工作者特别有效的工作行为和特别无效的工作行为，这样能够很好地确定工作者每一个行为的价值和作用，并能够为改进工作行为提供很好的参考依据。关键事件法历时比较长，特别适用于那些工作周期长的工作，能够在长期的工作过程中发现工作者的行为对完成组织任务的影响情况，并为工作绩效考评提供有效的参考依据。但是，关键事件法也有一些不足，比如这种方法需要的时间较长，加大了工作分析的时间成本。此外，关键事件法不能对工作提供一种完整的描述，无法描述工作职责、工作任务等方面的情况。

## 二、定量的工作分析方法

前面已经介绍了五种定性的工作分析方法，这五种分析方法由于具有普遍适用性，被广泛应用于工作分析，可以为工作分析收集到大量的工作信息。但是，定性的工作分析方法收集的信息多以叙述性为主，难免存在主观上的偏差，并且需要的时间较长，费用也比较高，大大增加了工作分析的成本。在工作分析时，对不同工作领域之间的比较是十分重要的，但是，定性的工作分析方法只能对不同工作的内容进行比较，对于工作性质和任职资格很难进行比较分析。在人力资源管理中，定量的工作分析方法可以较好地解决这些问题。常用的定量方法有职位分析问卷法（简称 PAQ）、管理岗位描述问卷法（简称 MPDQ）、功能性工作分析方法（简称 FJA）、美国公务员委员会工作分析方法、美国劳工部工作分析方法等。下面将重点介绍其中的两种:职位分析问卷法和管理岗位描述问卷法。

(一)职位分析问卷法

职位分析问卷法是目前应用最为广泛的一种定量工作分析方法,受工作和技术方面的影响小,能够广泛地用于多种不同的工作。职位分析问卷是一份结构型工作分析问卷,最初由美国普渡大学的麦考密克等人研究并运用于工作分析。

一般的职位分析问卷采用清单的方式来确认工作要素,对于其中的每一个元素用以下六大维度之一进行衡量:

1. 应用范围;

2. 时间长短;

3. 对工作的重要性;

4. 发生的可能性,即概率;

5. 适用性;

6. 其他标准。

根据以上六大方面要素和维度就可以确定一个职务的性质了。职位分析问卷法的步骤:

1. 确定问卷的问项是否适用于被分析的工作;

2. 根据六大维度对问项进行评价;

3. 将评价结果汇总,并进行量化等级评定。

在实际工作分析中,PAQ 问卷一般由工作分析人员或者被分析工作的任职者的主管上级填写,有时候也会让管理人员或员工来填写。PAQ 问卷具有较高的难度,需要较高学历和水平的人员才能清楚地了解问卷中各个问项的要求,但是,目前可以借助于计算机进行数据分析,在掌握了方法技术之后,也可以得心应手地运用该分析方法。

(二)管理岗位描述问卷法

管理岗位描述问卷法(简称 MPDQ)也是一种常见的定量工作分析方法。MPDQ 问卷是专门为管理职位而设计的一种结构型问卷,其调查方法和信息收集格式上与 PAQ 很相似。该问卷含有与管理责任、约束、管理者的工作所具备的各种特征等有关的项目 208 个。这 208 个项目综合起来,可以归纳为 13 种类别。

管理岗位描述问卷法通常被用于评价和确定管理工作的薪酬水平以及在工作薪酬结构中的地位。它适用于不同的组织内管理层次以上职位的分析,可以为选拔管理人员、建立合理的晋升机制提供有效信息,是对工作人员进行选拔和绩效评估的基础。

定量的工作分析方法除职位分析问卷法、管理岗位描述问卷法外,还有功能性工作分析方法(简称 PJA)、美国公务员委员会工作分析方法、美国劳工部工作分析方法(简称 DOL)。这些方法都是在工作分析中被普遍运用的定量分析方法。总之,定量的工作分析方法相对于定性的工作分析方法来说,可以提供一个比较客观的观察和度量的标准,对不同工作领域间的比较和薪酬水平的确定可以提供更好的基础性参考依据。

## 第三节　工作分析实施

工作分析是一项系统的、复杂的工作。不仅需要人力资源管理部门担当重要角色,还需要组织的领导者、各部门及各部门的工作人员的积极配合和参与。要有效地进行工作分析,就必须对工作分析的实施流程有清晰的认识。工作分析的实施过程主要分为五个阶段,即工作分析的准备和计划阶段、工作分析的信息收集阶段、工作分析的信息分析和整理阶段、工作分析的结果表达阶段、工作分析的结果应用和控制阶段。

### 一、工作分析的准备和计划阶段

要实施工作分析,首先需要做好准备工作。准备工作做得越充分,工作分析就越能顺利地进行。一般来说,在准备阶段需要明确工作分析的时机,确定工作分析信息收集人员,选择适当的工作分析方法,确定工作分析计划。

#### (一)抓住工作分析的良好时机

抓住工作分析实施的良好时机才能使工作分析有效、顺利地进行,确保达

到既定的目标。一般地,在下列情况发生时,就要进行工作分析:

1. 当新的组织设立时,需要规范和说明组织的性质、目的、任务等,就需要首次进行工作分析。

2. 当新的工作岗位产生时,需要对工作岗位、工作任务、工作职责等进行说明,并对工作岗位所需任职资格、条件进行明确,就需要进行工作分析。

3. 当新的工作方法、工作技术和新的工作思路被引入组织中,使得工作的进行需要调整时,要进行工作分析。

总之,进行工作分析绝不是随意的,需要在恰当的时候实施,这样才能达到良好的效果。

(二)确定工作分析信息收集人员

进行工作分析,需要确定好信息收集人员,以便明确工作任务,使得工作分析能够有效、有序地进行。具体地说,工作分析信息收集人员可以包括以下三种:

1. 工作分析专家。工作分析专家可以是来自组织内部人力资源管理部门或业务流程部门的专业人员,也可以是从组织外部聘请来的专门分析人员。来自组织内部的专业人员和组织外部的分析人员各有其优点和不足。一般地,来自组织内部的人员对整个组织和组织内部的具体工作业务认识比较全面、深入,并且可以利用其在组织内部的人际关系,更好地调动工作人员的积极性,在大家的积极配合下顺利地完成工作分析任务。但是,由于来自组织内部,在进行调查时对组织的客观性认识会受到一定的影响。聘请外部分析专家的优点是:外部分析专家来自专业机构,通常是训练有素的,往往可以更系统、全面地收集和分析工作信息;同时,他们来自组织外部,对于问题的分析会更具客观性和可靠性。此外,外部研究专家通常在较多的组织中实施过工作分析,具有丰富的工作经验,对于组织工作分析的顺利进行可以起到很好的帮助作用。但是,聘请外部专家也有其不足,比如说聘请外部研究专家需要更多的费用,外部专家在对组织的熟悉程度上不如来自组织内部的人员。此外,来自组织外部的研究人员要顺利地进行工作分析,还需要时间来取得组织内部人员的配合,以达成合作的默契。

2. 工作任职者。相对于其他人员来说,工作任职者是最了解该工作岗位内容的人,他们对于工作岗位的认识更加有体会,对于工作中存在的问题也最有发言权,他们可以提供真实、完整的工作信息。在一个组织中,如果某个职位的任职者较少,在进行工作分析时,往往会动用所有符合条件的任职者,而当某个职位的任职者比较多时,则可以根据一定的标准进行筛选,选择其中的优者,这样可以更好地确保工作分析的有效进行。

3. 上级主管。在组织中,上级主管有很多的机会与工作任职者接触,他们可以利用这些机会观察工作任职者的表现。作为上级主管,虽然不直接从事具体的工作事项,但是他们从"应该怎样做"的视角来对工作任职者进行考评,也就是说,上级主管会按照相应的标准来鉴别工作任职者提供的信息,由此,他们掌握了准确的信息。在工作分析的实施过程中,上级主管能够对各种信息进行鉴别,提高工作分析信息的有效度和可靠性。

### (三)选择适当的工作分析方法

工作分析在人力资源开发与管理中处于基础地位,对整个人力资源管理的过程起着重要作用。随着工作分析越来越受到管理人员的重视,工作分析理论和方法也日渐完善。工作分析方法多种多样,在本章第二节中主要为大家介绍了问卷调查法、面谈分析法、关键事件法、工作日志法、观察分析法、职位分析问卷法、管理岗位描述问卷法。这些方法都有自己的优缺点,在应用中也有各自的主要适用对象和范围。例如,观察分析法比较适用于一些工作简单、标准化、重复性高的操作性强的工作,问卷调查法在非操作类工作中比较适用,而面谈分析法、关键事件法和工作日志法则适用的范围比较广,基本上可以在各类性质的工作中应用。

工作分析方法的选择,主要取决于组织的性质和工作岗位性质,以及工作分析所要达到的目的。在实际应用中,我们既要明确组织和工作岗位的性质,又要明确工作分析的目的所在,使得选择的工作分析方法与组织性质、工作岗位性质及工作分析的目的相适应。在实际应用中,通常是将其中的两种或两种以上综合使用,这样可以扬长避短,使得各自的优点得到发挥,更好地提高工作分析的效果。

### (四)制订工作分析计划

确定好工作分析人员和选择好工作分析方法了,即便是抓住了实施工作分析的良好时机,也应当有一个具体的工作分析计划。具体的工作分析计划,可以指导工作分析更加顺利地进行。一般来说,计划应包括以下几方面内容:

1. 此次工作分析的目的和意义;
2. 此次工作分析过程中所需要收集的信息内容;
3. 此次工作分析所产生的结果;
4. 此次工作分析采取的组织形式;
5. 此次工作分析的组织者、参与者和实施者;
6. 此次工作分析实施的具体步骤和程序;
7. 此次工作分析实施的时间安排和活动内容。

## 二、工作分析的信息收集阶段

工作分析的信息收集阶段就是在前期准备的基础上,按照事先确定的方法收集相关信息。

### (一)工作分析信息收集的渠道

一般来讲,收集信息可以通过以下几种渠道:

1. 组织所在的行业;
2. 组织内部的文献;
3. 组织内部与职位相关的各类人员;
4. 组织外部人员。

### (二)工作分析信息收集的范围

要准确有效地收集工作分析信息,还需要明确工作分析信息的收集范围。一般地,工作信息收集的范围因工作分析的目的不同而有所不同,每一次工作分析所要收集的信息并非涵盖所有的信息,而是根据需要进行收集,这样收集到的信息才有针对性,提高收集信息的效率,减少收集过程中不必要的花费。国内外很多学者将工作分析信息要收集的范围归结为 6W+2H 模式,具体如下:

1. 做什么——What.

“做什么”是指要做的工作内容。可以具体描述为两个方面：

(1)任职者要做什么样的工作活动；

(2)任职者做这些工作活动会产生什么样的结果。

2. 为什么——Why.

“为什么”是指任职者做这项工作的目的,做这项工作会对整个组织产生什么样的影响和重要性。可以具体描述为以下三个方面：

(1)出于什么样的目的来做这个工作；

(2)做这项工作对完成组织的其他工作有什么影响；

(3)做这项工作在整个组织中有什么样的地位和重要意义。

3. 谁来做——Who.

“谁来做”是指完成该项工作有什么样的资格、条件要求。可以具体描述为以下三个方面：

(1)要完成该项工作需要什么样的身体、心理条件；

(2)要完成该项工作需要掌握什么文化知识、达到什么样的技术水平；

(3)要完成该项工作有什么经验要求。

4. 何时做——When.

“何时做”是指完成该项工作要按照什么计划进行,具体在什么时候完成。可以描述为以下三个方面：

(1)完成该项工作有什么样的步骤；

(2)具体哪项工作先做,哪项工作后做；

(3)完成该项工作具体每一时间段要完成多少任务。

5. 在哪做——Where.

“在哪做”是指完成该项工作的场所。可以描述为两个方面：

(1)自然环境。做该项工作需要什么样的硬件设施等；

(2)人文环境。做该项工作需要什么样的文化氛围、人文气息等。

6. 为谁做——Whom.

“为谁做”是指工作过程中与哪些人发生关系,以及发生什么样的关系。

主要包括向谁请示报告、向谁提供工作信息和工作结果等。

7. 怎么做——How.

“怎么做”是指任职者按照什么样的步骤、采用什么样的技术完成工作。具体可以描述为以下两个方面：

(1)完成该项工作要按照什么样的步骤和程序，哪一个是关键环节，应当怎么控制；

(2)完成该项工作要采用什么样的技术，在技术运用过程中要注意什么。

8. 给多少薪酬——How much.

### 三、工作分析的信息分析和整理阶段

在工作分析信息收集完成以后，需要对通过各种信息收集方法收集到的信息进行整理、归类，并根据工作分析目的从中筛选出有用的信息进行综合分析。

#### (一)整理工作信息

首先，需要对收集到的工作信息进行核对、辨别真伪。其次，在工作分析信息的整理过程中，除了去掉多余的信息外，还要对收集不完全的信息进行弥补。进行信息弥补时，可以参照组织以前的工作分析资料，从中获取一些有用的信息。此外，还可以参照、对比同行业其他组织的相关工作分析资料以获取在信息收集过程中没有收集完整的信息。不管采用哪种方式获取信息，在信息整理过程中都要确保信息的可靠性。

#### (二)分析工作信息

对工作信息进行分析，可以按照工作流程发生的先后顺序或是按照不同工作逻辑上的一致性，对整个组织部门的全部工作信息归纳、分类，并进行整体性分析，得到部门的工作任务清单，进而分析部门间的权限关系，以确认部门工作任务和权限分配。对工作信息进行分析，具体包括对工作责任、工作绩效、工作环境条件等多方面的分析。

工作信息的整理和分析是整个工作分析过程的重要环节，对工作信息进行整理和分析是为了得到规范化、条理化的信息，并最终以工具说明书的形式表达出来。

### 四、工作分析的结果表达阶段

工作分析的重要结果就是职务说明书,主要包括工作说明和工作规范两部分。职务说明书是对工作的目的、职责、任务、权限以及对任职者的资格、条件要求等方面进行明确的书面描述。职务说明书需要根据工作分析的目的确认其结构和形式,并根据一定的规范和原则进行编写。

### 五、工作分析的结果应用和控制阶段

工作分析的结果应用和控制阶段是对工作分析结果的可行性和有效性进行实际检验。只有使工作分析结果在人力资源管理过程中得到应用,才能使其为人力资源管理的其他环节提供基础性服务的作用体现出来。

在组织的生产经营活动中,组织内部和外部情况都会有一定的变化,这些变化会直接或间接地影响组织工作按照原有的程序运行。要适应这种变化,必须对组织的工作岗位、工作人员进行适时的调整,这就需要对工作分析结果进行适度的控制,并适时地做相关修改,以不断地完善工作分析的运行。

## 第四节　职务说明书

工作分析的直接结果就是编写工作描述、工作规范,并最终以职务说明书的形式表达出来。职务说明书又叫职位说明书或者岗位说明书,是对组织各类岗位的工作性质、工作任务、工作责任、工作权限、工作内容和工作方法以及工作所需资格条件的要求。职务说明书会因工作的性质、说明书的用途和工作分析者的不同而有所差异,但这并不影响其内容和描述的结果的一致性,一般的职务说明书包括工作描述和工作规范两大部分。

### 一、工作描述

#### (一)工作描述的含义

工作描述是对职位本身进行规范性描述的文件,以书面形式对组织中各类岗位的工作性质、工作任务、工作职责及工作环境等做出统一要求。工作分析的主要作用就是让工作人员了解工作的基本信息,阐明工作的任务、责任及职

权。通过工作描述，我们可以得到关于工作是什么、为什么做、怎么做以及在哪里做等方面的信息。

## （二）工作描述的基本内容

工作描述的基本内容主要包括工作标识、工作摘要、工作编号、工作关系、工作权限、工作职责、工作条件和环境等方面。

1. 工作标识

工作标识又叫工作识别、工作认定，是关于职位的基本信息。工作标识是某一职位区别于其他职位的基本标志，其作用是将该工作与组织中的其他工作区分开来。通过工作标识，我们可以获得对该职位的基本认识。

工作标识主要包括以下几个方面：

（1）工作名称。工作名称是工作标识中最重要的组成部分，是一组在重要职责上相同的职位总称。好的工作名称可以直观地反映出工作的内容，并能够把一项工作与其他工作有效地区别开来。

工作名称要比较准确地将工作的主要职责描述出来，以避免产生误解。例如，"肉品质量检验员"就明确地指出了工作的职责。此外，工作名称还要讲求艺术性。比如，将"理发师"命名为"形象设计师"、将"垃圾收集者"命名为"环卫工程师"就更为恰当，更具艺术性。

对于某些工作名称来说，还应该明确其等级制度下的相关等级，比如"教授"就比"副教授"等级高，"高级工程师"就比"初级工程师"等级高。此外，还可以用"助手"一词来表明低级别的工作，比如，"焊接助手""实验助手"等。

（2）工作地点。工作地点是指工作的实际场所，是非常重要的工作信息。对于一般组织来说，可以用工作所在的部门、工作小组的名称来定义；对于一些特定的职位，如快递公司派送员、不同路线的巡逻警察，则需要找出其组织中的工作地点特征来进行命名。

2. 工作摘要

工作摘要是用简洁的语言简单地阐述工作的性质、职责、范围和目的等工作内容。

3. 工作编号

工作编号又称岗位标号、工作代码，包含了职位所在的部门以及该职位所在的层次，一般按工作评估与分析的结果对工作进行编码，这样便于快速查找所有的工作，迅速识别出职位所在部门和层次等信息。

4. 工作关系描述

工作关系描述又称工作联系描述，是指工作任职者与组织内外其他人之间的关系。工作关系包含两部分内容，一部分是该职位在组织中的位置，一般以组织结构图的形式反映出来；另一部分是工作任职者在工作过程中与组织内部和外部各单位之间的联系。工作关系具体体现为与所属工作部门、直接上级岗位、直接下级岗位以及平级岗位之间的关系。

5. 工作权限

工作权限就是对工作任职者在工作活动中的权限范围进行界定。工作权限包括了决策的权限、对他人实施监督的权限、经费预算的权限等。

6. 工作职责

工作职责又叫工作任务，是工作描述的主体。工作职责指明了工作的主要职责、工作任务、工作权限。工作职责需要在时间和重要性方面进行优化，明确指出每项职责的分量或价值，以达到效率的最大化。

7. 工作条件和环境

在组织中，工作岗位常常会有与其相应的一些条件和环境要求。一般地，工作岗位都会对工作地点的温度、湿度、照明、工具设备、安全条件等方面有相应的要求。例如，一个银行信贷员的工作条件和环境被描述为：75%的时间在室内工作，不受气候的影响；工作场所的温度和湿度适中，无噪声，无有害气体，无生命及其他伤害危险；工作中需要配备电脑一台、电话一部及其他办公用具；无个人独立办公室。此外，工作岗位还会受到所面临的文化设施、社会习俗的影响，这些也是构成工作条件和环境的重要社会因素。

## 二、工作规范

1. 工作规范的含义

工作规范又叫职位规范或任职资格，是根据工作分析所提供的信息，拟定工作任职者要胜任该工作必须具备的资格和条件。工作规范既可以是附在职务说明书中的一部分,也可以放在职务说明书的背面,作为一个单独的文件。

在组织中,担任不同层级的工作和不同类别的工作,需要不同的资格条件。一般情况下,绝大多数的工作的资格条件都涉及知识、能力、学历、个性、体能、技术水平等方面的要求。

2. 工作规范与工作描述的关系

工作规范与工作描述既有一定的区别,也有十分密切的联系。工作规范与工作描述都是工作分析的结果。工作描述是工作规范形成的基础,工作规范是从工作描述中提炼出来的。但是,两者之间也有着区别,工作描述是以“工作”为中心对工作岗位进行全面、系统的说明,而工作规范是在工作描述的基础上,对工作岗位需要的人员的资格、条件进行具体说明,重在解释什么样的人才能胜任该项工作。此外,在涉及的内容方面也存在一些差异,工作描述涉及的范围比较广,包括对工作岗位各有关事项的性质、任务、职责、方法等方面的说明,而工作规范则主要涉及对工作任职者的资格条件的要求。

3. 工作规范的内容

工作规范主要是对工作任职者的个人条件做出明确要求,这些条件主要包括身体、心理、教育程度、知识要求、工作经验、职业品德等几个方面。

(1)身体素质,包括身高、体形、力量、耐力、身体健康状况等。

(2)心理素质,包括视觉、听觉等各种感觉、知觉能力,辨别颜色、距离、大小等的能力,分辨音调、音色、语声的能力,等等;记忆、思维、语言表达、操作活动的能力等;个人兴趣、爱好等个性特征。

(3)教育程度要求,包括学历要求和专业要求。学历要求是指该工作岗位所需要的最低学历。比如,现在很多的组织要求本科及以上学历。专业要求是指工作任职者需要具备何种专业才能承担该项工作。比如,财务人员需要会计专业,播音员则需要新闻学、传播学等专业。

(4)工作对于任职者来说,有相关的知识要求。可以分为四种:一是与工作相关的基础理论知识。比如,人力资源管理经理需要掌握的基础理论知识有心理学、经济学、管理学等。二是与工作相关的专业知识。掌握一定的专业知识,可以帮助工作任职者对于工作中出现的问题有更深入的分析和认识。三是与工作相关的组织知识,包括对组织的文化、制度、规定等方面的认知。四是要掌握一些相关的政策法规。了解相关的政策法规,可以帮助任职者明确工作思路,优化工作质量。

(5)工作经验,指工作任职者所积累的相关工作经验,可以分为社会工作经验、专业工作经验和管理工作经验。

(6)职业道德,工作任职者除了遵纪守法和具有社会公德、家庭美德外,还要具备职业所需要的职业品德。

## 三、职务说明书的编写原则

在现代人力资源管理中,编写不同工作的职务说明书是人力资源部门的重要工作。作为人力资源管理的基础性文件,职务说明书的编写质量要求很高。要编写出高质量的职务说明书需要遵循以下几条原则:

### 1. 语言精练

职务说明书中的语言要经过精心选择,表达意思要清晰,避免因为表达不恰当而造成工作任职者或工作管理人员的误解。比如,选用“阅读”“操作”这样的词语来描述工作任职者的责任就比较容易理解。在运用词语方面,要尽量减少技术性语言的使用,选择一些简洁的词语,以免造成理解困难。比如“操作工”就比“设备操作人员”简洁明了。

### 2. 格式清晰

职务说明书一般可以分为工作概要、工作描述、工作规范三个部分,这样的格式简洁清晰,便于工作分析阅读者理解。

### 3. 内容全面,可操作性强

在职务说明书中,对工作种类、责任范围以及必备的技能的描述应当做到全面、完整,避免遗漏一些重要内容。同时,还要注意职务说明书的可操作性。要注意避免以下两种情况:一是对工作的描述过于琐屑,使得职务说明书像是动作分析;二是职务说明书不能独立使用,不应该出现“参见第几页第几项”等说明性的内容。

4. 客观准确

职务说明书的内容反映的是该职位本身及现任人员的情况,而不是一种理想化的结果。对于工作所需资格条件的描述是建立在完成该工作确实需要的基础上,而不是描述最理想化的结果。

5. 界限明确,衔接恰当

在编写职务说明书时,既要注意不同工作之间的区别,又要注意它们之间的衔接。如果是工作的权限职责没有分清,就容易产生“扯皮”现象;如果工作的衔接不恰当,工作中就会出现“无人区”。这些应当在编写职务说明书时特别注意。

6. 严格审核,共同把关

要编写出一份高质量的职务说明书,必须做好最后的审核和把关工作。职务说明书编写基本完成后,可以交由组织最高领导层、人力资源管理部、部门主管、外聘工作分析专家及部分工作人员进行检查、审核,经过大家的共同配合,进一步完善职务说明书。

## 第五节　工作设计

### 一、工作设计的含义

工作设计是指组织为了提高工作效率和员工的工作满意度,而不断完善或重新整合修改工作描述和任职资格要求的行为或过程。

工作设计是说明工作应怎样做才能最大限度地提高组织的效率和劳动生产率,以及怎样能够使任职者在工作中得到满足并最大限度地帮助个人成长。

### 二、工作设计的形式

1. 工作轮换

工作轮换是指在不同的时间阶段,让员工在能力要求相似的工作之间不断调换,以减少工作的枯燥单调感。

工作轮换的好处:一是给员工更多的发展机会,让其感受到工作的新鲜感和刺激；二是使员工掌握更多的技能；三是增进不同工作之间员工的理解，提高协作效率。

2. 工作丰富化

工作丰富化也叫充实工作内容，又称工作的垂直延伸，是指在工作内容和责任层次上的基本改变，并且使得员工对计划、组织、控制及个体评价承担更多的责任。

充实工作内容主要是让员工更加完整、更加有责任心地去进行工作，使员工得到工作本身的激励和成就感。

3. 工作扩大化

工作扩大化是指工作范围的扩大或工作多样性增加，从而给员工增加了工作种类和工作强度。工作扩大化使员工有更多的工作可做。

4. 以员工为中心的工作再设计

以员工为中心的工作再设计是指从员工出发和员工全面参与的工作再设计过程。以员工为中心的工作再设计是将组织的战略、使命与员工对工作的满意度结合，在工作再设计中，充分采纳员工对某些问题的改进建议，但是必须要求他们说明这些改变对实现组织的整体目标有哪些益处，是如何实现的。

## 三、工作设计方法

1. 激励型工作设计

激励型工作设计强调的是可能会对工作承担者的心理价值以及激励潜力产生影响的那些工作特征，并且把态度变量看成是工作设计的最重要结果。

激励型的工作设计方法所提出的设计方案往往强调通过工作扩大化、工作丰富化等方式来提高工作的复杂性，它同时强调要围绕社会技术系统来进行工作的构建。

2. 机械型工作设计

机械型工作设计强调要找到一种最简单的方法来构建工作，使得工作效率达到最大化。

在大多数情况下，机械型工作设计所使用的方法是将复杂的工作分解或替换为简单的工作来提高员工的效率。让工作变得尽量简单，从而使任何人只要经过快速培训就能够很容易地完成它。

3. 生物型工作设计

生物型工作设计是从生理机械学、工作心理学、职业医学演绎而来，通常被称为人类工程学。它以员工的心理特征与客观的工作环境为关注对象。

其所要达到的目标是以人体工作的方式为中心来对物理工作环境进行结构性重组，从而营造宽松舒适的环境，降低员工的身心紧张程度。

4. 知觉运动型工作设计

知觉运动型工作设计是指在对工作进行设计的时候，通过采取一种行之有效的方法来保证工作的要求不会超过员工的心理承受能力。它注重的是人类的心理能力和心理局限。

**案例分析：**

### 中国纺织品进出口总公司工作分析与员工分类管理

（一）人力资源管理体系改造的必要性

中国纺织品进出口总公司是一个有50多年历史的国有专业外贸企业。自1988年中国逐步打破外贸垄断权开始，该公司就不断地从经营方式到分配体制进行良性的调整，但与纯市场化的企业相比，转型力度还不够，管理基础比较薄弱。我国加入世贸组织后，2005年取消纺织品出口配额意味着公司将彻底丧失掉最后的优势，完全进入纯竞争领域，这就迫切要求公司尽快建立现代化制度，实现现代企业经营管理，只有这样才能在充分竞争的市场中立足并继续发展。

为了迎接市场化的挑战，提升企业的核心竞争力，公司于2001年制定了未来6年的发展战略和与之相适应的组织架构，将公司定位为在纺织服装相关产业多元化领域提供全面服务的纺织服装生产供应商，并将公司业务划分为战略业务、主要业务和新兴业务。但是，要实现6年战略目标，除了合理的组织架构，还要有符合现代管理需要的人力资源管理体系支持新战略的实施。因此，企业希望通过整个人力资源管理体系的改造，建立起一个有效的绩效管理系统，鼓励高绩效的公平的市场化的薪酬体系，分类科学、进出灵活、符合职业发展需要的岗位序列设置，以支持公司战略的实施，促进公司核心竞争力的形成。

## （二）人力资源管理体系的设计过程

公司于2002年开始进行人力资源管理体系的改造。整个人力资源管理体系改造项目主要含有两个部分：新的薪酬体系的建立和绩效管理体系的建立。在全面梳理公司所设职位的基础上，公司开展了人力资源管理体系的设计与实施。由于时间的问题，事实上，薪酬体系和绩效管理体系的设计并行开展，同时进行。

1. 梳理职位

项目组通过中高层管理人员调查问卷和职位分析问卷，收集分析了公司的战略规划、目前的经营状况、工作流程等信息，然后根据工作流程梳理了公司所有的职位，从中选择了60个基准岗位。咨询顾问根据市场对这些岗位的需求，结合公司的实际情况，完成并提交基准岗位的职位说明书：确立各基准岗位的工作设计目的、工作内容、权责和任职资格。以此为蓝本，咨询顾问展开较大范围的培训，涵盖部门负责人、项目组成员和基层干部，明确了从战略出发、根据业务流程梳理职位的原则。各部门在人力资源管理部的配合下，通过对基准岗位以外的岗位职务说明书的制定，梳理和回顾了本部门的岗位设计的合理性、岗位的要求以及人岗的匹配度。

2. 薪酬体系设计

薪酬体系设计的基本依据是职位评价。在职位梳理完成后，需要对现有的以及将来可预见所需要的职位，譬如说“设计师”“高级质检员”等，按照岗位需要的知识与技能、影响与责任、解决问题和制定决策的程度、管理跨度、沟通技能和工作压力六个因素，采用要素评分法进行工作评价。

为了使对这些岗位的评估更加客观并符合公司实际，公司组建职位评估委员会，成员涵盖公司所有部门。在咨询公司的主导下，首先对六个因素进行权重分配，然后对基准岗位进行逐一评估打分，接下来以基准岗位的评估为标杆，而人力资源管理部会同职位评估委员会，完成其余岗位的职位评估工作，最后将整体职位评估结果提交公司高层审议。

公司原有的薪酬体系采用了以利润为主的财务指标核算工资总额到子公

司，再由子公司自由分配的办法，以鼓励各全资子公司提高效益。在实践中发现，这种条块分割的薪酬体系一方面会在总公司内部造成分配的不均衡，另一方面也不利于一些管理和支持型等通用岗位，如财务、运输、综合岗位等，在公司内部形成合理的流动。

因此，在职位的基础上，公司分析了所有人员的薪酬数据和层次分布，针对内部公平性问题，根据业务特点在总公司范围内设计了两个薪酬序列：管理序列和业务序列。所有人员均进入这两个序列中，从而突破了切块分配的局限性。

通过前期的资料收集和分析，明晰了公司的核心竞争力是什么，公司利润的来源点在哪里，是哪些职位直接创造了公司的利润等问题。针对管理序列和业务序列两类人员，公司设计了员工分类管理的薪酬体系。两个序列的固定薪酬和浮动薪酬比不同，年收入目标拉开差距，浮动薪酬的调整方式也不同，以努力实现薪酬的内部公平性。

3. 绩效管理体系建立

绩效管理系统的设计则分为三个阶段进行。第一阶段是收集并熟悉公司的战略规划、各事业部的经营内容、工作流程、客户分类信息、供应商信息和生产基地建设、营销体系等各方面的有关资料；第二阶段是分解总公司的年度目标，形成各事业部和子公司的绩效考核指标框架；第三阶段是继续分解各子公司的关键绩效指标到战略业务单元和个人。

原来的绩效考核办法是与工资总额切块分配相配套的，考核指标是以利润、费用等为主的财务指标，在运行中逐步暴露出追求短期利润的倾向。

新的绩效管理体系针对产品、服务、客户、营销体系、生产供应和人员能力五个领域，根据总公司及事业部的战略要求和现状，由咨询顾问和各部门经理一起分析研讨各自的关键绩效管理领域，最后找出4~5个当年的关键绩效指标，涵盖了最能够支持战略实现的、需要衡量和考核的核心领域。

与单纯的财务指标相比，新的绩效管理体系更为全面均衡，更加注重过程管理，而不再是单纯的结果考核。个人的关键绩效指标也表现出岗位设置两个序列的明显不同。贸易序列人员的量化指标所占的权重较高，如税前利润、销售收入会占到60%到80%，管理序列人员的量化指标则要求能定量就定量，衡量方式以客观测评为主，尽量避免以主观判断来衡量。

4. 新的人力资源管理体系的运行效果

人力资源管理体系改造项目从开始到完成用了8个月，在第一个财务年度中，人力资源部用剩余的时间将每位员工都放入设定的薪酬体系中，并对薪酬体系进行测算和调整。同时，针对新的绩效管理办法从上至下开展大量的培训。直到第二个财务年度，才开始实行新的薪酬体系和绩效管理体系。

通过一年多的运行实践，新的人力资源管理体系不仅仅提升了企业的人力资源管理水平，也对公司的经营管理产生了积极的影响。

(1)更加注重公司关键竞争力的提升和可持续发展基础。整个人力资源管理改造项目始终围绕着公司战略展开，以公司的战略规划为出发点，以战略的实现为目标，所以这个项目的运作过程为人力资源管理部从传统的人事管理向战略人力资源管理的转变，并为企业经营的战略合作伙伴提供了范本。

(2)理解并建立了新的人力资源管理理念和观念。在公司战略层面，通过对支持公司组织经营活动的五个领域的分析，明确公司的关键竞争力和具体的措施，由此形成关键绩效领域和指标。在部门层面，通过对职位的梳理和规范的职务说明书的制定来审视部门岗位的合理性和人员与岗位的匹配度，明确了下一步人力资源调整的目标，通过对关键绩效指标的分解和绩效评估书的签订，使绩效管理功能更加全面，管理过程化更具有可操作性。

(3)改变了对职能部门管理考核难的问题。新的绩效管理系统，通过公司管理功能的分解，梳理和调整了职能部门的设置，使之更合理化，同时也明确了各管理职位的职责。对关键绩效领域的选择，为职能部门承担挑战性任务提供了依据。关键绩效指标的确定，使管理部门的考核衡量方式趋向量化，更为客观。

(4)增加了各个层面员工的互动与责任感。新的人力资源管理体系对管理的要求影响了公司的文化。以前往往是从上往下，单向地下达任务和指标，方式简单。新体系则要求关键绩效指标在管理者与下级之间双向流通形成，还要求上下级在管理流程的各个环节，包括年中评估、年终评估、绩效考评中都采取充分交流沟通、双方认可达成一致意见的方式。这种制度化的要求使各个层面的员工都参与管理，成为管理体系中不可或缺的角色。

**讨论题：**

1. 工作分析在人力资源管理过程中有什么作用？
2. 请结合案例谈谈如何开展工作分析。
3. 简述案例中所使用的工作分析方法。

# 第四章　员工招聘

组织招聘的目的就是实现招聘人员与待聘岗位的有效匹配,从而获得理想的人力资源。员工招聘是获取人力资源的基本方法,是决定组织人力资源规模、结构、质量、发展的控制关口,是人力资源管理中重要的环节。员工招聘要基于人才市场的竞争态势与变化动向,根据组织发展战略及具体业务的要求、人力资源计划安排和职位空缺,把优秀的、合适的人员吸引、任用于组织内的合适岗位上,以创造最佳工作绩效。

## 第一节　招聘概述

### 一、员工招聘概念及意义

#### (一)员工招聘概念

所谓招聘,是指为了组织发展的需要,根据人力资源规划和工作分析要求,从组织内部或外部挑选符合空缺职位所需人员的过程。每个岗位都对从事该岗位的员工的知识、技能、经验及体力等方面有特定的要求,只有员工个体特征与工作岗位的特征相匹配,员工才能胜任这项工作。除此之外,组织要想招聘到优秀的员工,也必须使工作的报酬与员工个人需要相匹配,以使岗位对员工具有长久的吸引力。

#### (二)员工招聘意义

员工招聘对组织意义重大,如同生产高质量的产品必须有高质量的原材料一样，组织的生存与发展也必须有高质量的人力资源作保证。有效的招聘对组织的意义具体来说有以下几个方面：

1. 能确保录用人员的质量，提高组织核心竞争力。组织竞争归根结底是人力资源的竞争，人力资源正在成为最重要的组织核心竞争力。员工招聘一方面关系到组织人力资源的形成，另一方面为组织注入新的活力，增强组织创新能力，影响组织的持续发展。

2. 能降低招聘成本，提高招聘效率。招聘时应同时考虑三方面的成本：一是直接成本，包括招聘过程中的广告费、招聘人员的工资和差旅费、测评费、办公费用及聘请专家的费用等；二是重置成本，即因招聘不慎，重新再招聘时所花的费用；三是机会成本，即因人员离职及新员工尚未完全胜任工作造成的费用。有效的招聘能在保证录用人员的素质要求的同时，尽可能地降低招聘成本。

3. 实现人职匹配，增强组织内部的凝聚力。有效的招聘，一方面可以使组织更多地了解应聘者到本组织工作的动机与目的，可以从诸多候选者中选出个人发展目标与组织目标趋于一致并愿意与组织共同发展的员工；另一方面可以使应聘者更多地了解组织及应聘岗位，让他们根据自己的能力、兴趣和发展目标来决定是否加盟该组织。有效的双向选择使员工愉快地从事工作，调动人力资源个体的积极性、主动性和创造性，使员工的潜能得以充分发挥。同时，能减少因员工盲目流动带来的损失，增强组织内部凝聚力。

4. 扩大组织知名度，树立组织良好形象。招聘工作涉及面广，组织利用各种各样的形式发布招聘信息，如电视、报刊、广播、多媒体等，扩大了组织知名度，让外界更多地了解组织。有的组织招聘规模、档次和招聘过程，都能表明组织的实力和对人才的态度，组织在招聘的同时，也通过招聘工作的运作和招聘人员的素质向外界展现组织的良好形象。

## 二、招聘原则

人力资源规划与工作分析共同构成组织招聘与选拔工作的前提。人力资源规划通过科学的预测，分析组织在变化的环境中人力资源的供给和需求状况，制定必要的政策和措施以确保组织在需要的时间和需要的岗位上获得合适的人才，以使组织和个人均得到稳定、长期、持续的发展。工作分析对各岗位的工作职责与任职资格进行界定，为组织的招聘工作提供标准。为了保证员工招聘的有效性，必须遵循以下原则：

(一)多渠道招聘原则

是指招聘方式、方法、来源等都是多种多样的，可以依据实际情况选择适宜的招聘形式，不要拘于一格。将招聘单位、职务种类、人员数量、所需资质、考试方式及时间等，均向社会公开告知，一方面给予社会的人才以公平竞争的机会，另一方面使招聘工作置于社会的公开监督之下，防止不正之风。

(二)公平原则

组织招聘时，应对所有报考者一视同仁，不得人为制造各种不平等的限制条件(如性别歧视、地域歧视)和各种不平等的优先政策，努力创造平等的竞争环境，人才来源实行籍贯、毕业院校、工作经历等的多元化。

(三)竞争、择优的录用原则

员工招聘与选拔必须制定科学的录用标准及考核程序，选择合适的测评方法来考核和鉴别人才。在考核时要兼顾各方面的资质要求，采用不同鉴别方法，真正选到优秀人才。

(四)适用性原则

员工招聘一定要根据组织现实的和未来的实际需要制订计划、安排招聘，要消除盲目性和“花瓶”效应。不一定要招聘到最优秀的人才，而应选到最适合的人才，这样才能持久、高效地发挥人力资源的作用。

(五)低成本、高效率原则

根据不同的招聘要求灵活运用适当的招聘方式，用尽可能低的招聘成本录用高质量的员工。在招聘时首先要考虑各类招聘成本，可招可不招的尽量不招，可少招时尽量少招，一个岗位宁可暂时空缺，也不要让不合适的人占据，保证以最低的成本招聘到最合适的人才。

(六)双向选择原则

在劳动力市场日渐完善的条件下，招聘者与求职者进行双向选择，双方处于平等的法律地位。这种选择建立在充分认知的基础上，形成合理的心理预期，避免因不必要的离职而增加组织的招聘成本。

(七)符合国家有关法律法规的原则

在招聘中应坚持平等就业、相互选择、公平竞争、禁止未成年人就业、照顾特殊人群、先培训后就业、不得歧视女性等原则。由于用人单位的原因订立无效劳动合同或违反劳动合同的,组织应承担责任。

## 三、影响招聘的因素

由于招聘是在一定的环境中进行的,招聘是否有效,会受到各种外部因素、内部因素和应聘者个人因素的影响。在招聘中充分利用正面的影响因素,抑制负面影响因素,才能获得招聘的成功。

(一)影响招聘的外部因素

影响招聘的外部因素主要有:国家政策法规、社会经济制度、宏观经济形势、技术进步、劳动力市场及产品技术市场。

1. 国家政策法规。国家政策与法规从客观上界定了组织人力资源招聘的对象选择和限制条件。另外,国家对产业、行业的扶持或限制政策也对产业、行业的就业、招聘产生至关重要的影响。

2. 社会经济制度。从新中国建立初期到改革开放前,我国实行高度统一的计划经济体制,人事管理实行统包统配制度,组织用人计划、招收范围等都由国家统一计划管理,组织缺乏选人用人的自主权,几乎不存在招聘工作。随着改革的推进,组织人力资源招聘也从无到有,由计划指导下的招聘向市场配置下的招聘转变,逐步走向科学化、合理化、自主化。

3. 宏观经济形势。一般而言,宏观经济形势良好,则失业率低;反之,宏观经济出现危机,组织生产能力水平低,招聘机会少,则失业率高。比如宏观经济中通货膨胀对招聘的影响,直接体现在招聘过程所涉及的开支上。由于通货膨胀的作用,组织人力资源招聘的直接成本呈增长态势,交通费用、招聘者的工资、面谈开支、发布招聘信息的宣传费用等都呈增长态势。同时,员工工资上升,也影响招聘规模。另一方面,通货膨胀使人们对自己的人力资本投资呈增长态势,随即又限制人们的人力投资额度,影响人们的人力资本存量。通货膨胀对招聘的影响尤其明显地表现在对组织高级管理层和技术人员的招聘上。另外,政府对宏观经济的调控,也会在很多方面影响到组织的人力资源招聘活动。政府支持资本市场形成的政策、政府税收政策等都会影响组织资金运转，从而影响招聘规模。

4. 技术进步。技术进步对招聘的影响，反映在以下三个方面：

(1)技术进步引起人才市场上招聘职位分布的变化。随着技术进步，在不同的地区、职业和产业，就业职位的破坏和创造非常不平衡，就业职位需求的分布也在发生变化。如司炉工、纺织工、接线员等职业人数骤减，而通信工程师、计算机程序员等职业人数猛增。总的说来，从职位分布和数量来看，技术进步对非熟练工人的负面影响更大，而对受过高等教育的人则相对有利。

(2)技术进步对就业者的素质提出了新的更高要求，改变了职位的技能技巧要求。技术进步要求就业者具备更高的受教育水平和熟练的技术水平，这样，掌握先进技术的人取代掌握落后技术的人，那些被取代的人由于原有技术过时，难以应聘成功。

(3)技术进步影响了人们的工作生活方式。技术进步改变了人们的工作方式，使弹性工作制能在一些行业和岗位实行，从而影响了招聘工作。如由于实行了弹性工作制，每天只需两三小时用于工作的人，可以去应聘其他与自己生活不冲突的以小时计算报酬的岗位；需要照顾孩子的母亲可以去应聘实行弹性工作制的岗位；设计师可以同时应聘并就职于不同组织。

5. 劳动力市场。劳动力市场是招聘工作进行的主要场所和前提条件。组织的人员结构、人员素质水平、工作结构、现有或预期的人力资源最终取决于劳动力市场的结构和作用。劳动力市场状况也影响着组织招聘的计划、范围、来源、方法和所必需的费用等方面。

6. 产品技术市场。组织涉及的市场(产品/服务市场)条件不仅影响组织的支付能力，也影响员工的数量和质量。在产品/服务市场增长时，市场压力会迫使组织将其生产能力和雇佣能力最大化。市场份额大，显示了组织的发展潜力，就能吸引大量的人才涌入这个组织，从而使组织能够获得大量可供选择的候选人群。而在其产品/服务市场萎缩时，市场又会迫使其减少人力资源的使用数量。组织市场份额和远景都欠佳，人们不愿加入该组织，它就难以有充裕的应聘者进行筛选。市场份额同时也影响了组织的工资支付能力。

## (二)影响招聘的内部因素

1. 职位的性质。组织招聘的目的,或为组织储备人才,或为填补职位的空缺,后者发生的频率较高。空缺职位的性质由两方面决定:一是人力资源规划决定的空缺职位的数量和种类,二是工作分析决定的空缺职位的职责、素质要求等。空缺职位一方面决定了招聘什么样的人以及到哪个相关劳动力市场进行招聘,另一方面它可以让应聘者了解该职位的基本概况和任职资格条件,便于进行求职决策,并取得进一步发展。因此,职位性质信息的准确、全面、及时是招聘工作最重要、最基础的要求。

2. 组织的经营战略。一个组织的经营战略、战略类型和组织文化,都会对招聘工作产生影响。反过来,招聘决策和招聘工作质量也能够通过录用的员工影响组织的发展和组织文化的形成。组织的经营战略会在宏观上、全局上影响招聘决策。如企业由单一产品战略转向非相关产品多元化战略发展,如钢铁公司从生产钢材转向主要生产钢材,同时还生产电子仪表、计算机、洗衣机、电风扇、服装等,这种战略变化就会产生新的职位,改变组织对员工性质的要求。同时,组织招聘后人员的变动,特别是高级管理人员的变动,也会影响企业经营战略的制定。

3. 组织文化。组织文化会影响招聘人员的态度和行为方式,影响招聘方式的选用。如企业会根据应聘者价值观念和行为方式是否与自己的企业文化相吻合来决定是否聘用。如松下公司很注意应聘者的忠诚性,而微软公司则注重应聘者的创新思维能力。企业文化不同的企业对应聘者的行为会有不同的评判。

4. 组织形象和自身条件。组织形象和自身条件会影响其对应聘者的吸引力,主要体现在以下几个方面:

(1)组织的声望。组织是否在求职者心中树立了良好的形象,以及是否具有一定的吸引力,将从精神和行动两方面影响招聘活动。每个人都希望自己成为优秀组织中的一员,因此,名牌公司以其在公众中的声望很容易就能吸引大量的求职者。

(2)组织的发展阶段。发展势头良好的组织的招聘规模比处于成熟阶段或衰退阶段的组织要大,其招聘信息更强调给应聘者以发展机会。如果组织处于经营不景气阶段,则甄选录用以年轻、优秀和量少为原则。

(3)组织的管理水平。组织的管理水平对招聘的影响体现在三个方面:一是组织领导者的水平和能力是许多求职者优先考虑的因素,求职者若认为领导者水平高、能力强,可能宁愿放弃部分物质待遇;二是招聘过程实际上也体现出组织的管理水平;三是招聘过程中招聘人员的形象也会影响招聘质量。招聘人员仪表端庄、热情高效、耐心细致、政策水平高,既能提高招聘效率,也能吸引高素质的应聘者,反之,则会拒应聘者于千里之外。

(4)组织的报酬及福利待遇。在招聘中,公平、优厚的工资、奖金及完善的福利保障制度是很实际、很有力的"武器"。

(5)组织的地理位置。组织的地理位置很大程度上影响求职者的意向。中央电视台曾对在京高校的毕业生做过调查,硕士生、本科生首选的就业城市依次是北京、上海、广州、深圳、厦门。毕业生们认为,这些城市开放度高,用人机制灵活,自己会有所作为。而经济落后的地区,即使有好的岗位,他们也很少愿意去。

5. 组织的用人政策。组织高层决策人员的用人政策不同,对员工的素质要求也就不同。例如,IBM 公司的沃森认为,他要找的是那些个性强烈、不拘小节、直言不讳的人,而宝洁公司的高层人员则认为素质比专业知识更为重要。

组织高层决策人员对组织内部招聘或外部招聘的倾向性看法,会决定组织主要采取哪种方法招收员工。例如,有的决策者认为自己人好用、可靠,因此,组织采取内部招聘方式;有的决策者认为公开招聘、专家参与评选的方式能获取优质人才,因此,组织采取公开选聘方式;有的决策者认为通过中介机构好,有的认为熟人介绍好,等等。

6. 招聘成本。由于招聘目标包括成本和效益两方面,而且各种招聘方法奏效的时间不同,所以招聘成本明显地影响招聘效果。招聘资金充足时可以做更好的广告,可以选择更多更精细的甄选方法,更广泛地进行背景调查,反之则可能力不从心。

### (三)影响招聘的应聘者个人因素

从应聘者的角度来看,影响招聘的因素主要有:应聘者的寻职强度、个人职业生涯设计、应聘者动机与偏好、应聘者个性特征。

1. 应聘者的寻职强度。寻职强度,是指应聘者寻找职位的努力程度。格卢克把寻找工作的人分为三类:最大限度利用机会者、满足者和有效利用机会者。最大限度利用机会者是指那些不放弃任何一次面谈机会的人,他们尽可能多地获得各种职位机会,从中选择一个自己认为最好的。满足者是那些接受第一个职位机会的人,他们认为所有的组织都是差不多的。有效利用机会者是介于二者之间的人,他们会先获得一个中意的职位,然后再寻找一个职位与现有职位进行对比,再选择更中意的职位。

寻职强度与个人背景和经历有关。一般说来,自身条件(如学历、工作经验等)较好、极少受挫折的人寻职强度较低,而自身条件较差的人寻职强度较高。寻职强度和个人财政状况成负相关关系。

2. 职业锚对招聘的影响。美国学者薛恩(E. G. Schein)在对44名学习管理的研究生跟踪研究后提出了“职业锚”概念。职业锚是建立在不同的工作动机和能力之上、引导个人的工作经历的自我概念。薛恩将职业锚分为五类:

(1)技术/技能型职业锚。这种类型职业锚的人围绕着他们的技术/技能来安排自己的职业,他们在做出职业选择和决策的时候,主要注意自己正在从事的职业的实际技术和技能内容。

(2)自主型职业锚。属于这种类型职业锚的人追求的是最大限度地摆脱组织的约束,选择的是能施展自己的职业能力或技术能力的工作环境,典型的职业如教师、作家等。

(3)创造型职业锚。这种类型职业锚的人要求有自主权、管理能力,能够施展自己的特殊才能,创造一种属于自己的东西(一项专利、一个成果、一家公司)。

(4)安全型职业锚。这种类型职业锚的人寻求长期职业稳定和工作基本安全。他们倾向于按照别人的指示进行工作,有体面的收入,退休后有保障。

(5)管理型职业锚。这种类型职业锚的人将管理作为自己的最终目标,他们具有比较强的分析能力、人际关系处理能力和感情控制能力。

3. 应聘者的动机和偏好对招聘的影响。可以借鉴期望理论解释应聘者的行为：择业动机=职业效价×职业概率。其中，职业效价是应聘者对某项职业价值的评价。职业效价的大小取决于择业者的职业价值观以及他对某一具体职业各项要素的评估。因此，职业效价=职业价值观×要素评估。职业概率则受职业需求量、竞争能力等因素的影响，职业概率=职业需求量×竞争能力×竞争系数×随机因素。择业动机公式表明，某项职业对于择业者的效价越高，获取该职业的概率越大，择业者选择这项职业的动机越强烈。

4. 应聘者的个性特征对招聘的影响。美国的约翰·霍兰德(John Holland)研究了人的个性特征与择业关系，于1959年提出了具有广泛影响的职业—个性匹配理论。该理论根据个性特征与择业倾向，将劳动者划分为六种基本类型：现实型、研究型、社会型、常规型、创业型、艺术型；根据职业本身内容及对劳动者素质的要求，同样将职业也分为相应的六种类型。他认为，类型相同的劳动者和职业会相互吸引，某一类型的劳动者只有从事类型相同的职业，才能发挥所长，做好工作。

## 第二节　招聘过程设计

较完整的招聘过程包括三部分：制订招聘计划，实施招聘过程，评估招聘过程。

### 一、制订招聘计划

招聘计划是招聘的主要依据。制订招聘计划的目的在于使招聘更趋合理化、科学化。由于员工招聘直接影响到人力资源开发与管理的其他步骤，招聘工作一旦失误，以后的工作就难以开展，组织也将得不到最优秀的人力资源，组织的生存与发展则受到威胁。

招聘计划是用人部门根据部门的发展需要，根据人力资源规划的人力净需求、工作说明的具体要求，对招聘的岗位、人员数量、时间限制等因素做出详细的计划。招聘计划的具体内容包括：(1)招聘的岗位、人员需求量、每个岗位的具体要求;(2)招聘信息发布的时间、方式、渠道与范围;(3)招聘对象的来源与范围;(4)招聘方法;(5)招聘选拔的实施部门;(6)招聘预算;(7)招聘结束时间与新员工到位时间。招聘计划由用人部门制订,然后由人力资源管理部门进行复核,明确人力资源管理部门与人力资源使用部门的职责对于制订招聘计划有重要意义。人力资源管理部门特别要对人员需求量、费用等项目进行严格复查,签署意见后交上级主管领导审批。

制订招聘计划也有一些具体的步骤,其中包括:(1)识别职位空缺:根据员工(提前规定一个时间)递交的辞职报告,对员工辞职、离职的可能性进行预测。(2)确定如何填补职位空缺:有没有必要填补这个空缺?有无其他替代方法?如何填补空缺:是招聘核心人员,还是应急性人员?(3)确定总体目标:具体描述对候选人的要求;对应聘者进行特征细分,确定目标候选人(求职者)。(4)通知目标求职者:选择适宜的媒体、方法通知空缺职位的目标求职者;信息发布中要清晰地描述任职资格与条件,只吸引最合格的求职者,以限制求职者规模;只鼓励最优秀的求职者应试,以减少选拔时间等。(5)会见候选人:对最适合的候选人进行面试、评价,为候选人提供更多的了解组织与职位的机会;向候选人提供有关组织与职位、工作的足够信息。

## 二、实施招聘过程

招聘计划经人力资源管理部门审核,上级主管批复后,就进入实施阶段。实施招聘过程主要包括以下内容:

### (一)发布招聘信息

招聘信息发布的时间、方式、渠道与范围是根据招聘计划来确定的。由于需招聘的岗位、数量、任职者要求的不同,招聘对象的来源与范围的不同,以及新员工到位时间和招聘预算的限制,招聘信息发布时间、方式、渠道与范围也是不同的。信息发布的范围是由招聘对象的范围决定的。发布信息的面越广,接收到该信息的人就越多,应聘者也就越多,可能招聘到合适人选的概率就越大。相应地,招聘的费用则会增加。在条件允许的情况下,招聘信息应尽早发布,这样有利于缩短招聘进程,而且有利于使更多的人获取信息,使应聘人数增加。招聘对象均是处在社会的某个层次上的,要根据招聘岗位的要求与特点,向特定的人员发布招聘信息。

### (二)应聘者申请

应聘者在获取招聘信息后,可向招聘单位提出应聘申请。应聘申请有两种方式:一是应聘者通过信函或电子邮件等方式向招聘单位提出申请,二是直接填写招聘单位的求职申请表。无论采用哪一种方式,应聘者都应向招聘单位提供以下个人资料:(1)应聘申请函(表),且必须说明应聘的职位;(2)个人简历,着重说明学历、工作经验、技能、成果、个人品格等信息;(3)各种学历、技能、成果(包括获得的奖励)说明(复印件);(4)身份证件(复印件)。

组织也可以让应聘者填写设计好的求职申请表。求职申请表内容的设计要根据工作岗位的内容而定,还要注意有关法律和政策,例如,有的国家规定,种族、性别、年龄、肤色、宗教等不得列入表内。

1. 填写求职申请表

(1)个人情况。姓名、年龄、性别、婚姻、地址及电话等。

(2)工作经历。目前的任职单位及地址,现任职务、工资、以往工作经历及离职原因。

(3)教育与培训情况。包括本人文化的最终学历、学位、所接受过的培训。

(4)生活及个人健康情况。包括家庭成员,同本组织员工有否亲属关系,健康情况须医生证明。

(5)其他。

2. 审查求职申请表

在审查求职申请表时,要估计背景材料的可信度,要注意应聘者以往经历中所任职务、技能、知识与应聘岗位之间的联系;要分析其离职的原因、求职的动机,对于频繁离职、高职低求、高薪低就等情况要作为疑点一一列出,以便在面试时加以了解。对应聘高级职务者还须补充其他个人材料。初审结束后对明显不符条件者可予以淘汰。

## 三、评估招聘过程

招聘过程实施完之后,还必须对招聘过程进行评估,评估内容主要包括以下几部分:

### (一)招聘成本评估

招聘成本评估是指对招聘中的费用进行调查、核实,并对照预算进行评价的过程。招聘成本评估是鉴定招聘效率的一个重要指标,如果成本低,招聘录用的人员质量高,就意味着招聘效率高;反之,即为效率低。成本低,录用人数多就意味着招聘成本低;反之,则意味着成本高。每年的招聘预算应该是全年人力资源开发与管理的总预算的一部分。招聘成本核算,是对招聘的经费使用情况进行度量、审计、计算、记录等的总称。通过核算可以了解招聘中经费的精确使用情况、是否符合预算以及主要差异出现在哪个环节上。

核算招聘成本,首先要认识到招聘本身是一个系统过程,这一过程中会产生多种成本,招聘要讲究效率、效益,提高其有效性,要尽可能地降低其"重置成本"。

### (二)成本效用评估

成本效用评估是对招聘成本所产生效果进行的分析。主要包括:招聘总成本效用分析、招聘成本效用分析、人员选拔成本效用分析、人员录用成本效用分析等。计算方法如下:

总成本效用=录用人数/招聘总成本

招聘成本效用=应聘人数/招聘期间的费用

选拔成本效用=被选中人数/选拔期间的费用

人员录用效用=正式录用的人数/录用期间的费用

### (三)录用人员数量评估

录用人员数量评估主要从录用比、招聘完成比和应聘比三方面进行。

录用比=(录用人数/应聘人数)×100%

招聘完成比=(录用人数/计划招聘人数)×100%

应聘比=(应聘人数/计划招聘人数)×100%

录用比越小则说明录用者的素质可能越高;当招聘完成比大于100%时,则说明在数量上全面完成招聘任务;应聘比则说明招聘的效果,该比例越大,则招聘信息发布的效果越好。

### （四）招聘有效性评估

招聘有效性评估是指综合评价组织通过招聘是否为组织招聘到合适的员工。有效性的研究可以帮助组织选择正确的方法来组织招聘工作，并在总结经验的基础上不断改进招聘技术。有效性评估的内容包括职位填补的及时性；用人部门对新录用员工的数量、质量及招聘过程的满意度；评估招聘渠道吸引力，包括所吸引的有效候选人的数量，如网上招聘时的点击数量、写申请求职的人员的数量、符合职位要求的求职者的数量，收到的有效简历的数量、有效电话咨询的数量；新员工对所在岗位的满意度。以上内容可以帮助组织综合评价招聘工作，提高招聘效益。

## 第三节　招聘方式

招聘方式是指吸引招聘对象所使用的方式。招聘岗位的不同、人力需求数量与人员要求的不同以及新员工到位时间和招聘费用的限制，决定了招聘对象的来源与范围，决定了招聘信息发布方式、时间与范围，因而也决定了招聘的方式。根据招聘对象的来源，可将招聘分为内部招聘与外部招聘。

### 一、内部招聘

员工内部招聘是招聘的一种重要方式，是指将招聘的范围确定在本组织中，只在本组织的现有人员中招聘、选拔、录用所需人员。内部招聘主要适用于内部有比较雄厚的人才储备，长期以来对人力资源管理与开发进行了有效的战略投资的组织。在选拔组织需要的各级管理人员时，内部招聘一般是最主要的方法。国外有关调查表明，90%以上的管理职位都是由组织内部提拔起来的人员担任的。此外，内部招聘有利于促进组织内部的人才流动，保障人才各得其所、发挥所长、能位相适，以留住优秀人才和组织必需的人才。

#### （一）内部招聘的优点

内部招聘的优点主要体现在以下几个方面：

1. 激发员工的内在积极性。内部招聘能极大地鼓舞员工的内在积极性。组织实行内部招聘，员工能感受到组织真正给自己提供了发展空间，就存在着晋升的可能与推销自己、引起组织注意和信任的希望。

2. 迅速地熟悉和进入工作。获得聘任的内部员工对于组织目标更具有认同感，对本组织情况、业务流程、人际关系等熟悉，定位过程更短，可以降低培训成本，而且人才离职、流失的可能性小。

3. 保持组织内部的稳定性。从外部招聘新员工可能引起文化和价值观方面的碰撞，而通过内部获取将优质人力资源补充到合适岗位时，不会出现任何不稳定因素，可保持组织内部的稳定性。

4. 尽量规避识人用人的失误。内部获取由于对员工有较长时间的了解，可以有效地规避识人用人的失误。

5. 人才获取的费用最少。一次大规模的公开招聘，总要消耗相当多的时间和财力。内部获取可以节省财力开支，使人才获取的费用降到最小值。

### （二）内部招聘的缺点

内部招聘的缺点主要体现在以下几个方面：

1. 容易在组织内部形成帮派。当内部晋升渠道畅通，新主管从同级员工产生时，非正式组织想推举自己小圈子的人员就成为一种必然。这也会导致其他工作群体的失衡心态，使主管不易建立普遍的领导声望，组织内帮派的形成不利于协作。

2. 可能引发组织高层领导的不团结。用人的分歧历来是在组织高层领导中最容易引起断裂的分歧，因为这涉及权力的分配，涉及个人核心班子的组成和个人威信的提高。因此，当出现用人分歧时，组织高层领导原本存在的不团结因素更加明显化，而这种状况的产生是内部获取过程中最大的损伤。

3. 缺少思想碰撞的火花，影响组织的活力和竞争力。组织不会因为内部获取产生思想碰撞，也不会由于这种碰撞出现的不平衡而引发深层思考和继续碰撞。

4. 组织高速发展时，容易以次充优。不少组织为了规避识人与用人的失误，几乎所有的管理人员均由内部选拔。当组织高速发展时，这种由内部晋升的方法不仅不能满足工作的需要，而且“以次充优”的现象将会十分普遍和严重。

5. 营私舞弊的现象难以避免。由于彼此熟悉和了解，当一个崭新的机会来临时，不可避免地会出现托人情、找关系的现象，结果是难以避免徇私情、走后门、官官相护或出现利益联盟的情况。

### （三）内部招聘的方法

内部招聘方法的选择，主要考虑在提高员工士气和忠诚度与近亲繁殖的问题之间进行平衡。常用方法有以下几种：

1. 管理人才储备（Management Inventory）。主要有：(1) 重点保存好管理者人才的能力资料。(2) 确定哪些人员有潜力并可以晋升到更高层次的职位。(3) 人才储备的资料信息包括：工作经历；教育背景；优势与劣势评价；个人发展的需要；目前及将来提拔的潜力；目前工作业绩；专业领域；工作特点；地理位置偏好；职业目标与追求；预计退休时间；个人历史业绩（含心理评价）。

2. 继任计划（Succession Planning）。据美国 1990 年对 400 家大企业董事会所做的调查，约 3/4 的企业有继任计划。继任计划是在人才储备的基础上进行的。有效的继任计划包括：(1) 把管理开发与人力资源规划连接起来。继任规划的第一步是人力资源规划，根据对未来几年人员配备需要的预测，继任规划应详细指出关键的管理职位应配备的人员目标。(2) 规定管理要求。继任规划应以工作分析中的信息为根据规定每个目标岗位所需人员的资格要求。(3) 评估管理潜力。组织必须对其雇员的能力和职业生涯兴趣进行评估，识别能够提拔或攀升到管理层级、具有很大潜力的人员。(4) 确定职业生涯途径。组织要为每一个颇具潜力的候选人找出一条职业生涯路径，标明一连串按顺序排列的具体职务。带领其逐步攀登组织阶梯以达到职务目标。

3. 技能储备（Skill Inventory），即建立有关组织中可能晋升到更高层次职位或转入同级别其他职位的人员的供给信息库。其管理过程与目的和人才储备相同，但信息有别。技能储备信息包括：背景与生平资料；工作经历；专业技能与知识；所持有的执照与证明；接受过的内部培训；以前工作业绩评价；职业目标等。

4. 工作公告（Job Posting，简称 JP）与工作投标（Job Bidding，简称 JB）。JP 是及时向员工通报组织内部现有工作职位空缺的一种方法或形式，JB 则是允许那些自认为具备应聘所需资格的员工申请公告中的职位的一种自荐技术。

## 二、外部招聘

员工的外部招聘是组织从外部获取人力资源的另一个重要方法。当组织存在或即将出现一定数量的需要补充的初级员工的岗位并要求尽快补充,或需要获取现有员工不具备、不掌握的特定技术、技能,或是需要获得具备不同背景、能够提供新思想、新理念和创新的员工时,一般采取外部招聘的方式。外部招聘可以弥补组织内部管理人才、科技人才、营销人才的不足,吸收新生力量和优秀的、稀缺的人才,调整人才群体结构,吸收具有更大潜力和发展前途的人才,建立人才库,为组织进行重大战略调整,补充必需人才。虽然从现有的统计数据看,组织管理人员大多是内部提升的,但在市场经济体制下高级管理人才的流动性越来越强。现在,西方许多知名企业也大量从外部人才市场寻觅高级主管。

### (一)外部招聘的优点

与内部招聘相比,外部招聘的优点主要体现在以下几个方面:

1. 带来新思想、新观念,补充新鲜血液,使组织充满活力。新员工可以给组织带来新的观念、新的思想方法、新的文化和价值观,甚至新的人群和新的社会关系,给组织带来思想碰撞和新的活力。

2. 避免过度使用内部不成熟的人才。外部招聘能保护和完善"能岗匹配"的原则,使内部人员获得必要的培训和充足的成长时间,避免过度使用不成熟的人才。

3. 大大节省培训费用。外部招聘使组织能直接获得符合组织要求的高素质人才,使组织节省了培训费用和培训时间。

### (二)外部招聘的缺点

外部招聘的缺点,主要表现在以下几个方面:

1. 人才获取成本高。无论是招聘高层次人才,还是中、低层次人才,均需支付相当高的招聘费用,包括招聘人员的费用、广告费、测试费、专家顾问费等。

2. 可能会选错人。虽然层层把关,但选错人的风险依然存在,不仅可能浪费人力、物力和财力,而且可能影响组织的正常运作,甚至耽误发展的良机。

3. 给现有员工以不安全感。外部招聘，特别是获取非空缺岗位的新员工，会使老员工产生不安全感，致使工作的热情下降，影响员工队伍的稳定性。

4. 文化的融合需要时间。引入人才的新思想、新观念的同时也会带来对现有组织文化的挑战和思考，彼此的认同和相互吸引是事业成功的基础，而融合的时间会部分地影响工作的进展。

5. 工作的熟悉以及与周边工作关系的密切配合需要时间。新员工对本职工作的熟悉，对组织工作流程的熟悉、对与之配合的工作部门的熟悉、对上级、下属、同事的工作配合均需要时间，对组织外界相关部门的熟悉和建立良好关系也需要时间。

### （三）外部招聘的原则

1. 强调组织的战略性需要。外部招聘的最终目的是获取第一战略资源——人才资源，形成核心能力，构建竞争优势。其中高层管理人才、优秀科技人才、专业市场营销人才及特殊技能人才是关键。

2. 坚持市场原则，招聘那些成本-效益最好，即报酬与所创造的价值之比最低的求职者。

3. 制定相关政策吸引并留住合适的求职者，以降低招聘成本。其中，重点要解决：选择合理的与工作绩效高度相关的甄选指标；规定一定的试用期，可以随时辞退不合格者；设计合理、科学的报酬方案，使不合格的求职者被组织聘用的预期总收入比其他组织低，而合格的求职者被聘用的预期总收入高于其他组织；试用期报酬足够低以使不合格者走开，试用期后的报酬要足够高，以留住合格的求职者。

### （四）外部招聘的渠道

1. 招聘广告。招聘广告是使用最为普遍的一种方法。由于阅读广告的不仅有应聘者，还有潜在的工作申请人，以及客户和一般大众，因此，公司的招聘广告代表着公司的形象，需要认真实施。组织用广告吸引应聘者，有很多优点。第一，工作空缺的信息发布迅速，能够在一两天之内就传达给外界。第二，同许多其他吸引方式相比，广告渠道的成本比较低。第三，在广告中可以同时发布多种类别岗位的招聘信息。第四，广告发布方式可以给组织保留许多操作的优势,例如,组织可以要求申请人在特定的时间段内亲自来组织、打电话或者向组织的人力资源部门邮寄或发送自己的简历,等等。此外,组织还可以利用广告渠道来发布“遮蔽广告”(blind advertisment),即在广告中不出现招聘组织的名称,避免暴露自己的业务区域扩展计划,避免组织丑闻对招聘的影响,或者避免让内部员工发现组织试图招聘外部人员替换某些职位的人员。

使用广告时要注意两点:第一,媒体的选择。广告媒体的选择取决于招聘岗位的类型。一般说来,低层次职位可以选择地方性媒体,高层次或专业化程度高的职位则要选择全国性或专业性的媒体。第二,广告的结构。广告的结构遵循四个原则,即注意、兴趣、欲望和行动。好的招聘广告要能引起读者的注意并产生兴趣,继而产生应聘的欲望并采取实际的应聘行动。

2. 职业介绍机构。职业介绍机构的作用是帮助组织选拔人员,节省组织的时间,特别是组织在没有设立人力资源部门或者需要立即填补空缺时,可以借助于职业介绍机构。如果需要长期借助,则应该把职务说明书和相关要求告知职业介绍机构,并委派专人同几家机构保持稳定的联系。在下述情况下,适合通过职业介绍机构进行招聘:第一,组织根据过去的经验发现难以吸引到足够数量的合格应聘者;第二,组织只需要招聘很小数量的员工;第三,组织急于填充某一关键岗位的空缺;第四,组织试图招聘那些正在就业的员工;第五,组织在目标劳动力市场上缺乏招聘的经验。

3. 猎头公司。猎头公司是与职业介绍机构类似的职业中介组织,但由于它特殊的运作方式和服务对象的特殊性,经常被看作是一种独立的招聘渠道。人们广泛接受这样一个看法,即最好的人才已经处于就业状态。猎头公司是一种专门为组织“搜捕”和推荐高级管理人员和高级技术人员的机构,他们设法诱使这些人才离开正在服务的组织。它可以帮助公司的最高管理者节省很多招聘和选拔高级人才的时间。但是,借助于猎头公司的费用要由组织支付。

组织借助于猎头公司需要注意:第一,必须首先向猎头公司说明自己需要哪种人才及其理由。第二,了解猎头公司开展人才搜索工作的范围。美国猎头公司协会规定,猎头公司在替客户推荐人才后的两年内,不能再为另一客户把这位人才挖走。所以,在一定时期内,猎头公司只能在逐渐缩小的范围内搜索人才。第三,了解猎头公司直接负责本组织任务的人员的能力,不要受其招牌人物的迷惑。第四,事先确定服务费用及其支付方式。第五,选择值得信任的人。这是因为猎头公司为你搜索人才的人不仅要了解组织的长处,还要了解组织的短处,所以一定要选择一个能够为你保密的人。第六,向猎头公司以前的客户了解其服务的实际效果。

4. 员工推荐与申请人自荐。现在有很多组织逐渐认识到,通过员工推荐的方法聘用现有员工的家属或者朋友有很多好处。这种方式既可以节省招聘人才的广告费和付给职业介绍机构的费用,还可以得到忠诚而可靠的员工。对员工而言,如果他推荐的工作申请人的特征与组织的要求不相互匹配,不仅影响到自己在组织中的地位,也将危害到自己和被推荐者之间的关系。当然这种方式对中国企业或组织是否适用,还有待证实。美国企业的经验表明,采用员工推荐方式最多的企业是员工数量在500~2000人之间的企业,而采用员工推荐方式最少的企业是员工数量在10000人以上的大型企业。

对于毛遂自荐的应聘者,公司应以礼相待,最好让人力资源管理部门安排简单的面谈。对于自荐者的询问信,公司应该予以礼貌而及时的答复。这不仅是尊重应聘者的自尊心,还有利于树立公司声誉和今后业务的开展。

5. 校园招聘。校园招聘通常指组织直接从应届本科生(包括专科生)、硕士研究生、博士研究生中招聘组织所需的人才。作为储备和培养人才的重要手段,校园招聘越来越受到组织特别是实施投资型人力资源战略的组织的重视。

(1)校园招聘的方式。

①组织直接派出招聘人员到校园去公开招聘。这种招聘通常在每年的11月至次年的4月进行。派出的招聘人员一般要对校园生活、校园环境、大学生的心理状态有相当的了解,便于直接联系与沟通。

②由组织有针对性地邀请部分大学生在毕业前(大约前半年的时间)到组织实习,参加组织的部分工作,组织的部门主管直接进行考察,了解学生的能力、素质、实际操作能力等。由于这种考察实地进行,收集的信息较全面。

③由组织和学校联手培养人才。这些联手培养的人才从学校毕业后全部去参与培养的组织工作,这种方式通常用于某些特殊专业的专门人才。如厦门

大学和美国太古集团公司联手培养“飞机维修专业”的学生，学生在校期间所学科目主要由厦门大学确定，由厦门大学的老师授课，但学生每年有两个月时间到太古公司实习，毕业后全部学生进入太古公司工作。

(2)校园招聘的优点。

①针对性强。可以根据组织的需要，选择学校、专业、特殊的专长等。

②选择面大。学校是培养人才的基地，可供选择的人数多，所涉及专业领域广泛，选择层次较多。

③适宜进行战略性人才选择和储备部分优秀人才。由于校园人才的层次多、人数多，可供选择的机会多，便于组织进行战略性人才选择，各种优秀人才均可根据组织的需要，进行合理储备。

④由于学生社会阅历浅，思想单纯，因此，接受能力和可塑性均强于其他来源的人才，如果培养、任用得当，人才对组织的认可度较高，忠诚度也较高。

(3)校园招聘的缺点。

①由于没有任何工作经历，组织对应聘者今后可能的表现和绩效缺少充分的把握。

②由于学生缺乏经验，组织投入的培训成本高。

③有些学生对工作期望值过高，因此，一年内跳槽的概率高，造成招聘成本高。

(4)校园招聘的流程。

以企业直接派出招聘人员到校园去公开招聘为例，校园招聘的基本流程如下：

①准备好介绍公司概况的小册子和现场演示所需的资料、电子文件和相关设备。

②选择进入招聘的学校和专业。根据企业自身的规模、发展阶段、薪酬水平、需求专业、需求的人才层次、企业社会形象等因素，选择进入什么层次或什么类型的高校。

③组成招聘小组。由于组织选择进入的学校通常不止一所，而是国内若干所大学，因此，企业可能会采取两种形式组织招聘小组。一种是只组织一个招

聘小组,这个招聘小组在国内若干所不同的大学流动招聘。另一种是组织若干个招聘小组,在基本相同的时间里去不同的大学招聘。招聘小组一般由三类人组成:人力资源部人员、用人部门主管和了解学校情况的人。

④与校方联系,确定校园招聘的时间和地点。

⑤在校园内提前进行组织招聘的宣传,尽量吸引优秀的毕业生到招聘现场。

⑥进行现场演示,介绍公司的历史、文化、发展前景、人力资源管理的概况,特别是员工薪资福利概况和培训发展概况。

⑦请应聘者递交简历,或填写求职申请表。

⑧对简历进行初步筛选,通知并组织面试。

⑨初步决策。如果招聘小组中有有权决定录用的主管,也可以与特别优秀的学生签约,以免他们被别的组织挖走。如果招聘小组中没有人有权决定录用,可以与学生签订意向性协议,待进一步考察和报批后再签订正式合同。

在以上介绍的外部招聘的多种方法和渠道中,组织采取什么方法与渠道,主要取决于组织的意愿、空缺的职位和招聘的人员类型,以及招聘方法的特征,组织可以评价后选择。

## 第四节 员工甄选

在招聘工作中组织完成了初步招募申请人的工作后,就必须通过多种方法对所需要的人才进行选拔,也称为员工筛选或甄选。甄选环节是组织获得高质量人力资源的一个关键关口,是组织引进人才的过滤器。任何认识到组织竞争的核心是人才竞争的组织都会高度重视人才选拔。选拔对于组织获取优秀、合适的员工十分重要。

一般说来,人员甄选是指通过收集有关工作申请者的各方面信息,来决定由谁填补组织的空缺职位的过程。组织在这一过程中,从需要任用人员的数倍求职者中挑选出最适合特定职位要求的人员,使人才的知识、技能、态度、行为、志向、兴趣、偏好等与职位要求、工作特性、组织目标相匹配。使新进入的人才与原有员工实现群体结构的最佳配置。实现企业组织的基本目标:提高工作效率与劳动生产率;增加收益、降低成本;为组织或企业和客户创造更高的价值。确保组织或企业在员工身上的投资获得最有效的回报。

进行人员甄选需要运用相应人才测评技术与方法,主要有面试、心理测试、知识与技能测试、评价中心技术、背景调查与录用等几种方法,本章将重点介绍面试、心理测试、评价中心技术和背景调查与录用。

## 一、面试

面试法,也叫专家面试,是最常用的选拔测试工具之一。面试法是供需双方通过正式交谈,以使组织能够客观了解应聘者的业务知识水平、外貌风度、工作经验、求职动机等信息,应聘者也能够了解到更全面的组织信息,能将个人期望与现实情况进行比较,了解组织提供的职位是否与个人兴趣相符等。面试的关键是主试者的素质、能力和正确实施面试的方式。面试是员工招聘过程中非常重要的一步。

### (一)面试的类型

1. 以面试所提的问题分类,可分为结构式面试、非结构式面试和混合式面试三种

(1)结构式面试。结构式面试也称为正式面试,或定向面试,要求事先准备好针对不同人员类型的问题和各种可能的答案以及提问程序。在规定的时间、地点、场合,主试者围绕某一中心议题向被试者提出一系列问题,要求其当场用口头语言回答,以了解被试者心理素质、潜在能力等。

(2)非结构式面试。非结构式面试也称为非正式面试,或非定向面试,是指在各种很自然、平常的场合下,比较随意地、即兴地进行口头问答,讨论各种话题,以了解被试者的心理素质、潜在能力。在非结构式面试中,面试者可随时发问,无固定的提问程序,针对每位应聘者所提的问题不同。这种面试可以了解到特定的情况,但缺乏全面性,效率较低。

(3)混合式面试。结构式面试与非结构式面试结合起来,称为混合式面试。这种方法可以取二者之长,避二者之短,所以也是常用的一种面试方法。

2. 从所达到的效果来分类，面试可分为初步面试和诊断面试

(1)初步面试。这是用来增进用人单位与应聘者的相互了解的过程。在这个过程中，应聘者对其书面材料进行补充(如对技能、经历等进行说明)，组织对其求职动机进行了解，并向应聘者介绍组织情况、解释职位招聘的原因及要求。

(2)诊断面试。这是对经初步面试筛选合格的应聘者进行实际能力与潜力的测试。它的目的在于招聘单位与应聘者双方补充深层次的信息，如应聘者的表达能力、交际能力、应变能力、思维能力、个人工作兴趣与期望等，组织的发展前景、个人的发展机遇、培训机遇等。

3. 从参与的人员来分类，面试可分为个别面试、小组面试和集体面试

(1)个别面试。这是指一个面试人员与一个应聘者面对面地交谈。这种面试有利于双方建立亲密的关系，双方能深入地相互了解，但这种面试的结果易受面试人员的主观因素干扰。

(2)小组面试。由两三个人组成的面试小组对各个应聘者分别进行面试。面试小组由用人部门与人力资源部门的人员共同组成，从多种角度对应聘者进行考察，提高面试结果的准确性，克服个人偏见。

(3)集体面试。它是由面试小组对若干应聘者同时进行面试。在集体面试过程中，通常是由面试主考官提出一个或几个问题，引导应聘者进行讨论，从中发现、比较应聘者表达能力、思维能力、组织领导能力、解决问题的能力、交际能力等。集体面试的效率比较高，但对面试主考官的要求较高，主考官在面试前要对每个应聘者有大致的了解，在面试时要善于观察，善于控制局面。

4. 从组织形式来分类，面试可分为压力面试、行为描述面试和能力面试

(1)压力面试。压力面试往往是在面试开始时就给应试者以意想不到的一击，通常是敌意的或具有攻击性的，以观察应试者的反应。一些应聘者在压力面试前显得从容不迫，而另一些则不知所措。用这种方法可以了解应聘者承受压力、调整情绪的能力，可以测试应聘者的应变能力和解决紧急问题的能力。压力面试一般用于招聘销售人员、公关人员、高级管理人员。

(2)行为描述面试。这是近年来的研究成果，是基于行为的连贯性原理发

展起来的。面试主考官通过行为描述面试要了解两方面的信息:一是应聘者过去的工作经历,判断他选择本组织发展的原因,预测他未来在本组织中发展所采取的行为模式;二是了解他对特定行为所采取的行为模式,并将其行为模式与空缺职位所期望的行为模式进行比较分析。在行为描述面试中通过设计一些在实际工作中可能出现的与特定情景有关的问题,根据回答了解、判断其在特定情况下可能的行为表现。

(3)能力面试。在能力面试中,主考官要先确定空缺职位的责任与能力,然后,设定类似情景,让应聘者在现场实际解决这些假设的问题,进一步了解应聘者是否胜任该工作。

(二)面试过程的设计

1. 面试过程

面试过程基本包括三阶段,即面试准备、正式面试、结束面试。每一个阶段有不同的任务。

(1)面试准备。这一阶段的主要工作有:①评估职责,即根据职务信息,评估各项职责的相对重要性,发现最主要的职责。②设计面谈问题,即确定面试方式与内容,选择表明工作绩效的关键事件和工作职责,设计问卷,等等。③确定测试答案。设计面试方案和特定的测试量表;确定测量指标体系;设计可能答案的评分标准。③确定面试委员会。由职务分析、面试设计人员、主管、人力资源管理部门代表、该职位的同事等组成面试小组(3—6人)。

(2)正式面试。在这一阶段主要是正式进行面试,进行问候、交谈、询问、观察、笔试、答辩、心理测试等,尽力诱导出所需信息。面试开始,面试者要努力创造一种和谐的面谈气氛,使面试双方建立一种信任、亲密的关系,解除应聘者的紧张和顾虑。可先让对方简要介绍一下自己的情况,此时面试者注意力要高度集中,注意倾听和观察。

(3)结束面试。在这一阶段面试者要根据面试、测试、问卷项目等进行评分,评价申请人。不管得出怎样的评价结论,不论应聘者是否会被录用,面试均应在友好的气氛中结束。同时,面试者应立即整理面试记录,并填写面试评价表,核对有关材料,提出总体评价意见。

2. 面试应遵循的原则

(1)利用正规的工作分析来决定职位的要求;

(2)将应征者拥有的与工作相关的知识、技术、能力和有关特性作为关注重点;

(3)利用工作分析所收集到的资料,制定面谈的问题;

(4)在轻松的环境下进行面谈;

(5)根据每个应征者的工作知识、技术和能力,评估应征者的工作绩效。

3. 面试中的提问技巧

(1)简单提问。在面试刚开始时,通常采用简单提问来缓解面试的紧张气氛,消除应聘者的心理压力,使应聘者能轻松进入角色,充分发挥自己的水平和潜力。这种提问常以问候性的语言开始,如"一路上辛苦吗?""你乘什么车来的?""你家住在什么地方?"等。

(2)递进提问。递进提问的目的在于引导应聘者详细描述自己的工作经历、技能、成果、工作动机、个人兴趣等。提问应采用诱导式提问,如"你为什么要离职?""你为什么要到本公司来工作?""你如何处理这件事情?""你如何管理你的下属?"等,避免使用肯定/否定式提问,如"你认为某事情这样处理对吗?""你有管理方面的经验吗?"因为诱导式提问方式能给应聘者更多的发挥余地,能更加深入了解应聘者的能力和潜力。

(3)比较式提问。比较式提问是主考官要求应聘者对两个或更多的事物进行比较分析,以达到了解应聘者的个人品格、工作动机、工作能力与潜力的目的,如"如果现在同时有一个晋升机会与培训机会,你将如何选择?""你在以往的工作经历中,你认为你最成功的地方是什么?"等。

(4)举例提问。这是面试的一项核心技巧。当应聘者回答有关问题时,主考官让其举例说明,引导应聘者回答解决某一问题或完成某项任务所采取的方法和措施,以此鉴别应聘者所谈问题的真假,了解应聘者实际上解决问题的能力,如"请你举例说明你对员工的管理的成功之处"等。

(5)客观评价提问。这是主考官有意让应聘者介绍自己的情况,客观地对自己的优缺点进行评价,或对曾在主考官身上发生的某些事情进行评价,以此引导应聘者毫无戒备地回答有关敏感问题，借此对应聘者进行更加深刻的了解，如“世上没有十全十美的人，比如说，我在处理突发事件时就易冲动，今后有待于进一步改进。你觉得你在哪些方面需要改进？”等。

### （三）影响面试有效性的因素

在面试过程中会遇到一些常见错误，有些错误是面试组织的技术性问题，有些是面试者无意识的知觉偏差，这都会影响面试的有效性。

1. 主观偏见

面试者根据职务要求和求职者信息，形成初步印象时容易出现的偏差有：面试者不清楚职务/工作要求和任职员工应具备的资格，即未获得或缺乏求职者信息；面试者对于求职心存偏见、光环效应等心理障碍来进行面试。针对这些问题，解决方法是面试者要清楚了解职务说明书和职务所要求的员工类型与资格等完整性、系统性信息；要求面试者学会承认、克服偏见；正确诠释求职申请表中的有用信息，并注意在面试中证实；要保持一种开放的心态。

2. 随意性

在面对面地向求职者提问题时可能出现的问题有：提出一些与工作无关的“错误的”问题，如违法的、歧视性的问题；几位面试者重复提问同一个问题，而忽视其他重要问题；随意地面试。为此面试者应预先预备一套与聘任职务有关的问题，并确保每一个问题在面试中都能够问到；面试者事先要有分工，分别提不同的问题；要减少随意性。

3. 忽视双向沟通

提问题不利于被试者回答，不利于信息的揭示，面试官只处于支配地位，而忽视双向沟通。面试者在面试过程中要学会当听众，重要问题让求职者表述清楚。

4. 片面性

面试者处理和诠释所获的求职者信息时对于求职者的信息急于得出判断性结论。如求职者说与原来的主管合不来，就认为该人不服从领导，不能全面、综合、整体性地分析，片面强调某一个选择因素。

为了避免这种偏差，面试者要加强探查力度，即可以对求职者的回答深入了解其背景与原因或多问几个“为什么”;注意求职者回答过程中的不一致之处,并进一步了解清楚。此外,要科学设计综合性选择测试标准与指标系统,保持面试程序、内容的公正性,避免仓促决策和有偏见地搜寻信息;要面试一人,评价一人,防止遗忘;做好面试笔录;要有多位面试者参与决策,最后再综合比较。

5. 知觉偏差

面试者在面试时会不自觉受到些知觉偏差的影响,如:(1)对比效应。当面试者用前一位应聘者的素质来评定目前应聘者时,会产生对比效应,有可能做出不客观的评价。(2)性别差异。面试者对于某项工作与性别之间的关系有偏差的看法,会影响不同性别应聘者的面试结果。(3)刻板效应,即把人定型化,认为所有属于某一性别、种族或背景的人,都有相似的外貌、思想、感情和做法。(4)晕轮效应。因应征者的某些长处(或短处)而对他做出整体的有利(或不利)的评价。(5)容貌效应。面试者应避免歧视外貌不吸引人的应聘者。(6)预早决定。面试者如在面试进行前期已做出决定,应聘者往后的面试表现,不再被面试官重视。

## 二、心理测试

### (一)能力测试

心理学认为能力是一种内在的心理品质,是完成某种活动,解决某个问题所必须具备的条件。在现实生活中,人们常常把知识、技能与能力相混淆。实际上,它们有着明确的区别。知识是人们在大脑中储存的信息,技能是人们掌握的动作方式,而能力则是人们在活动中体现出来的内在心理品质。知识、技能相对具体和外显,而能力则相对抽象、核心。能力更能表明未来学习某一知识或技能时可能达到的水平,也就是所谓的“潜力”,在心理学中也称为“性向”,它是一种能力倾向。能力测试是人才选拔的内容之一。能力测试又包括以下内容:

1. 一般能力测试

一般能力测试即通常所说的智力测试,是最早运用于人员选拔的测试技术,至今,招聘过程中智力测试仍作为测评的基本工具。在智力测验中,用“智商”来表明一个人智力水平的高低。韦克斯勒智力量表和瑞文标准推理测验是世界上最有影响力和应用最为广泛的智力测验。智力测试对人员的知觉能力、知觉速度、记忆能力、判断理解能力、空间知觉能力、数学推理能力、逻辑思维和抽象概括能力等方面进行综合评价。

2. 能力倾向测试

一般智力测试评价的是个体能力的综合水平,但实际上不同种类的工作需要不同的能力,有些能力倾向只在特定的工作中才需要。一般来说,各种工作都需要一定的能力组合,比如会计人员需要较好的数量关系理解能力、综合分析能力。能力倾向考查的是被试者是否具备某一特定工作所必须具备的能力,考查在与工作相匹配的各种不同能力上得分如何,清楚了解一个人在职位所需要的关键能力上的水平。美国劳工部曾花数十年的时间,编制了《一般能力倾向成套测评》。该测评工具主要测定九种职业能力倾向:一般智力、语言能力、数理能力、书写知觉、空间判断力、形状知觉、运动协调、手指灵巧度、手腕灵巧度。该测评同时分析了 13 个职业领域 40 种职业的能力倾向模式,它既可作为职业指导的依据,也可帮助做出人员选拔决策。目前,该测评工具已有中文版,并已得到应用,效果良好。

针对不同的职业领域的能力倾向测评,用于人员的选择、配置与职业设计。能力倾向测试更具针对性,往往运用得更为普遍。

3. 特殊能力测试

指对于其他人不具备而只有某些人所具有的能力的测试。如:某一感觉特别敏锐、力量特别大、擅长精细操作、数学能力强、美术或音乐能力很好等。测评特殊职业能力的目的在于:测量已具备工作经验或受过相关培训的人员在某些职业领域中的熟练水平;选择具有从事某项职业的特殊潜能、只需很少或不需特殊培训就能从事某种职业的特殊人才。

4. 心理运动机能测评

心理运动机能主要包括两大类:一是心理运动能力,如选择反应时间、肢体运动速度、四肢协调、手指灵巧、手臂稳定、速度控制等。二是身体能力,包括动态强度、爆发力、广度灵活性、动态灵活性、身体协调性与平衡性等。在人员选择中,对这部分能力的测评一方面可通过体检进行,另一方面可借助于各种测评仪器或工具进行。

（二）个性测试

从心理学的角度分析,个性是指不同于认知能力的人的其他心理成分,通常包括情感、动机、态度、性格、兴趣、品德、价值观等。心理测试可以简单分为两大类:一类是认知测试,包括智力、能力倾向、知识和技能等的测试;另一类是个性测试,包括认知测试之外的各种测试。

1. 个性测试的主要方法

(1)自陈式量表法。自陈式量表是个性测量最常用的方法。自陈式量表的题目一般是关于个性特征的具体行为和态度的描述,被试者需要提供的回答是封闭式的,即只需从给定的选项中做出选择。所谓自陈,是指让被测者自己提供关于自己个性特征的报告,这些问卷将主观式的自我报告进行客观化和标准化,使其易于评分。卡特尔 16 种个性特征问卷就是由美国伊利诺伊州立大学卡特尔教授于 1963 年发明的典型的自陈式个性测评工具。此工具 20 世纪 80 年代初已引入我国。卡氏的“16PF 手册”中甚至列有中国经理们的常模,但只,依据海外华人的数据,于中国本土未尽可信。该测评主要测定的是人的个性中 16 种主要特征。该测评由 187 个问题组成,最后可得出个人的个性特征剖面图,还可进一步分析个人的心理健康、专业有无成就、创造力、成长能力等状况。

(2)投射法。这类测评方法可以探知个体内在、隐蔽的行为或潜意识的深层态度、冲动和动机。由于采用图片测评,避免了文字测评中常有的社会赞许反应倾向性,即不说真心话而投射测评者所好。在人员选拔上,往往用投射测评来了解应聘者的成就动机、态度等。

投射测评法所依据的原理是,人的一些基本性的个性特征与倾向性,是深藏于意识的底层、处于潜意识状态下的,他自己并未明确认识到它们。当把某一个意义含混、可作多种解释的物件,如一件实物,更多是一张图或照片,突然出示给被测评者看,并不容他细加思索推敲,而让他很快地说出对该物体的认识和解释时,由于被测者猝不及防,又无暇深思,就会把自己内心深处的心理倾向“投射”到对那物体的解释上去，难以做出掩饰，因而较为可信。常用的投射测评法有：

①罗夏赫墨迹测评。罗夏赫墨迹测评是一种最典型的投射测评。该测评的工具是一套(10~30张)墨迹图——状如一滴墨水滴落在白纸上，向四方渗扩，干燥后形成的，墨迹的轮廓无确定意义。这些图片在被测评者面前出现的次序是有规定的。测评人员每出示一张图片，就要问被测评者“这看上去像什么？这可能是什么？”“人们在这张图片中能看到许多事物，现在请你告诉我，你看出了什么？你以为这可能是什么？这使你想到什么？”测评人员必须记录被测评者的每条反应语句、每张图片从出现到开始第一个反应的时间、各反应之间的时间间隔、对每张图片反应所共需时间、其他行为与动作。反应时间之所以重要，是因为它可以判断情绪受某种刺激而发生的抵触或阻滞。用10张图片测评完毕后，可再向被测评者询问墨迹中哪些部分使他产生反应，并让被测评者澄清或增补其原始反应。

②主题统觉测评。主题统觉测评(简称TAT)是一种常用的素质及心理特征测评的投射测评。“统觉”是一个心理学术语，指当前事物引起的心理活动与已有的知识经验相联系、融合，从而更明显地理解事物意义的现象。主题统觉测评就是向被测评者提供一个意义含混的投射物，引导被测评者的心理活动，通过对这些心理活动的分析来发现和确定被测评者的个性。最著名而被广泛使用的是美国学者麦克里兰所开发的一套图片或照片(至少6张，多可到10余张)，用来测评备选管理者追求成就、情谊和权力三方面动机(需要)的强度。测评时，给被测评者逐一观看那些图片，每张图片只允许观看8—10秒钟，并要求被测评者在短期内当场根据这张图片编写出一个短故事。被测评者的描述应该包括：在这张图片中发生了什么事情、什么东西导致图中的景象、将要发生什么事情等。对所编的故事进行评分，要考虑几个方面：图画中被测评者认为的主角人物、故事如何反映被测评者的某些需求与关切的事物、什么因素有助于或有碍于被测评者满足这些个人需求。

③句子完成式量表。另一种测评管理者的投射式测评方法是句子完成式量表。如美国学者迈纳设计的这类工具，每套量表包含40条句根，被测者需在

规定的较短时间内将这些句根逐一续写成一个完整的句子,据此以评测他们在管理、创业等方面动机的强弱。

④笔迹学测评。近年来有心理学家用笔迹来测评人的心理。据说在欧洲有 70%的企业应用了此法。笔迹学测评法是以书写字迹分析为基础来判断应试者个性,预测其未来业绩的一种方法。笔迹学家一般需要应试者提供至少一整页一气呵成的字迹,最好是用钢笔或圆珠笔写在未画线的纸上。字迹的内容并不重要,但一般不希望应试者照抄一段文字,因为这样会影响书写速度。接下来要遵循一套严格的规定测定字迹的大小、斜度、页面安排、字体宽度及书写力度。这些测量的结果即可转译为对书写者个性的说明。如书写力度反映了书写者的精力是否旺盛。再如,字体大小也可反映人的个性:字体巨大表明此人自信心很强,喜欢冒险,个性强,为人公正无私,光明磊落,做事积极且大刀阔斧;字体细小则表明此人缺乏信心,做事谨慎,思考细致,警觉性强,忍耐力强,观察力强,但气量狭小,有时贪图小利;字体不大不小,说明此人适应能力强,遇事能随机应变,待人接物举止大方,但有时做事容易反悔;字体大小不一,则此人喜怒易形于色,甚至喜怒无常,头脑灵活,但缺乏自制力,情感的变化好像一根绳子,中间常会打结,有时候自己会自寻烦恼。

2. 常见的心理特质测评

在人员选拔过程中,进行个性测评时,常常选择特定的方法测试其个性的某个方面,再综合考虑其他方面的测试结果,以确定被测者是否符合应聘职务的要求。常见的心理特质测评有以下几种:

(1)价值观测评。评价工作价值观对人员选拔有十分重要的意义。有些职业或空缺岗位与求职者的工作价值观并不相符,对此,用人单位必须慎重考虑。一些求职者由于某些特殊原因去应聘与其工作价值观完全不符的职业或职位,他们对所求的职业或职位可能并不满意,这不仅降低其工作的热情与积极性,而且还会直接影响其工作绩效,甚至影响到组织的效率。测评内容也可包括道德方面,如诚实、质量和服务意识等价值观。通过价值观测评,可以深入了解应聘者的价值取向,作为选拔录用的一种补充性依据。

(2)职业兴趣测评。职业兴趣提示了人们想做什么和喜欢做什么。如果当前所从事的工作或欲从事的工作与其兴趣不符合，就无法保证他会尽职尽责、全力以赴地去完成本职工作。在这种情况下，不是工作本身，而更可能是高薪或社会地位促使人们从事自己并不热衷的职业。如果能根据应聘者的职业兴趣进行人职合理匹配，可最大限度地发挥人的潜力，保证工作的圆满完成。

美国著名的职业指导专家、心理学教授约翰·霍兰德于1959年提出了具有广泛社会影响的职业兴趣理论。认为人的人格类型、兴趣与职业密切相关，兴趣是人们活动的巨大动力，凡是具有职业兴趣的职业，都可以提高人们的积极性，促使人们积极地、愉快地从事该职业，且职业兴趣与人格之间存在很高的相关性。霍兰德认为，人格可分为现实型、研究型、艺术型、社会型、企业型和常规型六种类型，并开发出职业兴趣的评价量表，为职业规划与设计提供有力工具。

(3)动机测试。动机测试更多用在选拔管理者上。人的行为动机中，有些是短暂而易满足和易消逝的，如饮食、睡眠等；但有些则较持久而稳定并具有特定的目标导向性。这类较深层而基本的动机潜伏于人的心灵深处，不易改变。与管理及绩效关联较大的动机有三：一是成就动机，就是要尽力做出成就与事业，发挥个人潜能；二是情谊动机，即要交友合群，追求友谊与温暖；三是权力动机，即乐于影响、支配与控制别人。一个人在这三方面可有不同的强度组合。据认为，成功的企业家必须有强烈的成就动机，但权力动机也颇必要，不想管别人便当不好领导。

(4)认知风格测试。认知风格也称为决策风格或解决问题风格。决策或解决问题的过程包括收集信息与分析处理信息两部分，人们在这两部分上分别会有不同的风格类型。

在收集信息方面，可分为两种极端的典型风格：一种是感觉型。这种人作风务实，耐心细致，重视信息的具体细节与数据，对此颇具耐心，但往往只见树木，不见森林，缺乏远见与全局观点。另一种是直觉型。与感觉型的人恰恰相反，直觉型的人讨厌和忽略细节，对信息总是着眼于概貌，先建立总的认识，喜动脑，有创见，重理性，但偏于研究事情的可行性而忽视具体实行，幻想多而务实不足。在处理信息方面，则可分为另两种对立的典型风格：一种是感情型。

这种人不愿伤害别人感情,富同情,多关心,处理问题时易掺入感情因素。另一种是思维型。这种人冷静客观,重理性,讲原则,少顾忌,不徇情,但有时不免僵化偏激,而且想得多,做得少。

这两种信息收集风格与两种信息处理风格是相互独立的,并无固定搭配,它们两两组合,便形成四种典型的认知(或处理问题)风格,即感觉—感情型、感觉—思维型、直觉—感情型与直觉—思维型。然而,绝大多数人都属某种居中的混合风格。从管理效能看,不能说某种典型风格在任何情况下总是最有效,都须做具体分析。

(5)诚信测试。培养组织的持续竞争力是现代人力资源管理的核心任务,而健康的组织文化建设与管理是完成这一核心任务的重要手段。但是一个诚信上有问题的员工很难融入健康的组织文化中,而且常常会阻碍组织文化建设的正常进行。诚信测试不是组织招聘人才的充分条件,但是必要条件,即诚信的人未必被选中,但所选的人必须是诚信的人。

纸笔测试法是一种常用的诚信测试方法。纸笔诚信测试分为两类:公开测试和隐蔽测试。公开测试主要直接测量一些违法违纪的不诚信行为,它通常要求受测者做出关于不诚信行为的自我报告。隐蔽测试则是一种间接的测试,它通过人格测试来间接发现不诚信行为的倾向。

## 三、评价中心技术

评价中心技术是一种综合性的人员测评方法,运用评价中心技术除了要使用面试、能力测试、个性测试等心理测评方法外,评价中心技术最突出的特点是使用情景性的测评方法对被测者的特定行为进行观察和评价。这种方法通常将被测者置于一个模拟的工作情景中,采用多种评价技术,有多个评价者观察评价被测者在这种模拟工作情景中的行为表现,因此,这种方法也被称为情景模拟法。评价中心技术不但能像其他测评方法那样从个体的角度进行评价,还能够从群体活动中对个体的行为进行评价。评价中心技术不仅用于人员选拔,还可用于培训和职业生涯规划等工作中。评价中心技术的情景式测试方法主要有以下几种:

### (一)公文筐测试

这也称公文处理模拟法。这是已被多年实践充实完善并被证明是很有效的管理人员测评方法。该法是向每一被测者发一套文件,其中第一页是引导语,介绍被测评者现在被委派扮演的角色——企业某职位上的管理人员,并介绍此人的个人背景与企业的情况。然后告诉他,现在因某种特殊的紧急情况,他突然被匆匆地提升到某个上一级的、本由他上司占据的职位上。又由于某种条件的限制(例如,他必须马上出差去赴某一早已约定的会晤等),他必须在给定的时间内(通常是半小时或一小时),处理好本应由他前任(即他原上级)处理但未处理而留下来的文件。这情景虽是虚构的,却需详细而逼真,使人不会有“这是在演戏”的感觉。文件有 15 至 25 份,包括下级呈来的报告、请示、计划、预算,同级部门的备忘录,上级的指示、批复、规定、政策,外界用户、供应商、银行、政府有关部门乃至所在社区的函电、传真、电话记录,甚至还有群众检举或投诉信,等等。总之,包括该岗位上的管理人员在真实工作环境下可能会碰到和处理的各种文件。要求每位被测评者要“进入角色”,站在所指派角色立场,按照自己原有的知识、经验、信念等个性特征,以圈阅、批示,草拟函电要点、提纲,起草备忘录、指示,安排会议及接见的日程、内容、参加者等形式,去处理这些文件。

处理结果将由测评组按既定的考评维度与标准进行考评。考评通常不是定性式地给予评语,而是就考评维度逐一定量地评分(常用五分制)。最常见的考评维度有七个,即个人自信心、组织领导能力、计划安排能力、书面表达能力、分析决策能力、敢担风险倾向与信息敏感性,也可按具体情况增删,如加上创造思维能力、工作方法的合理性等。总的说来,是评估被评者在拟予提升岗位上独立工作的胜任能力及发展的潜力与素质。

这种方法是较科学的,因为情景十分接近真实的现场工作环境;对每个被测者也都是公平的,因为所有被测者都面对同样的标准化情景。但在设计文件时,除真实具体外,还应注意与测评的各维度相联系,并考虑评分的可操作性。此法若与下列两法结合,则更能收到取长补短、相得益彰之效。

### （二）无领导小组讨论法

所谓“无领导”，是指不确定主持讨论的组长，也不布置议题与议程，更不提要求，但要发给一个简短案例，即介绍一种管理情景，其中隐含着一个或数个待决策和处理的问题，以引导小组展开讨论，根据每人在讨论中的表现及所起作用，测评者（实际上也是教练员）沿既定测评维度予以评分。这些维度通常是，主动性、宣传鼓励与说服力、口头沟通能力、组织能力、人际协调团结能力、精力、自信、出点子与创新力、心理压力、耐受力等。应注意的是，这些素质和能力是通过被评者在讨论中所扮演的角色（如主动发起者、组织指挥者、鼓动者、协调者等）的行为来表现的。

小组通常由4~6人组成，引入一间只有一些桌椅的小空房中。即使出现冷场、僵局、争吵，测评者也不出面干预，令其自发进行。测评是依据闭路电视或录像进行的。测评者随时记录下所观察到的应注意的事项，以便评分时有事实依据。最后测评组开会，彼此交流记录与看法，经过讨论协商后得出集体评分与鉴定结论。

### （三）角色扮演法

角色扮演法就是要求被试者扮演一个特定的角色来处理日常的事务，以此来观察被试者的多种表现，了解其心理素质和潜在能力。例如，要求被试者扮演一个高级管理人员，由他来向下级做指示；或者扮演一名销售人员，向零售商推销产品；或者扮演一名车间主任，请他在车间里直接指挥生产。在测评中要强调了解被试者的心理素质，而不要根据他临时的工作意见做出评价。有时可以由主考官主动给被试者施加压力，如工作时不合作，或故意破坏，以了解该被试者的各种心理活动以及反映出来的个性特点。

### （四）即席发言法

即席发言法是主考官给被试者出一个题目，让被试者稍作准备后按题目要求进行发言，以便了解被试者快速思维反应能力、理解能力、思维的创意性和发散性、语言的表达能力、言谈举止、风度气质等方面的心理素质。即席发言的题目往往是做一次动员报告、开一次新闻发布会、在员工联欢会上的祝词等。在即席发言前应向被试者提供有关的背景材料。

(五)案例分析法

从被测者所做的一个或数个管理案例的分析中,可以判断他们的分析、决策、书面或口头表达等方面的能力。

## 四、背景调查与录用

### (一)背景调查

背景调查是指组织通过从外部求职者提供的证明人或以前工作的单位那里搜集资料,来核实求职者的个人资料的行为,是一种能直接证明求职者情况的有效方法。通过背景调查,可以证实求职者的教育和工作经历、个人品质、交往能力、工作能力等信息。

在目前我国人才流动性大,个人档案、信用体系尚不健全的情况下,背景调查十分重要,在人员选拔的过程中应该配合个人材料和综合测试,对人员背景做详尽调查。

1. 背景调查的程序与方法

用人单位应先对外部求职者进行初步筛选,只针对那些有望被录用的求职者进行调查。根据我国的实际情况,背景调查可以按如下方式进行:

(1)用人单位应该首先根据单位的规模、实力决定背景调查的强度,另外,不同的职位对背景调查的要求是不同的,背景调查的强度也取决于招聘岗位本身的职责水平。对于管理人员、重要的职能及关键岗位的聘用要进行准确、详细的调查,对于外籍和"海归"求职者应该预先调查,因为他们的工作和学习记录更难得到,花费也较高。

(2)通过工作分析确定调查内容。对不同工作岗位要根据其性质确定调查重点,比如,招聘财务人员就要重点核查背景情况和品质。背景调查的一般内容有:工作证明,以前工作的地点,任职的时间、头衔、薪资水平、教育背景,等等。对上述内容可以在背景调查表中要求求职者提供若干证明人名单以供核实。

(3)在确定了调查的内容后,可采用以下方法进行核实:

①设法取得证明人的合作,到求职者原工作或学习单位核实。被调查的原单位可能会有不同的反应:有的可能会拒绝提供任何情况;有的则可能仅提供

基本信息,如工作起止时间、所从事的职务等,而对诸如人品、表现等问题避而不答;还有的因不想让员工失去新的工作机会或出于个人感情或怕得罪人而对前员工大肆吹捧。这就要求调查者通过感情交流,与证明人建立起融洽的关系,打消他们的戒备和疑虑。

②由有关人员写推荐信,从求职材料所提供的与求职者熟悉的那些人那里获取信息。但研究表明,这种方法所得出的结果对求职者未来的工作业绩的预测效果是很差的,原因是大多数推荐或证明材料是积极的,因而很难利用它们对求职者进行区分。写推荐信的人通常都是求职者自己选定的,这就不排除他们选择自己熟悉或对自己评价较高的人来写推荐信。而写推荐信的人往往不知道阅读的对象,担心给自己带来麻烦,因此往往满篇溢美之词。

③通过全国高等教育文凭查询网,对求职者的学历进行检验。我国已经对近年来颁发的高等教育毕业文凭进行了电子注册,加大了用假者的风险和成本,对抑制学历造假行为起到了一定的作用。用人单位可以通过网络方便地检验出学历的真伪。对没有上网的文凭,可以通过与高等学校有关部门联系来证实。

2. 进行背景调查应该注意的事项

(1)限定要调查问题的范围,主要针对与求职者工作情况有关的方面进行调查,而无关的特别是涉及个人隐私的问题,要坚决避免。另外,要做好书面记录,以作为是否录用该员工的依据。

(2)在进行背景调查前,应先以书面形式征得被调查员工的同意,这项工作可以在求职者填写求职申请表时进行,在申请表中设计好这一栏。

(3)应该优先选取求职者的前上司或同事进行调查,由于这些人跟求职者有最多的工作接触,对求职者的品行、能力、工作态度有更深刻的了解。

(4)通过背景调查可以得到关于求职者的各种情况,这些情况既有客观情况,也会有诸如关于被调查者的性格等主观性较强的内容。由于有些调查结果的主观性较强,在决定是否录用时,要慎用这些调查结果。要尽可能使用事实来进行决策。

(5)背景调查要和人员测评结合使用。背景调查并不是万能的,错误和失真有时难以避免。但如果将背景调查同其他甄别手段相结合,就会大大提高选择的正确性。

### (二)录用过程

1. 人员录用过程

人员录用过程主要包括试用合同的签订、员工的初始安排、试用、正式录用等环节。

(1)试用合同的签订。员工进入组织前,要与组织签订试用合同。员工试用合同是对员工与组织双方的约束与保障。试用合同应包括以下主要内容:试用的职位、试用的期限、员工在试用期的报酬与福利、员工在试用期应接受的培训、员工在试用期的工作绩效目标与应承担的义务和责任、员工在试用期应享受的权利、员工转正的条件、试用期组织解聘员工的条件与承担的义务和责任、员工辞职的条件与义务、员工试用期被延长的条件等。

(2)员工的安排与试用。员工进入组织后,组织要为其安排合适的职位。一般来说,员工的职位均是按照招聘的要求和应聘者的应聘意愿来安排的。人员安排即人员试用的开始。试用是对员工的能力与潜力、个人品质与心理素质的进一步考核。

(3)正式录用。员工的正式录用即通常所称的"转正",是指试用期满且试用合格的员工正式成为该组织的成员的过程。员工能否被正式录用关键在于试用部门对其考核结果如何,组织对试用员工应坚持公平、择优的原则进行录用。

正式录用过程中用人部门与人力资源部门应完成以下主要工作:员工试用期的考核鉴定;根据考核情况进行正式录用决策;与员工签订正式的雇用合同;给员工提供相应的待遇;制订员工发展计划;为员工提供必要的帮助与咨询等。

2. 录用中的特殊问题与处理

录用中的特殊问题主要有优秀人才的吸引、对应聘者的通知、新员工录用面谈和拒聘的处理等几种情况。

(1)优秀人才的吸引。优秀人才的吸引包括两个方面:一是在整个招聘前期吸引尽量多的优质应聘者加入筛选队伍,二是在录用时应吸引优秀人才决定加盟企业。吸引优秀人才,可以从以下几个方面采取措施:让优秀的应聘者尽可能多地了解企业的信息;在优秀的应聘者和企业之间寻找共同点;提前拟定企业给应聘者的薪酬待遇,尤其是对重要的职位,并与应聘者讨论所要承担的工作;如果在录用阶段判定某应聘者较为优秀而又在某些方面还存有疑惑,就要在决策之前对疑惑点进行调查研究;吸引优秀的应聘者必须行动迅速,不能让应聘者等待过久;录用之后要让应聘者感觉到对他的尊重。

(2)对应聘者的通知。对应聘者的通知有两类:一是录用通知,二是辞谢通知。录用通知应及时送出,在录用通知书中,应欢迎新员工加入企业,并说明报到的起止时间、报到的地点以及报到的程序等内容,在附录中详细讲述如何抵达报到地点和其他应该说明的信息。录用通知还要让被录用的人员了解他们的到来对企业发展的重要意义。

许多企业都忽视了辞谢的程序。周到的辞谢方式除了可树立良好的企业形象,还可能对今后的招聘产生有利的影响。因此,应该用同样礼貌的方式通知未被录用的人员,可以通过电话用委婉的语言通知对方,也可以用信函的方法告知对方,但切忌用明信片的形式。

(3)新员工录用面谈。录用面谈可以加强组织对新员工的进一步了解,同时加强新员工对组织的了解,为新晋升的老员工排除由于岗位变动带来的新矛盾。普通员工的录用面谈可由人力资源部执行,管理人员的面谈可由未来的直接上级或人力资源专家来执行。面谈的地点可以在面谈主动方的办公室,也可以在休闲场所。录用面谈一定要在相当轻松的氛围中进行,面谈的主动方要表现出大度和风范来,要同时作为师长、领导、同事等多元角色坦率地说出自己的想法,耐心地解答被录用者提出的问题。

(4)拒聘的处理。尽管做过努力,组织还是会经常遇到接到录用通知的人员不来就职的情况。如果拒聘的人员是组织所需要的优秀人才,则组织的人力资源管理部门甚至最高层主管应主动与之取得联系,采取积极争取的态度。如果组织被较多应聘者拒聘,就应该反思招聘过程可能存在的问题和障碍,从对拒聘的调查中获得一些对未来招聘有用的信息。

3. 任前引导与配置

任前/岗前引导(Employee Orientation,简称EO),是指为新员工提供有利于其胜任本职工作所必需的有关组织的各种信息的过程,其实质是一种员工同化教育过程。它包括三部分:

一是传达信息,包括:(1)使新员工感受到受尊重。这当然首先是以各种形式表示的对新员工的欢迎,如专人接待迎接,标语、墙报、内部通讯小报等欢迎形式所营造的气氛,都显示了对迎接新员工的重视。新员工工作地点的欢迎卡片、主管上司或他委托的一位资深员工陪同引领参观并共进工作餐等,都属于这类性质。对新员工报到后的祝贺,也表示了对他们的重视。如果新员工到来无人过问,或随便让一个一般员工引领到工作地点便撒手不管,会使新员工觉得受到冷落,感到自己在此组织中无足轻重,自然会对此组织产生疏离感。(2)对组织与工作的介绍。首先应予介绍的是组织文化,即组织的总体目标、使命、管理哲学和价值观,不仅因为它们是组织一切构成因素的核心,而且对它们的理解与接受程度,还是员工组织归属感的基础。组织的创业与发展史介绍也属于这一范畴。此后才进入组织概况的介绍,如组织结构系统、主要产品(或服务)、市场、专有技术与优势等。导向活动的内容丰富,涵盖面广,所以应有轻重缓急的安排与选择,不必急于在岗前导向中全面填塞,像工作规范、生活设施、安全规则、办事习惯等这类不了解就无法着手工作的内容,以及新员工最关心的如奖酬待遇、考勤休假、调动晋升等人力资源政策等内容,应预先做安排;工作部门的业务政策、管理规则、部门间工作关系、请示汇报渠道、设施性能与使用方法、专业业务知识与技能,则可稍后安排,留待在岗位上由主管上司或同事传达介绍。(3)发展前途与成功机会的介绍。新员工上班首日,主管上级便应予做安排,向他授予其职务说明的书面材料,并做口头补充说明,还需当面讨论,听取新员工的意见,解答他的问题,力求建立共识。在确信新员工对其职责已经理解并接受后,还应在上岗初期亲自或指派资深下级对新员工进行辅导与考绩,及时给予讲评,肯定其进步与成绩,指出其不足并给出克服与改进的方法。

二是实施社会化过程,即向新员工灌输组织文化,使新员工与组织的价值观、规范、行为模式、对员工的期望尽快地达成一致,使新员工的个人目标与组织目标达到一致,培养新员工的献身精神和忠诚感。同时,使新员工及时克服“现实冲突”,即有效地消除新员工对新职务/工作的期望与工作实际状况之间的差异。

三是安置合适的、带有实习性的第一个新工作任务,即初期工作安置。其关键是:(1)该工作的特点。该工作的挑战和责任越多,新员工在组织中获得成功的可能性越大。该工作经验的性质,即挑战性的工作经历会使员工感受到组织的信任和对于自己的价值的重视,从而激发积极性、创造力、忠诚感,产生组织归属感,从思想、感情及心理上产生认同、依附、参与和投入。从本质上来说,员工的组织归属感主要是他们对自己工作单位的一种态度、一种心理取向。(2)第一位管理者。新员工工作部门的直接主管上级在他们的导向活动中起着更重要的作用。因为这些主管对新员工的职位及其权责最了解,最熟悉他们的业务性质与工作、生活规范(如作息制度、安全及保密规定、设备操作规程、消耗品领用手续等);新员工最注意他们的顶头上司的一言一行,觉得他们的一举一动都具有暗示性。与好的管理者相处的经历利于树立正确的价值观、规则、态度、行为方式,对这些主管来说,新来者只是其手下众多员工中的一个;但对新员工来说,主管是他进入此单位接触的第一位领导。(3)组织处理成功与失败的方式(如鼓励成功、允许失败)等。它对于新员工未来成功具有深远的影响。

EO 是人力资源管理的一项活动,是员工配置过程中的一个环节,并与社会化过程发生交叉互动作用。社会化过程主要提供有关行为准则和组织文化方面的信息,使员工能够发挥更大的效能。新员工的 EO 和社会化的主要目的包括:减少试用成本;减少新员工的紧张与焦虑;减少员工流动率;节省监督人员和同事的工作时间。

## 案例分析

### 宝洁公司的校园招聘

宝洁公司完善的选拔制度得到商界人士的肯定。在 2003 年中华英才网

“英才大学生心目中最佳雇主组织”评选活动中,宝洁名列综合排名的第一位和快速消费品行业的第一位。

我们考察宝洁所取得的成就时,肯定不能忘记的是宝洁独特的人力资源开发与管理战略。其中,尤其值得称道的是宝洁的校园招聘。曾经有一位宝洁的员工这样形容宝洁的校园招聘:“由于宝洁的招聘实在做得太好,即便在求职这个对学生比较困难的关口,自己第一次感觉自己被人当作人来看,就是在这种感觉的驱使下我应该说是有些带着理想主义来到了宝洁。”

### (一)宝洁的校园招聘程序

1. 前期的广告宣传

派送招聘手册,招聘手册基本覆盖所有的应届毕业生,以达到吸引应届毕业生参加其校园招聘会的目的。

2. 邀请大学生参加其校园招聘介绍会

宝洁的校园招聘介绍会程序一般如下:校领导讲话,播放招聘专题片,宝洁公司招聘负责人详细介绍公司情况,招聘负责人答学生问,发放宝洁招聘介绍会介绍材料。

宝洁公司会请公司有关部门的副总监以上高级经理以及那些具有校友身份的公司员工来参加校园招聘会。通过双方面对面的直接沟通和介绍,向同学们展示组织的业务发展情况及其独特的组织文化、良好的薪酬福利待遇,并为应聘者勾画出新员工的职业发展前景。通过播放公司招聘专题片,公司高级经理的有关介绍及具有感召力的校友亲身感受介绍,应聘学生在短时间内对宝洁公司可以有较为深入的了解和更多的信心。

3. 网上申请

从2002年开始,宝洁将原来的填写邮寄申请表改为网上申请。毕业生通过访问宝洁中国的网站,点击“网上申请”来填写自传式申请表及回答相关问题。这实际上是宝洁的一次筛选考试。

宝洁的自传式申请表是由宝洁总部设计的,全球通用。宝洁在中国使用自传式申请表之前,先在中国宝洁的员工中及中国高校中分别调查取样,汇合全球同类问卷调查的结果,从而确定了可以通过申请表选拔关的最低考核标准。

同时也确保其申请表针对不同文化背景的学生仍然能保持筛选工作的相对有效性。申请表还附加一些开放式问题,供面试的经理参考。

因为每年参加宝洁应聘的同学很多,一般一个学校就有1000多人申请,宝洁不可能直接去和上千名应聘者面谈,而借助于自传式申请表可以帮助其完成高质高效的招聘工作。自传式申请表用电脑扫描来进行自动筛选,一天可以检查上千份申请表。宝洁公司在中国曾做过这样一个测试:在公司的校园招聘过程中,公司让几十名并未通过履历申请表这一关的学生进入下一轮面试,面试经理也被告知"他们都已通过了申请表筛选这关",结果这几十名同学无人通过之后的面试,没有一个被公司录用。

4. 笔试

笔试主要包括三部分:解难能力测试、英文测试、专业技能测试。

(1)解难能力测试。这是宝洁对人才素质考察的最基本的一关。在中国,使用的是宝洁全球通用试题的中文版本。试题分为5个部分,共50小题,限时65分钟,全为选择题,每题5个选项。第一部分:读图题(约12题),第二和第五部分:阅读理解(约15题),第三部分:计算题(约12题),第四部分:读表题(约12题)。整套题主要考核申请者以下素质:自信心(对每个做过的题目有绝对的信心,几乎没有时间检查改正);效率(题多时间少);思维灵活(题目种类繁多,需立即转换思维);承压能力(解题强度较大,65分钟内不可有丝毫松懈);迅速进入状态(考前无读题时间);成功率(凡事可能只有一次机会)。考试结果采用电脑计分,如果没通过就被淘汰了。

(2)英文测试。这个测试主要用于考核母语不是英语的人的英文能力。考试时间为2个小时。45分钟的100道听力题,45分钟的阅读题,以及用1个小时回答3道题,都是要用英文描述以往某个经历或者个人思想的变化。

(3)专业技能测试。专业技能测试并不是申请任何部门的申请者都需经过该项测试,它主要是考核申请公司一些有专业限制的部门的同学。这些部门如研究开发部、信息技术部和财务部等。宝洁公司的研发部门招聘的程序之一是要求应聘者就某些专题进行学术报告,并请公司资深科研人员加以评审,用以考察其专业功底。对于申请公司其他部门的同学,则无须进行该项测试,如市场部、人力资源部等。

5. 面试

宝洁的面试分两轮。第一轮为初试,一位面试经理对一个求职者面试,一般都用中文进行。面试人通常是有一定经验并受过专门面试技能培训的公司部门高级经理。一般这个经理是被面试者所报部门的经理,面试时间在30~45分钟。

通过第一轮面试的学生,宝洁公司将出资请应聘学生来广州宝洁中国公司总部参加第二轮面试,也是最后一轮面试。为了表示宝洁对应聘学生的诚意,除免费往返机票外,面试全过程在广州最好的酒店或宝洁中国总部进行。第二轮面试大约需要60分钟,面试官至少是3人,为确保招聘到的人才真正是用人单位(部门)所需要和经过亲自审核的,复试都是由各部门高层经理来亲自面试。如果面试官是外方经理,宝洁还会提供翻译。

(1)宝洁的面试过程主要可以分为以下四大部分:

第一,相互介绍并创造轻松交流气氛,为面试的实质阶段进行铺垫。

第二,交流信息。这是面试中的核心部分。一般面试人会按照既定8个问题提问,要求每一位应试者能够对他们所提出的问题做出一个实例的分析,而实例必须是在过去亲身经历过的。这8个问题由宝洁公司的高级人力资源专家设计,无论应聘者如实或编造回答,都能反映应聘者某一方面的能力。宝洁希望得到每个问题回答的细节,高度的细节要求让个别应聘者感到不能适应,没有丰富实践经验的应聘者很难很好地回答这些问题。

第三,讨论的问题逐步减少或合适的时间一到,面试就引向结尾。这时面试官会给应聘者一定时间,由应聘者向主考人员提几个自己关心的问题。

第四,面试评价。面试结束后,面试人立即整理记录,根据求职者回答问题的情况及总体印象做评定。

(2)宝洁的面试评价体系。宝洁公司在中国高校招聘采用的面试评价测试方法主要是经历背景面谈法,即根据一些既定考察方面和问题来收集应聘者所提供的事例,从而来考核该应聘者的综合素质和能力。

宝洁的面试由八个核心问题组成:

第一,请你举一个具体的例子,说明你是如何设定一个目标然后达到它。

第二,请举例说明你在一项团队活动中如何采取主动性,并且起到领导者的作用,最终获得你所希望的结果。

第三,请你描述一种情形,在这种情形中你必须去寻找相关的信息,发现关键的问题并且自己决定依照一些步骤来获得期望的结果。

第四,请你举一个例子,说明你是怎样通过事实来履行你对他人的承诺的。

第五,请你举一个例子,说明在完成一项重要任务时,你是怎样和他人进行有效合作的。

第六,请你举一个例子,说明你的一个有创意的建议曾经对一项计划的成功起到了重要的作用。

第七,请你举一个具体的例子,说明你是怎样对你所处的环境进行一个评估,并且能将注意力集中于最重要的事情上以便获得你所期望的结果。

第八,请你举一个具体的例子,说明你是怎样学习一门技术并且怎样将它用于实际工作中。

根据以上几个问题,面试时每一位面试官当场在各自的“面试评估表”上打分。打分分为三等:1~2分(能力不足,不符合职位要求;缺乏技巧、能力及知识);3~5分(普通至超乎一般水准;符合职位要求;技巧、能力及知识水平良好);6~8分(杰出应聘者,超乎职位要求;技巧、能力及知识水平出众)。具体项目评分包括说服力/毅力评分、组织/计划能力评分、群体合作能力评分等项目评分。在“面试评估表”的最后一页有一项“是否推荐栏”,有3个结论供面试官选择:拒绝、待选、接纳。在宝洁公司的招聘体制下,聘用一个人,须经所有面试经理一致通过方可。若是几位面试经理一起面试应聘人,在集体讨论之后,最后的评估多采取一票否决制。任何一位面试官选择了“拒绝”,该生都将从面试程序中被淘汰。

6. 公司发出录用通知书给本人及学校

通常,宝洁公司在校园的招聘时间持续两周左右,而从应聘者参加校园招聘会到最后被通知录用大约需要1个月。

### （二）校园招聘的后续工作

发放录取通知后，宝洁的人力资源部还要确认应聘人被录用与否，并开始办理有关入职、离校手续。除此以外，宝洁校园招聘的后续工作还包括：

1. 招聘后期的沟通

宝洁认为，他们竞争的人才类型大致上是一样的，在物质待遇大致相当的情况下，“感情投资”便是竞争重点了。一旦成为宝洁决定录用的毕业生，人力资源部会专门派一名人力资源部的员工去跟踪服务，定期与录用人保持沟通和联系，把他当成自己的同事来关怀照顾。

2. 招聘效果考核

在公司招聘结束后，公司也会对整个招聘过程进行一些可量化的考核和评估，考核的主要指标包括：是否按要求招聘一定数量的优秀人才；招聘时间是否及时或录用人是否准时上岗；招聘人员素质是否符合标准，即通过所有招聘程序并达到标准；因招聘录用新员工而支付的费用，即每位新员工人均因招聘而引起的费用分摊是否在原计划之内。

### （三）对宝洁公司招聘的评价

1. 宝洁公司招聘的特点

(1) 大多数公司只是指派人力资源部的人去招聘，但在宝洁，是人力资源部配合别的部门去招聘。用人部门亲自来选人，而非人力资源部作为代理来选人才。让用人单位参与到挑选应聘者的过程中去，避免了“不要人的选人，而用人的不参与”的怪圈。

(2) 科学的评估体系。与一般的国内组织不同，宝洁的招聘评估体系趋向全面深入，更为科学和更有针对性。改变了招人看证书，凭印象来判断的表面考核制度，从深层次多方位考核应聘人，以事实为依据来考核应聘者的综合素质和能力。

(3) 富有温情的“招聘后期沟通”，使应聘学生从“良禽择木而栖”的彷徨状态迅速转变为“非他不嫁”的心态，这也是宝洁的过人之处。它扩展了传统意义上的招聘过程，使其不仅限于将合适的人招到公司，而且在招聘过程中迅速地使录取者建立了极强的认同感，使他们更好地融入公司文化。

2. 宝洁公司的招聘中值得商榷的方面

(1)宝洁公司招聘程序多,历时较长,最短也需要一个月左右。普遍来看,在学生有很多选择机会,又有尽快落实用人单位倾向的情况下,用人单位很容易因为决策缓慢而导致一些优秀的人才转投其他用人单位。

(2)宝洁坚持每年只在中国少数几所最著名的大学招聘毕业生,但最著名的学校并不总是宝洁公司最理想的招聘学校。这些学校的毕业生自视颇高,进入公司之前,在签约后出国留学时毁约事件经常发生;在进入公司后,又不愿承担具体烦琐的日常工作。这有碍于他们对基层工作的掌握和管理能力的进步,而且这些员工的流失率相比之下也颇高。

**思考题:**

你能从宝洁公司的校园招聘中得到哪些启发?

# 第五章　绩效管理

## 第一节　绩效管理概述

### 一、绩效的含义

绩效管理是围绕提高绩效所展开的一系列管理活动,所以要理解绩效管理,首先要理解绩效的含义。一般来说,可以从组织、团体和个人三个层面给绩效下定义,层面不同,绩效所包含的内容、影响因素及其测量方法也不同。本章主要是从个体的层面上来讨论绩效的问题。

#### (一)绩效的含义

关于绩效的含义,主要有两种不同的观点:一种观点认为绩效是结果,是工作的成果;另一种观点认为绩效是行为,是为了完成工作目标所展开的一系列相关行为。在绩效管理的具体实践中,工作的成果和工作的行为过程是很难截然分开的,所以要从综合的角度来理解绩效的含义。

所谓绩效,就是指员工在工作过程中所表现出来的与组织目标相关并且能够被评价的工作业绩、工作能力和工作态度,其中,工作业绩是指工作的结果,工作能力和工作态度则是指工作的行为。要理解这个含义,应当把握以下几点:

1. 绩效是基于工作而产生的,与员工的工作过程直接联系在一起,工作之外的行为和结果不属于绩效的范围。

2. 绩效要与组织的目标有关,对组织的目标应当有直接的影响作用,例如,员工的心情就不属于绩效,因为它与组织的目标没有直接的联系。由于组织的目标最终都会体现在各个职位上,因此,与组织目标有关就直接表现为与职位的职责和目标有关。

3. 绩效应当是能够被评价的工作行为和工作结果,那些不能被评价的行为和结果也不属于绩效。例如,员工工作时的专注程度就不能直接作为绩效来使用,因为它很难被评价。

4. 绩效还应当是员工表现出来的工作行为和工作结果,没有表现出来的就不是绩效。这一点和招聘录用时的人力资源测评是有区别的,人力资源测评的重点是可能性,也就是说,要评价员工是否能够做出绩效;而绩效考核的重点则是现实性,就是说,要评价员工是否做出了绩效。

### (二)绩效的特点

一般来说,绩效具有以下三个主要特点:

1. 多因性。多因性指员工的绩效是受多种因素共同影响的,并不是哪一个单一的因素就可以决定的,绩效和影响绩效的因素之间的关系可以用一个公式来表示:

$$P=f(K,A,M,E)$$

在这个关系式中,f 表示一种函数关系;P(performance)是绩效;K(knowledge)是知识,指与工作相关的知识;A(ability)是能力,指员工自身所具备的能力;M(motivation)是激励,指员工在工作过程中所受的激励;E(environment)是环境,指工作的设备、工作的场所等。

2. 多维性。多维性指员工的绩效往往体现在多个方面,工作结果和工作行为都属于绩效的范围。例如,一名操作工人的绩效,除了生产产品的数量、质量外,原材料的消耗、出勤情况、与同事的合作以及纪律的遵守等都是绩效的表现。因此,对员工的绩效必须从多方面进行考察。当然,不同的维度在整体绩效中的重要性是不同的。

3. 变动性。变动性指员工的绩效并不是固定不变的,在主客观条件发生变化的情况下,绩效是会发生变动的。这种变动性就决定了绩效的时限性,绩效往往是针对某一特定的时期而言的。

## 二、绩效管理的含义

绩效管理指制定员工的绩效目标并收集与绩效有关的信息,定期对员工的绩效目标完成情况做出评价和反馈,以改善员工工作绩效并最终提高组织整体绩效的制度化过程。

### (一)绩效管理的内容

绩效管理是由绩效计划、绩效沟通、绩效考核和绩效反馈四个阶段组成的一个循环的过程。

1. 绩效计划。绩效计划就是组织与员工一起共同确定绩效目标,对绩效目标的实现进行讨论并达成一致的阶段。绩效计划是每个绩效管理循环周期的开始。

2. 绩效沟通。就是在实现绩效的过程当中,通过上级和员工之间持续的沟通来预防和解决员工实现绩效时可能发生的各种问题的过程。

3. 绩效考核。绩效考核有时也叫绩效考评、绩效评价,它是绩效管理的一个核心环节,指的是对员工在其工作岗位上的工作行为表现和工作结果方面的信息情况进行收集、分析和评价的阶段。在实践过程中,往往有一种误解,认为绩效考核就是绩效管理。实际上,绩效考核只是绩效管理的一个组成部分,一个必不可少的阶段而已。

4. 绩效反馈。就是在一个绩效管理周期结束时,在上级和员工之间进行绩效考核面谈,由上级将考核结果告诉员工,指出员工在工作中存在的不足,并和员工一起制订绩效改进计划,开始下一个绩效管理周期的阶段。

### (二)绩效管理的目的

由绩效管理的定义可以看出,实施绩效管理的根本目的不是将员工分出优劣等级,更不是为了奖优罚劣,其根本目的是改善员工的工作绩效并最终提高企业的整体绩效。在帮助员工改善绩效的过程当中,上级的角色绝不是警察,在员工出现差错时进行惩罚,而更像是教练,通过观察、沟通和指导等各种方式帮助员工改进绩效。

### (三)绩效管理的责任

绩效管理虽然是人力资源管理的一项重要职能,但这绝不意味着绩效管理就完全是人力资源管理部门的责任,人力资源管理部门只是协助员工的上级管理者进行绩效管理。每个管理者都必须肩负起帮助员工改进绩效并最终提高所在部门的整体绩效的重要责任。只有员工的上级真正了解员工的工作情况,最能发现员工工作过程中存在的问题和不足,真正有资格帮助员工有针对性地改进绩效。而人力资源管理部门只是在绩效管理过程当中,协助做一些例常性的工作,比如按要求制定考核表格、组织考核会议、收集考核信息等。

### (四)绩效管理的实施

为了达成绩效管理的目的,绩效管理的实施应当贯穿管理者的整个管理过程,在某种意义上,管理者的管理工作其实就是一个绩效管理的过程。绩效管理绝不是在绩效周期结束时对员工的绩效做出评价那么简单,而是要体现在管理者的日常工作中,成为一种经常性的工作,绩效评价只是绩效管理过程的一个环节而已。

## 三、绩效管理的意义

绩效管理的根本目的是改善员工的工作绩效并最终提高组织的整体绩效。为了实现这样的目标,绩效管理的结果可广泛应用于多个管理领域,有着非常重要的意义。在实践当中,绩效管理为管理者提供了一个阐明绩效目标与标准以及提高未来个人工作绩效的重要手段。它还为薪酬、晋升、停职、培训、调动及其他行动提供重要依据。

1. 绩效管理有助于提升组织或企业的绩效。绩效管理的根本目的则在于通过改善员工的工作绩效并最终提高组织或企业的整体绩效。组织或企业整体绩效的提高系全体员工在各自岗位上的贡献。绩效管理能够将每个员工的工作统一到组织目标的实现上,并不断牵引成员的业绩提高,从而不断提升组织或企业的绩效。目前在西方发达国家,很多企业纷纷强化员工绩效管理,把它作为增强公司竞争力的重要途径。

2. 绩效管理有助于提高员工的满意度。提高员工的满意度对于组织或企业来说具有重要的意义,而满意度是和员工需要的满足程度联系在一起的。按照马斯洛的需求层次理论，在基本的生活得到保障以后，每个员工都会内在地具有尊重和自我实现的需要，绩效管理则从两个方面满足了这种需要，从而有助于提高员工的满意度。首先，绩效管理通过对员工绩效信息的收集、评价和反馈，帮助员工提高绩效水平，提高工作能力，这可以提高他们的成就感，从而满足自我实现的需要；其次，通过完善的绩效管理，员工不仅可以参与到管理过程，而且还可以得到绩效的反馈信息，这能够使他们感到自己在组织中受到了重视，从而可以满足尊重的需要。

3. 绩效管理有助于实现人力资源管理其他决策的科学合理。绩效管理还可以为人力资源管理的其他职能活动提供准确可靠的信息，从而提高决策的科学化和合理化程度。

## 四、绩效管理与其他人力资源管理职能的关系

作为人力资源管理系统的核心，绩效管理与人力资源管理的其他职能活动之间存在着密切的关系，对其他职能活动的开展有着非常重要的影响。

1. 与人力资源规划的关系。绩效管理对人力资源规划的影响主要表现在人力资源质量的预测方面，借助于绩效管理系统，能够对员工目前的知识和技能水平做出准确的评价，这不仅可以为人力资源供给质量的预测而且还可以为人力资源需求质量的预测提供有效的信息。

2. 与工作分析的关系。对员工考核的内容就意味着组织希望员工在哪些方面努力，也就是说，你考核什么就会得到什么。在绩效管理过程中，考核内容是由员工所在岗位的工作内容决定的。而员工的工作内容很大程度上都是来自工作分析所形成的工作说明书。借助工作说明书来设定员工的绩效目标，可以使绩效管理工作更有针对性，工作分析也就成为绩效管理的基础性工作了。

3. 与招聘的关系。绩效管理可以帮助组织提高招聘的质量，优化招聘渠道。通过对员工的绩效进行评价，能够对不同的招聘方法和招聘渠道做出比较，对招聘方法和招聘渠道进一步优化。同时，招聘录用对绩效管理也有影响，如果招聘录用的质量比较高，员工在实际工作中就会表现出较好的绩效，这样就可以大大减轻绩效管理的负担。

4. 与培训开发的关系。绩效管理与培训开发也是相互影响的。通过对员

工的绩效进行评价,可以发现员工能力、经验甚至态度上还有哪些欠缺,这些欠缺的部分正是培训开发的目标所在;同时,通过针对性的培训开发,也可以提高员工的工作能力,端正员工的工作态度,从而提高其工作绩效。

5. 与薪酬管理的关系。绩效管理对员工工作过程和工作成绩进行了客观评价,薪酬管理是要对员工的贡献给予肯定。只有将绩效管理的客观结果与薪酬管理密切结合,才能体现组织的客观公平性,也才能真正激励员工为组织目标做贡献。

6. 与人员调配的关系。组织进行人员调配的目的就是为了实现员工与职位的相互匹配,通过对员工进行绩效考核,一方面可以发现员工是否适应现有的职位,另一方面也可以发现员工适宜从事哪些职位。

对员工进行绩效考核,还可以减少解雇辞退时的不必要纠纷。在西方发达国家,解雇员工必须给出充分的理由,否则可能引起法律纠纷,而绩效管理就是一种有效的手段,如果某员工的绩效考核结果连续多次都不合格,那么就证明该员工无法胜任这一职位,企业就有足够的理由为其调换岗位甚至解雇他。随着全球化进程不断加快和员工法律意识逐步增强,这个问题应当引起我国组织或企业的高度重视。

## 第二节 绩效管理实施过程

按照绩效的周期,绩效管理可以分为绩效计划、绩效沟通、绩效考核和绩效反馈四个环节。绩效管理的实施过程就是要逐步实现这些内容的过程,该过程可以按照先后顺序分为四个阶段:准备阶段、实施阶段、反馈阶段和运用阶段。在实践当中,这四个阶段并不是严格分离的,而往往是相互影响共同推进的。

### 一、准备阶段

准备阶段是整个绩效管理过程的开始,这一阶段主要是制订绩效计划,确定员工的绩效考核目标、考核周期以及相应的考核方法,为顺利开展绩效管理奠定基础。

## (一)绩效考核目标

绩效考核目标,或者叫作绩效目标,就是组织希望员工达到的工作目标,是对员工在绩效考核期间的工作任务和工作要求所做的界定,这是对于员工进行绩效考核时的参考系,绩效目标由绩效内容和绩效标准组成。

1. 绩效内容。绩效内容界定了员工的工作任务,也就是说员工在绩效考核期间应当做什么样的事情,它包括绩效项目和绩效指标两个部分。

绩效项目是指绩效的维度,也就是说要从哪些方面来对员工的绩效进行考核,按照前面所讲的绩效的含义,绩效的维度,即绩效考核项目有三个:工作业绩、工作能力和工作态度。

绩效指标也就是绩效考核的具体内容,它可以理解为对绩效项目的分解和细化,例如对于某一销售主管的职位,其业绩项目可以分解为销售额、销售费用、应收账款比例、坏账率等几项业绩考核指标;其工作能力项目可以分解为分析判断能力、沟通协调能力、组织指挥能力、开拓创新能力、公共关系能力以及决策行动能力等六项具体的考核指标。

对于工作业绩,设定指标时一般要从数量、质量、成本和时间四个方面进行考虑;对于工作能力和工作态度,则要具体情况具体对待,根据各个职位不同的工作内容来设定不同的指标。绩效指标的确定,有助于保证绩效考核的客观性。

确定绩效指标时,应当注意以下几个问题:

(1)关键绩效指标(Key Performance Indicators,简称 KPI)原则。理论上,绩效指标的设计应当涵盖员工的全部工作内容,这样才能够准确体现对员工工作的全部要求,准确评价出员工的实际绩效。而实际上,要使绩效指标面面俱到、体现对员工工作的所有要求是非常困难,也是不现实的。这就要求在指标设计的时候,充分考虑组织在这一考核周期的具体要求,使考核指标能够体现该职位的最关键的要求。

(2)绩效指标应当具体。就是说指标要明确地指出到底是要考核什么内容,不能过于笼统,否则考核主体就无法进行考核。例如,在考核教师的工作业绩时,“授课情况”就是一个不具体的指标,因为授课情况涉及很多方面的内容,如果使用这一指标进行考核,考核主体就会无从下手,应当将它分解成以下几个具体的指标:“上课的准时性”“讲课内容的逻辑性”“讲课方式的生动性”等,这样考核时就更有针对性。

(3)绩效指标应当明确,就是说当指标有多种不同的理解时,应当清晰地界定其含义,避免让不同的考核主体产生不同的理解。例如对于“工程质量达标率”这一指标,就有两种不同的理解,一是指“质量合格的工程在已经完工的工程中所占的比率”;二是指“质量合格的工程在应该完工的工程中所占的比率”,这两种理解就有很大的差别,因此应当指明到底是按照哪种含义来进行考核。

(4)绩效指标应当具有差异性。这包括两个层次的含义:一是指对于同一个员工来说,各个指标在总体绩效中所占的比重应当有差异,因为不同的指标对员工绩效的贡献不同。例如对于总经理办公室主任来说,公关能力相对就比计划能力重要。这种差异是通过各个指标的权重来体现的。二是指对于不同的员工来说,绩效指标应当有差异,因为每个员工从事的工作内容是不同的,例如销售经理的绩效指标就应当和生产经理的不完全一样。此外,即使有些指标是一样的,权重也应当不一样,因为每个职位的工作重点不同,例如,计划能力对企业策划部经理的重要性就比对法律事务部经理的要大。

(5)绩效指标应当具有变动性。这也包括两个层次的含义:一是指在不同的绩效周期,绩效指标应当随着工作任务的变化而有所变化。例如,企业在下个月没有招聘的计划但是有对员工培训的计划,那么人力资源部经理下个月的业绩指标中就不应当设置有关招聘的指标,而应当增加有关培训的指标。二是指在不同的绩效周期,各个指标的权重也应当根据工作重点的不同而有所区别,职位的工作重点一般是由所在组织的工作重点决定。例如,企业在下个月准备提高产品的质量,那么在整个绩效指标中,质量指标所占的比重就应当相应地提高,以引起员工对质量的重视。

2. 绩效标准。绩效标准明确了员工的工作要求,也就是说对于绩效内容界定的事情,员工应当怎样做或者做到什么样的程度,例如,“产品的合格率达到95%”“接到投诉后2天内给客户以满意的答复”,等等。绩效标准的确定,有助于保证绩效考核的公正性，否则就无法确定员工的绩效到底是好还是不好。

确定绩效标准时，应当注意以下几个问题：

(1)绩效标准应当明确。按照目标激励理论的解释，目标越明确，对员工的激励效果就越好，因此在确定绩效标准时应当具体清楚，不能含糊不清，这就要求尽可能地使用量化的标准。

为了便于理解，来看一个例子。某公司对人力资源部招聘主管的绩效标准是这样规定的：①收到其他部门的人力资源需求后，能够快速地招聘到合适的人员；②员工的招聘成本比较低。可以看出这样的绩效标准就非常不明确，“能够迅速地招聘到合适的人员”，怎样就是迅速了？一个星期还是两个星期，根本没有说清楚。“招聘成本比较低”，怎么样才算低？也没有规定具体。

要使绩效标准具体明确，首先尽可能量化绩效标准。量化的绩效标准应当这样来规定：

①收到其他部门的人力资源需求后，在5个工作日内招聘到合适的人员；

②员工的招聘成本应当控制在每人150元~200元。

量化的绩效标准，主要有以下三种类型：一是数值型的标准，如“办公费用每人每月不超过1000元”“销售额为50万元”“成本平均每个20元”“投诉的人数不超过5人次”等；二是百分比型的标准，如“产品合格率为95%”“每次培训的满意率为90%”等；三是时间性的标准，如“接到任务后3天内按要求完成”“在5个工作日内回复申办新公司注册者的申请”，等等。

绩效标准量化的方式则分为两种，一种是以绝对值的方式进行量化，比如上面所举的几个例子；另一种是以相对值的方式进行量化，比如“销售额提高15%”“每人每月的办公费用降低100元”。这两种方式的本质其实是一样的，只是表现形式不同而已。

此外，能力和态度的工作行为方面的考核指标，往往很难量化或者量化的成本比较高。对于这些指标，明确绩效标准的方式就是给出行为的具体描述，从而使这一指标的绩效标准相对比较明确。

(2)绩效标准应当适度。按照目标激励理论的解释，目标太容易或太难，对员工的激励效果都会大大降低，因此绩效标准的制定应当在员工可以实现的范围内确定。就是说制定的标准要具有一定的难度,但是员工经过努力又是可以实现的。

(3)绩效标准应当可变。这包括两个层次的含义:一是指对于同一个员工来说,在不同的绩效周期,随着外部环境的变化,绩效标准有可能也要变化,例如对于空调销售员来说,由于销售有淡季和旺季之分,因此在淡季的绩效标准就应当低于旺季。二是指对于不同的员工来说,即使在同样的绩效周期,由于工作环境的不同,绩效标准也有可能不同,还以空调销售员为例,一个在昆明工作,一个在广州工作,由于昆明的气候原因,人们对空调基本上没有需求,而广州的需求则比较大,因此这两个销售员的绩效标准就应当不同,在广州工作的销售员,绩效标准就应当高于在昆明工作的销售员。

对于绩效目标的设计要求,可将其概括为“明智”(SMART)原则:

第一,绩效目标必须是具体的(specific),以保证其明确的牵引性;

第二,绩效目标必须是可衡量的(measurable),必须有明确的衡量指标;

第三,绩效指标必须是可以达到的(attainable),不能因指标的无法达成而使其他员工产生挫折感,但这并不否定其应具有挑战性;

第四,绩效目标必须是相关的(relevant),它必须与组织的战略目标、部门的任务及职位职责相联系;

第五,绩效目标必须是以时间为基础的(time-based),即必须有明确的时间要求。

### (二)绩效考核周期

绩效考核周期,是指多长时间对员工进行一次绩效考核。考核周期过长或过短对组织发展都是不利的。由于绩效考核需要耗费一定的人力、物力,考核周期过短会增加组织管理成本,甚至干扰正常的管理工作;管理周期过长,则降低绩效考核的准确性,不利于对员工工作的检查和督促。因此,在绩效管理的准备阶段,还应当确定恰当的绩效考核周期。

绩效考核周期的确定,要考虑到以下几个因素:

1. 职位的性质。不同的职位,工作的内容是不同的,因此绩效考核的周期也应当不同。一般来说,职位的工作绩效比较容易考核的,考核周期相对要短一些，例如，工人的考核周期相对就应当比管理人员要短。职位的工作绩效对企业整体绩效的影响比较大的，考核周期相对要短一些，这样有助于及时发现问题并进行改进。例如，销售职位的绩效考核周期相对就应当比后勤职位的要短一些，这样有助于及时发现问题并进行改进。

2. 指标的性质。不同的绩效指标，其性质是不同的，考核的周期也应当不同。一般来说，性质稳定的指标，考核周期相对要长一些；相反，考核周期相对就要短一些。例如，员工的工作能力比工作态度相对要稳定一些，因此，能力指标的考核周期相对比态度指标就要长一些。

3. 与管理周期相结合。在确定考核周期时，还应当联系管理实践，将考核周期与管理周期相结合。如很多单位都有月（季、年）度计划会议、月（季、年）度总结会议，将考核周期定为月（季、年），与其他管理相互配合，有利于提高管理效率，推动考核结果的广泛应用。

在绩效管理的准备阶段，应当采取互动的方式，让员工参与到绩效目标的制定过程中。按照目标激励理论的解释，只有当员工承认并接受某一目标时，这一目标实现的可能性才比较大。通过互动讨论，员工对绩效目标的接受程度就会比较高，从而有助于绩效目标的实现。

#### （三）绩效考核方法

按照考核指标的要求，考虑到考核周期和考核成本等情况，组织应当选择合适的考核方法。实践中，可供选择的考核方法有很多，将在下一节中进行详细介绍。

### 二、实施阶段

准备阶段完成之后，就是绩效管理的实施阶段了，这一阶段主要是完成绩效沟通和绩效考核两项任务。

#### （一）绩效沟通

绩效管理的根本目的是通过改善员工的绩效来提高组织的整体绩效，只有每个员工都实现了各自的绩效目标，组织的整体目标才有可能实现。每一个管理者都必须肩负起帮助下属提高工作能力、端正工作态度和提升工作业绩的重要责任。

绩效沟通的过程就是管理的过程,是指在日常管理过程当中,或者是说在整个绩效考核周期内,上级就绩效问题持续不断地与员工进行交流和沟通,给予员工必要的指导和建议,帮助员工实现确定的绩效目标。

### (二)绩效考核

绩效考核就是指在考核周期结束时,选择相应的考核主体和考核方法,收集相关的信息,对员工完成绩效目标的情况进行评价。

1. 考核主体。考核主体是指对员工的绩效进行考核的人员,只有了解员工工作情况的人才有可能成为考核主体。所以考核主体一般包括这样五类:上级、同事、下级、员工本人和客户。

(1)上级。上级直接对下级进行考核,这是大多数考核实践中普遍采用的方法,其优点是显而易见的:由于上级对员工承担直接的管理责任,因此他们通常最了解员工的工作情况;此外,用上级作为考核主体还有助于保证管理的权威,实现管理的目的。上级考核的缺点在于考核信息来源单一,容易产生个人偏见。

(2)同事。由于同事和被考核者在一起工作,因此他们对员工的工作情况也比较了解;同事一般不止一人,可以对员工进行全方位的考核,避免个人的偏见;此外,还有助于促使员工在工作中与同事配合。同事考核比较适用于注重团队建设的情况。同事考核的缺点:人际关系的因素会影响考核的公正性,和自己关系好的就给高分,不好的就给低分;大家有可能协商一致,相互给高分;还有可能造成相互的猜疑,影响同事关系。

(3)下级。用下级作为考核主体,优点:由于下级是被管理的对象,因此最了解上级的领导管理能力,能够发现上级在工作方面存在的问题;可以促使上级关心下级的工作,建立融洽的员工关系。下级考核比较适用于重视员工成长的情况。下级考核的缺点:由于顾及上级的反应,往往不敢真实地反映情况;有可能削弱上级的管理权威,造成上级对下级的迁就。

(4)员工本人。让员工本人作为考核主体进行自我考核,优点:能够增加员工的参与感,加强他们的自我开发意识和自我约束意识;有助于员工对考核结果的接受。比如一些科研人员,员工工作积极性很高,而其他人对员工的专业工作很难熟悉，这种情况下非常适合员工本人考核。缺点：员工对自己的评价往往容易偏高；当自我考核和其他主体考核的结果差异较大时，容易引起矛盾。

(5)客户。就是由员工服务的对象来对他们的绩效进行考核，这里的客户不仅包括外部客户，还包括内部客户。客户考核有助于员工更加关注自己的工作结果，提高工作质量。例如现在很多银行对柜台服务员工就进行客户考核——每个顾客办完业务后都可以通过面前的评价器对这次服务进行是否满意的评价，这样的评价方式本身就可以促进员工提高服务质量。它的缺点：客户更侧重于员工的工作结果，不利于对员工进行全面的评价。

不同的考核主体收集考核信息的来源不同，对员工绩效的看法也会有所不同。为了保证绩效考核的客观公正，应当根据考核指标的性质来选择考核主体，选择的考核主体应当是对考核指标最为了解的。例如，"协作性"由同事进行考核，"培养部属的能力"由下级进行考核，"服务的及时性"由客户进行考核，等等。由于每个职位的绩效目标都由一系列的指标组成，不同的指标又由不同的主体来进行考核，因此，每个职位的评价主体也有多个。此外，当不同的考核主体对某一个指标都比较了解时，这些主体都应当对这一指标做出考核，以尽可能地消除考核的片面性。

2. 绩效考核结果的控制。一般来说，正常发展中的组织的考核结果应当符合正态分布的规律，组织可以按照正态分布的规律来检验考核结果是否正常。也可以提前设定员工绩效的等级比例，比如，可以按照下述比例原则来确定员工的工作绩效分布情况：

绩效最高的15%

绩效较高的20%

绩效一般的30%

绩效低于要求水平的20%

绩效很低的15%

当然，也可以按照四等分来分，并且赋予各部门比例分别为20%、30%、30%、20%或者15%、35%、35%、15%等。这个比例不是固定的，组织高层管理者可以根据员工总体绩效水平的高低来确定这个比例关系。考核结束后,按照实际考核结果与事先确定的比例关系相比较,如果差别较大,查找原因,可以调整某些考核指标的考核标准。

## 三、反馈阶段

绩效反馈阶段主要是完成绩效反馈的任务,也就是说上级要就绩效考核的结果和员工进行面对面的沟通——绩效反馈面谈,指出员工在绩效考核期间存在的问题,并一起制订出绩效改进的计划。为了保证绩效的改进,还要对绩效改进计划的执行效果进行跟踪。

### (一)绩效反馈面谈的准备

1. 对员工的考核资料进行整理和分析。将员工本次考核结果与以前考核结果相比较,分析其进步和不足之处。

2. 给员工以充分的准备时间。至少提前一周通知员工,使其有时间对自己的工作进行审查,分析自己工作中所存在的问题,搜集需要提出的问题和意见。

3. 选择适当的面谈时间和地点。绩效反馈面谈往往需要指出员工工作的不足,提出改进建议,为了达到最佳效果,需要考虑合适的面谈时间和地点。一般来说,与基层操作类员工的面谈不应该超过 1 个小时,而与管理人员所进行的面谈则往往要花费 2 到 3 个小时。不仅如此,面谈地点应当具有相对的安静性,以免面谈被电话或来访者所干扰。

### (二)绩效反馈应注意的问题

为了保证绩效反馈的效果,在反馈绩效时应当注意以下几个问题:

1. 绩效反馈应当及时。在绩效考核结束后,上级应当立即就绩效考核的结果向员工进行反馈。绩效反馈的目的是要指出员工在工作中存在的问题,从而有利于他们在以后的工作中加以改进,如果反馈滞后的话,那么员工在下一个考核周期内还会出现同样的问题,这就达不到绩效考核的目的。

2. 绩效反馈要指出具体的问题。绩效反馈是为了让员工知道自己到底什么地方存在不足,因此反馈时不能只告诉员工绩效考核的结果,而是应当指出具体的问题。例如,反馈时不能只告诉员工“你的工作态度不好”,而应该告诉员工到底怎么不好,比如:你的工作态度很不好,在这一个月内你迟到了 10 次;

上周开会时讨论的材料你没有提前读过,等等。

3. 绩效反馈要指出问题出现的原因。除了要指出员工的问题外,绩效反馈还应当和员工一起找出造成这些问题的原因,并帮助员工有针对性地制订出改进计划。

4. 绩效反馈不能针对人。在反馈过程中,针对的只能是员工的工作绩效,而不能是员工本人,避免伤害员工,造成抵触情绪,影响反馈的效果。例如,不能出现“别人都能完成,你怎么就不行”“你到底还想不想干了”之类的话。

5. 注意绩效反馈时说话的技巧。由于绩效反馈是一种面谈,因此说话的技巧会影响反馈的结果。在进行反馈时,首先,要消除员工的紧张情绪,建立起融洽的谈话气氛;其次,在反馈过程中,语气要平和,不能引起员工的反感;再次,要给员工说话的机会,允许他们解释,绩效反馈是一种沟通,不是在指责员工;最后,该结束的时候一定要结束,否则就是在浪费时间。

#### (三)绩效反馈结果的衡量

在绩效反馈结束以后,管理者还必须对反馈的效果加以衡量,提高以后的反馈效果。衡量反馈效果时,可以从以下几个方面进行考虑:

1. 此次反馈是否达到了预期的目的?

2. 下次反馈时,应当如何改进谈话的方式?

3. 有哪些遗漏必须加以补充?又有哪些无用的内容必须删除?

4. 此次反馈对员工改进工作是否有帮助?

5. 反馈是否增进了双方的理解?

6. 对于此次反馈,自己是否感到满意?

对于得到肯定回答的问题,在下一次反馈中就应当坚持;得到否定回答的问题,在下一次反馈中就必须加以改进。

### 四、应用阶段

绩效管理实施的最后一个阶段是应用阶段,就是说要将绩效考核的结果运用到人力资源开发与管理的其他职能中去,从而真正发挥绩效管理的作用,保证绩效管理目的的实现。

绩效考核结果的应用包括两个层次的内容:一是直接根据绩效考核结果做

出相关的奖惩决策;二是对绩效考核的结果进行分析,从而为人力资源开发与管理其他职能的实施提供指导或依据。第二个层次的有关内容,在第一节中已经作了详细的阐述,这里重点对第一个层次做出说明。

按照期望理论的解释,当员工经过个人的努力取得了一定的绩效后,组织应当根据绩效的结果给予相应的奖励,这样他们才会有继续努力工作的动机,当然这些奖励要能够满足员工的需要才行。此外,强化理论也指出,当员工的工作结果或行为符合组织的要求时,应当给予正强化,以鼓励这种结果或行为;当工作结果或行为不符合组织的要求时,应当给予惩罚,以减少这种结果或行为的发生。因此,组织应当根据员工绩效考核的结果给予他们相应的奖励或惩罚。这种奖惩主要体现在两个方面:一是工资奖金的变动;二是职位的变动。

为了便于考核结果的应用,往往需要计算出最后的考核结果,并将结果区分成不同的等级。当用于不同的方面时,绩效项目在最终结果中所占的权重也应当有所不同,一般来说,用于第一个方面时,工作业绩和工作态度所占的比重应当相对较高;用于第二个方面时,工作业绩和工作能力所占的比重相对较高。例如,规定绩效考核结果用于奖金分配和工资调整时,在最终结果中,工作业绩占 60%,工作态度占 30%,工作能力占 10%;而用于职位调整时,工作业绩占 50%,工作能力占 40%,工作态度占 10%。

此外,还要将最终计算出的考核结果划分成不同的等级,据此给予员工不同的奖惩,绩效越好,给予的奖励就要越大;绩效越差,给予的惩罚就要越大。

## 第三节　绩效考核方法

绩效考核的方法有很多,每一种方法都有其优点和缺点,有其特定的使用范围。美国著名的人力资源专家韦恩·卡肖指出:“多少年来,有些人事管理专家一直在煞费苦心地寻找一种‘完美无缺’的绩效评估方法,似乎这样的方法是万能药,它能医治好组织的绩效系统所患的种种顽疾。不幸的是这样的方法并不存在……总而言之,工作绩效考核过程是一个同时包含有人和数据资料在内的对话过程。这个过程既涉及技术问题,又牵连着人的问题。”为此,本节介绍一些在实践中广泛应用的绩效考核方法,并分析它们的优点和缺点,每个组织在进行考核时应当根据具体的情况选择合适的考核方法。

## 一、民意测验法

民意测验法就是请被考核者的同事、下级及有工作联系的人对被考核者从几个方面进行评价,从而得出对被考核者绩效的考核结果。

民意测验法在我国很多国有企业和事业单位具有广泛的应用,它的优点是具有民主性、群众性,能够了解到广大基层员工,特别是与被考核者有直接工作联系的人员对干部的看法。它的缺点是只有由下而上,缺乏由上而下,受群众素质局限。如果某一位干部工作积极,很具有开拓性,对于组织绩效来说可能是做了很大的贡献,却很可能在这个过程中得不到多数人的理解和支持,甚至影响很多人的眼前利益。这样,他在民意测验法的评价中就难以得到比较好的评价。

民意测验法适用于进行群众工作的干部,比如企事业单位中的工会主席、工会干部、人力资源部门负责员工福利与劳动保护的干部等。

## 二、共同确定法

最典型的共同确定法是各大学、科研部门和各个企业都在采用的评价科学技术人员、教师的工作绩效特别是评定职称中所采用的方法。这一方法的基本过程是先由基层考评小组推荐,然后进行学科(专业)考核小组初评,再由评定分委员会评议投票,最后由评定总委员会审定。

这一方法的优点在于通过专家来进行评价,保证被考核人的水平、能力、素质等方面确实符合要求,得到比较公允的考核结果。其不足之处在于考核的结果可能受考核者的主观因素影响过多。但是,在像评定职称这类很难用量化指标或行为因素来进行的考核中,这不失为一种可行的方法。

## 三、配比比较法

所谓配比比较法,顾名思义,就是把每一位员工与其他员工一一配比,分别进行比较。每一次比较时,给表现好的员工记 1 分,另一个员工记 0 分。所有员工都比较完后,计算每个人的总分,依此对员工做出考核——谁的总分高,谁的名次就排在前面。如表 5-1 所示。

表 5-1 配比比较法的应用

| 被比较者 | 张三 | 李四 | 王五 | 赵六 | 刘七 | 被比较者得分总数 |
|---|---|---|---|---|---|---|
| 张三 | | 1 | 1 | 0 | 1 | 3 |
| 李四 | 0 | | 1 | 0 | 1 | 2 |
| 王五 | 0 | 0 | | 0 | 1 | 1 |
| 赵六 | 1 | 1 | 1 | | 1 | 4 |
| 刘七 | 0 | 0 | 0 | 0 | | 0 |
| 结论:5 名员工按绩效从优至劣次序为:赵六、张三、李四、王五、刘七。 | | | | | | |

经过简单的数学思考,我们就能知道在需要同时评价的员工很多的情况下,这样的方法需要进行相当多次数的比较:同时考核 N 个员工就需要进行 N(N-1)/2 次比较,所以,这种考核在同时考核的人不多的情况下尚可,而一旦超过 20 人,就相当费时、费力了。配比比较法的另一个缺点是难以得出绝对评价,只能给出相对的位置;当然,在避免趋中、强制排序方面,配比比较法是相当好的,其优点是准确度比较高。

## 四、等差图表法

绩效考核的等差图表法在实际操作中主要考虑两个因素:一是考核项目,即要从哪些方面对员工的绩效进行考核;二是评定分等,即对每个考核项目分成几个等级。在确定了这两者后,即可由考核者按照评定图表的要求对被考核者给出分数。表 5-2 就是按照工作质量、工作数量、工作知识和工作协调四个方面、每个方面分 5 档对员工用等差图表法进行考核的例子。

表 5-2　等差图法考核举例

| 姓名： | 职务： | 日期： |
| --- | --- | --- |
| 考核项目 | 按等级评分 | 得分 |
| 工作质量 | 5：太粗糙<br>10：不精确<br>15：基本精确<br>20：很精确<br>25：最精确 | |
| 工作数量 | 5：完成任务极差<br>10：完成任务较差<br>15：完成任务<br>20：超额完成<br>25：超额完成一倍 | |
| 工作知识 | 5：缺乏<br>10：不足<br>15：一般<br>20：较好<br>25：很好 | |
| 工作协调 | 5：差<br>10：较差<br>15：一般<br>20：较好<br>25：很好 | |
| 总分 | | |

等差图表法的优点：(1)考核内容全面，打分档次可以设置较多。恰当地加以辅助要求，比如在某一档次不能超过或少于一定的比例，可以要求考核者给出具有一定区别性的考核成绩；(2)这种考核方法实用且开发成本小。

等差图表法的缺点：(1)受主观因素影响，因为每个考核者给出的被考核者的分数都是个人主观的看法；(2)这种方法没有考虑加权，被考核的因素对于考核的结果都具有同样的重要性；(3)这种方法不能指导行为，员工并不知道自己该如何做才能得到高分。这种方法对于为绩效考核面谈而提供信息方面也不够成功。比如，如果你告诉一位下属"考核中反映你这个人工作知识不够"，这很容易引起员工不满。但是，如果你能够通过其他考核方法提供的信息向他明确指出"上周有6位顾客向我投诉你不能有效解决他们的问题"，那么，员工感觉就会好些,并且知道自己该如何改进。鉴于此,这种方法适用于考核工人、职员等基层的、工作行为和结果都比较容易被了解的员工。

## 五、要素评定法(点因素法)

要素评定法实际上是在等差图表法的基础上,经过两点改动而形成的。第一,考虑到不同的考核项目具有不同的重要性,因而考虑加权的因素,将不同的项目赋予不同的重要性,这个重要性是通过它们各自的分值范围体现的。第二,为了更好地明确各考核要素之间的关系,更有条理地分清各考核因素之间的关系。

在实际执行中,一般由本人、上级、下级、同级各填一张表,再给各表赋予相应的权重,计算综合得分。它的优点是考核要素比较全面,并且考虑了加权,而且有不同的人员参加考核。在目前,是应用最为普遍的考核方法。缺点在于比较烦琐,比起等差图表来略为费时费力。

## 六、关键事件法

关键事件法(Critical Incident Method)是由美国学者弗拉赖根(Flanagan)和伯恩斯(Baras)共同创立的,在我国众多组织中具有相当广泛的应用。它的基本方法是每人都以一定的分数(如100分)为基本分,然后根据一系列加分和减分项目进行计算得出考核总分。一般地,是由主管人员将每一位下属员工在工作活动中所表现出来的非同寻常的优秀行为或非同寻常的不良行为(或事故)记录下来。在每一个考核周期内,根据所记录的特殊事件来决定下属的工作绩效。

关键事件法的优点是排除了主观因素的影响,使绩效考核的结果有确切的事实证据。同时,这种考核方法避免了近因效应,因为它所依据的员工在整个年度或一段时间中的表现,而不是员工在最近一段时间的表现。它也能为绩效改善提供依据。

在使用这种方法时,可以将其与工作计划、目标及工作规范结合起来使用。例如,一位厂长生产助理的职责之一是监督工作流程以及使库存成本最小化。关键事件表明,他使得库存成本上升了15%,这就足以说明:他在将来的工作中需要改善库存管理水平。如表 5-3 所示。

**表 5-3 关键事件法举例：对厂长助理的绩效考核（部分）**

| 负有的职责 | 目标 | 关键事件（加分、减分项目） |
|---|---|---|
| 安排工厂的生产计划 | 充分利用工厂中的人员和机器；及时发布各种指令 | 为工厂建立了新的生产计划系统；上个月的指令延误率降低了 10%；上个月提高机器利用率 20% |
| 监督原材料采购和库存控制 | 在保证充足的原材料供应前提下，使原材料的库存成本降低至最小 | 上个月使原材料库存成本上升了 15%，“A”部件和“B”部件的定购富余了 20%，而“C”部件定购却短缺了 30% |
| 监督机器的维修保养 | 不出现因机器故障而造成的停产 | 为工厂建立了一套新的机器维护和保养系统，由于及时发现机器故障阻止了机器的损坏 |

## 七、强制选择法

强制选择法要求考核者从许多陈述中选择与被考核者的特征最相近的陈述。这些陈述通常是成对出现的，它们分别标志着员工完成工作的成功与否。而哪句话表明员工的绩效更高，考核者事先并不知道。比如，一些强制选择的陈述如表 5-4 所示。

**表 5-4 强制选择法陈述举例**

| |
|---|
| 1a. 努力工作<br>1b. 迅速工作 |
| 2a. 对顾客负责<br>2b. 具有创新精神 |
| 3a. 产出质量差<br>3b. 缺乏良好的工作习惯 |

我们可以看出，这种考核方法中给出的选项，很可能与被考核者的特征都有差距，这样，考核者就必须反复揣摩这每一对陈述中到底哪一句与被考核者更接近一些。这样自然带来一个问题，就是考核的准确性问题。真正的强制选

择陈述必须是行为科学专家结合企业实际、针对各个岗位的工作要求制定出来的,而且其分析、整理都要求很高的科学性。在这样的基础上,虽然每对陈述中的两个选项都可能与被考核者的实际表现相差比较大,但是,它们很多选项放在一起的组合,就可以通过系统化的分析方法,得出被考核者工作绩效的实际结果。

### 八、情景模拟法

情景模拟法是美国心理学家茨霍恩等首先提出的。情景模拟是为了适应当前很多管理和执行工作的开展而提出来的:工作越来越复杂,每一项任务的执行都需要多方面的素质和能力,而不同任务所需要的素质和能力又是不同的。为此,单纯凭借远离工作的考试、测评无法全面考核出候选人是否能够适应工作,为此,利用仿真评价技术,通过计算机仿真、模拟现场等技术手段进行模拟现场考核,或者通过代理职务进行真实现场考核。

情景模拟法的优点是使被考核者真实地面对实际工作,能够表现出自己实际的水平;缺点是成本高,费时费力。因此,这种方法适用于关键岗位、特殊岗位的员工。

## 第四节 绩效考核中的偏差及纠正

### 一、考核中的误区

绩效考核是一种人对人的评价,虽然在实践中力求将绩效考核指标设计得客观易考量,但仍然难免存在一些主观上的偏差,影响考核的结果。绩效考核中容易产生的误区,一般有以下几种:

1. 晕轮效应。晕轮效应(halo effect),也叫"哈罗效应",指以员工某一方面的特征为基础而对总体做出评价,通俗地讲就是"一好遮百丑"。在绩效考核方面,这就意味着你对下属的某一绩效要素(如"与其他人相处的能力")的评价较高,导致你对此人所有的其他绩效要素(如"工作质量")也评价较高。当评价对象是那些对评价人表现特别友好(或特别不友好)的员工时,这种问题是最容易发生的。比如，一位对管理者表现十分不友好的员工通常不仅会在“与其他人相处的能力”这一方面得到较差的评价，而且在其他绩效要素上也会得到较差的评价。

2. 对比效应。西方有句古老的谚语：不要跟在孩子和动物之后演出你的节目。因为普遍的看法是观众都极为喜欢孩子和动物，在这种对比之下会降低你的节目效果。所以，当从事同样工作的两个员工表现差别比较大的时候，考核人会倾向于给表现好的员工以比实际水平高的评价，给表现差的员工以比实际水平低的评价。

3. 投射效应。就是“以己之心度他人之腹”的判断错误。当被考核的员工某些特点与考核人相似的时候，“推己及人”，考核人会倾向于推断被考核员工其他特点也与自己相似，而忽视实际情况究竟是怎样的。例如，一个作风比较严谨追求工作效率的上级，对做事一丝不苟的员工评价就比较高，而对不拘小节的员工评价比较低，尽管两个人实际的绩效水平差不多。因为，在他看来，做事一丝不苟意味着工作作风严谨，必然带来较高的工作效率。

4. 偏松或偏紧倾向。有些考核人倾向于为从属员工的工作绩效做较高的评价，而另外一些人却倾向于总是给员工较低的评价，就像有些老师向来就愿意给学生高分，而有些老师向来就只给学生较低的分数一样。

5. 居中趋势。与偏松或偏紧倾向相反，有些考核人倾向于给所有员工的考核成绩都居中。这样的考核结果会使绩效考核工作流于形式，对于组织做出晋升、调节工资和培训方面的决定几乎没有什么积极作用。

6. 近因效应。实际上每位员工都准确地知道何时安排对自己的绩效考核。尽管员工的某些行为可能并不是有意识的，但常常在评价之前的几天或几周内，员工的行为会有所改善，劳动效率也趋于上升。对于评价者来说，最近行为的记忆要比遥远的过去行为更为清晰，这是很自然的事情。然而，绩效考核通常贯穿于一个特定的时期，因此，评价个人的业绩应当考虑其整个时期的业绩。

7. 首因效应。与近因效应相反，考核人对考核初期的员工表现记忆深刻，考核人根据员工起初的表现而对整个绩效考核周期的表现做出评价。例如，在刚布置完考核工作的时候，大家都会对考核比较重视，员工在绩效周期开始时非常努力地工作,绩效也非常好,即使他后来的绩效并不怎么好,上级还是根据开始的表现对他在整个考核周期的绩效做出了较高的评价。

## 二、如何避免考核中的问题

1. 选择正确的绩效考评方法。每一种考核方法都有其优点和不足,要根据组织实际情况给予取舍,建立和完善适合自己的指标考核体系,形成有效的方法组合。

2. 加强对考核主体的培训,使其重视考核、理解考核方法。对考核者进行相关培训,确保考核者对绩效考评中容易出现的问题以及正确的做法都有清楚的了解,避免以上问题的出现。

3. 完善绩效考核制度。绩效考核的实施过程涉及目标设定、谁来进行绩效考评、什么时候进行、以何种方式进行等一系列问题,对于这些问题的详细规定应该体现在考核制度之中。通过不断完善考核制度,使绩效考核深入组织的管理过程,在员工中引起足够的重视,有利于避免考核问题的出现。这些考核制度应主要包含以下内容:

(1)绩效考核的原则;

(2)绩效考核主体与权限;

(3)绩效考核指标体系;

(4)绩效考核过程的组织实施;

(5)绩效结果的应用与反馈;

(6)绩效考核制度的解释与修订。

**案例分析:**

### 绩效之惑

绩效管理偏轨之后

"李老师,我感觉他们希望通过自动化的管理工具设置,解决目前遇到的管理问题,忽略了自身管理意识与管理能力的改进,已经陷入所谓自动化管理的误区无法自拔。"亚细亚管理咨询公司董事兼副总经理常锦一边驾驶着欧宝轿车,一边发表着自己的意见。

“一个个盛气凌人,大谈特谈自己的经验,却没有搞清楚四大指标的内在关系,这样的管理方式是多么可怕。”亚细亚管理咨询公司的客户经理王晨小姐表达了自己的感受。

“他们已经步入弯路四年了,四年,多么高昂的学习成本!”亚细亚公司首席咨询师李华回应道。

是的,参加下午项目建议说明会的几位新科公司经理人,在会议后期的态度确实令人遗憾。他们不顾自己目前具有的管理能力、自以为是地大谈所谓经验与感悟,而将亚细亚公司所提供的管理意见抨击为“十年前、五年前”的管理方法,无疑是向公司浇了一盆冰水,熄灭了公司为他们服务的欲望。

作为管理咨询服务商,亚细亚希望帮助中国本土企业与企业家成长,但受时间资源等条件的限制,又不可能为每一家企业提供服务,只能有条件地选择那些平等友好的企业,尽已所能帮助他们。

李华扫了一眼车窗外亮起的路灯,脑海中回放着近来所发生的事情……

**掌门人求贤若渴**

20天前,新科公司副总裁成功地邀请李华一行3人到新科公司拜访其董事长成青先生。

“李博士,我们公司在人力资源管理方面有许多不足,有些问题一直困扰着我,至今未找到合适的解决方法,希望获得你们的帮助。”在宽敞的董事长办公室,成青坦诚地提出了自己最关心也最困惑的三个问题。

首先,在能力与数量等方面,我们管理人员的成长均跟不上企业发展对管理人员的需求。

其次,中原市是一个人才洼地,从外部招聘人才比较困难。过去我们也招聘过一部分管理人员,但他们在工作一段时间后,由于企业文化差异、新老员工之间的摩擦等因素,大多流失。

再次,绩效考核是我们感到比较棘手的问题,我们试图采用众多指标考核员工,但发现以我们目前人员的管理水平,没有能力做到量化每一个考核指标,导致考核工作难以有效开展下去。

望着这位年近六旬、眼中充满焦虑与期待的企业家,李华的心情甚是沉重。

在咨询生涯中,他曾多次遇到与成青先生相似的创业型企业家。他们大多数都存在着相同的管理困惑,是一个迫切渴望帮助的群体。

"成董,你所遇到的问题,可以概括为三个方面,即如何解决企业在快速发展过程中人才不足的问题,如何规划管理人员以及员工职业生涯,如何根据企业现有管理能力科学开展绩效管理。"李华总结道。

"是的,你概括得非常准确。"成青感叹道。

李华又帮助成青先生分析了以上问题产生的原因、相互之间的关系以及解决的方法。

30分钟后,双方达成合作共识,成青先生希望亚细亚咨询公司能够为新科公司提供绩效管理方面的咨询帮助。

随后,副总裁成功安排新科公司人力资源部海兰女士与李华等人进行沟通,最终达成初步合作意向。

管理层节外生枝

今天14:20,在新科公司总裁办会议室,李华向在座的数位新科公司经理介绍了新科公司目前绩效管理工作存在的问题。第一,没有将领导职责、管理职责与业务职责分离,考核工具的设计缺乏有效性;第二,以评价普通员工的事务性指标评价公司领导者,缺乏引导性战略指标;第三,采用的部分考核指标无法量化,导致企业考核工作步入绩效陷阱;第四,以个人评价代替组织评价,缺乏绩效评价组织管理;第五,绩效考核仅为评价认定员工的工作结果,成为核算员工收入的工具;第六,没有通过考核找出绩效差距,特别是未能根据评价结果展开绩效改进工作。

对李华的分析新科公司几位管理人员表示非常认同。

李华用了近一个小时,有针对性地介绍了绩效管理项目的建议方案,特别就新科公司未来的三级绩效指标体系设计做了说明:

"鉴于贵公司目前绩效管理体系和管理工具存在的不足,根据平衡计分卡理论,我们建议由财务指标、客户指标、内部流程指标和学习指标构成贵公司关键绩效指标结构,以确保未来绩效管理的有效性。"

"如何通过新的绩效管理方案解决以上六大问题?"新科公司的绩效主管

问道。

“我们建议通过三个方面来进行:一是建立科学有效的绩效指标体系,二是选择新科公司能够应用的考核工具,三是建立绩效评价的管理组织与管理制度,实现绩效改进管理而不是目前的绩效考核管理。”李华解释道。

接下来,李华采取教学辅导方式,一步一步地引导新科公司的各位经理,建立起关键绩效指标框架,希望帮助他们树立起四类平衡关键绩效指标的系统管理意识。

“当然,我们还可以根据其工作侧重点与绩效改进管理要求的不同,再适当调整关键指标族中部分关键绩效指标及其权重。例如,在内部流程指标方面,类似我们目前所讨论的咨询项目这类基础性日常工作,可以设置为阶段性考核指标等。”李华补充道。

“绩效指标一般多长时间调整一次?”人力资源部经理海兰问道。

李华答道:“一般以季度为单位,主要是根据被考核者的绩效改进管理要求,双方进行沟通后进行调整,但并不是每个职位或部门都必须以季度为调整单位。”

“人力资源成本控制指标为什么是人力资源部内部流程管理指标,而不是部门考核的财务指标?”新科的绩效主管突然提出一个幼稚问题。

“一个企业的人力资源成本管理,属于公司人力资源部门管理流程中的主要管理职责之一,企业员工人数与成本总额的管理权归属在人力资源部门,由人力资源部门负责管理,而不是由公司财务部门负责。”李华耐心地解释。

“请问对集团公司副总裁如何考核?”海兰经理提出一个比较现实的问题。

“首先,集团副总裁隶属于集团领导团队,他的日常管理权归属集团总经理处,他的绩效考核权归属集团绩效委员会。其次,作为集团领导团队成员,对集团副总裁主要是考核其领导责任,即他所负责分管的几个部门绩效评价得分,这是他的内部流程指标,其财务指标是集团财务指标,学习指标是他自己的学习计划完成率。另外,对于集团副总裁的绩效评价频率,应以季度为单位,而不是贵公司目前采取的以月度为单位。”李华引导着他们离开新科现在的绩效评价模式,希望他们开展新的系统性思考。

“你们所推荐的方法是国外公司十年前、国内公司五年前使用过的。”成功忽然不礼貌地评价道，他完全没有顾及具有30年企业工作经历的李华的感受。

“我们目前采用的是公司领导每月述职方式，向公司总经理汇报其每月具体干了什么工作，然后根据其工作表现、而不是依据其所领导部门工作业绩，考核公司领导人。我认为，作为一个副总裁他必须承担有具体工作项目，仅有领导责任是不够的。”成功傲慢地介绍自己的管理经验。

“这位副总裁怎会如此骄横与无知，作为公司领导，无论你做多少工作，都是为下属提供支持与帮助，最终这些工作需要通过下属的工作行为转化为工作成果。如果领导承担过多的业务性工作，专注日常事务性工作，就会失去指导培养下属的时间，更没有时间思考战略管理。”李华内心对成功的发言非常失望，他对这个项目的兴趣大减，开始在脑海里重新评估这位未来的合作者。

“另外，你们对人力资源部经理绩效指标的设置太简单，我们海兰经理就可以将人力资源部经理的考核指标列出35项，然后根据工作需要我们可以选择其中任何一项进行考核。”

看来成功完全没有领会李华的设计思路，将李的简要假设，草率并自以为是地理解为未来项目的管理解决方案，这让李华感到非常不愉快。他默默地评价着眼前这个曾经留学海外的工学博士、新科公司副总裁——这个咨询项目未来的负责人，为新科项目打出负分。这就意味着他开始考虑放弃这个项目了。因为客户企业项目负责人的管理意识与能力，从某种程度上决定着咨询项目的成败。

刚愎自用致合作流产

自信的成功没有注意到微笑着坐在那里一言不发的李华态度的转变，他依然继续着自己的发言：

“你们的方案，将使我们回到4年前，因为4年前京华管理咨询公司提供给我们的，就是一个相似的方案，但在绩效指标设置方面缺乏有效性。”

李华思考着：“一套存在重大设计缺陷的绩效考核表，在长达4年的管理应用中没有进行质的改进，本身已说明企业自身管理能力亟待改善。他仅仅看到绩效管理理论方面的相同性，没有理解和分辨出两种方案的不同点，已充分证明他在绩效管理意识方面存在的不足，这将会严重影响未来咨询项目的实施推进，同时给新科造成不必要的损失。”

最后,成功又武断地评价:“你们的方案在理论上是正确的,但实际上无法解决我们的问题,你们与我们的要求还有距离。”

闻听此言,李华决定结束这场已经非常不愉快的商务洽谈,离开这个充满自负气氛的会议室。他可以接受不认同,但不能接受无礼。他已经完成对这个项目的评估,决定放弃。

就在李华即将起身时,成青先生步入会议室。成青听说李华等人来到企业,希望与李华就企业人才库建设沟通一下,看能否得到一些帮助。

已经做出放弃决定的李华,出于对这个慈祥的创业者的尊敬,礼节性地与成青进行缺乏实质内容的交流,未向他提供有价值的信息,虽然成青一再询问。

成青在离开会议室前仍再三向成功等人强调:“我们需要专家们的帮助,无论是在哪一方面。我们过去学习的许多管理是有问题的,是不正确的,跨国公司不会告诉我们,而这些专家能够给我们提供帮助。你们要谦虚,要尊重他们,看看他们有哪些专业优势可以帮到我们。”

看着成青失望地离开会议室,李华心里产生一股歉意。对这个渴望获得帮助的老企业家的歉意,促使他重新思考自己刚刚做出的决定。

但是,在成青先生离开会议室后,成功极不礼貌地用一句话结束了双方的会谈:“你们与我们的要求存在距离,目前我们暂时无法进行合作。”

成功将李华心里刚刚燃起的一点火苗又浇灭了,幼稚与自信使他失去了这个获得帮助的机会。

祈望

“一个仅有中小型规模的企业,不顾自己的管理水平,希望参照数千亿美元规模、具有一百多年历史的GE公司管理模式,就像一个一米高的儿童穿上一套两米高武士使用的铠甲,其心情可以理解,其行为却将使企业付出高昂的试错成本。”望着夜空中几颗闪亮的星星,李华在心里默默地为成青先生和新科公司祈祷,同时,也为那些在管理隧道中匍匐前行的本土企业家们祈祷,祈祷着他们能够早一天站起来。

存在严重缺陷的绩效管理系统被连续使用4年,新科公司无疑为此付出了昂贵的学习成本,如果你是成青先生,你如何改变这一局面?

考量企业掌门人的命题:发展的瓶颈

新科公司遭遇到众多民营企业共同的问题:企业自有管理人员在能力与数量两方面都跟不上企业发展的需求。这涉及一个战略命题——企业人力资源规划,即企业需要根据发展战略,制定人力资源规划,包括管理人才的需求,然后,为内部员工特别是现有管理人员制定职业发展规划,通过管理培训与在职锻炼等方式,有计划地提升管理人员素质,以保障企业发展的人才需要。另外,为了补充内部管理人才不足,应适当对外招聘一部分管理人才作为新鲜血液,使企业形成合理的人才流动。

作为一个具有近20年成长历史的企业,新科公司已培育起自己的企业文化,这种文化具有很强特征。如果引进管理人才,首先要考虑通过什么方式,让新员工接受新科的企业文化。

人力资源开发理论和优秀企业管理实践表明,从外部招聘的管理人员,适合先配置在助理或副经理等储备型职位上,一方面,上级可以指导他们工作,另一方面,可以灌输给这些新员工企业文化,使他们逐渐认同并接受公司文化与管理风格。同时,企业通过新员工在储备型职位上的表现,逐渐了解并确认他们的职业能力、职业品德与敬业精神,以确定对其新的任命与使用。

这将涉及一个人力资源管理的关键问题——绩效管理,即以什么方式管理员工绩效。

正如成青董事长所忧虑的一样,绩效考核在新科公司是比较棘手的管理难题,他们试图采用众多指标考核员工,但发现以自己目前的管理水平,没有能力做到量化每一个考核指标,导致考核工作难以有效开展下去。

这也是中国本土企业在绩效管理方面存在的共性问题。我们一方面希望引进世界最先进的管理工具来解决企业遇到的问题,另一方面却发现由于自身管理能力有限,引进的先进工具无法达到预期管理效果——甚至会产生副作用。

例如,如果考核指标不能量化,企业就无法真实考量员工的工作绩效,考核就会流于形式。由于中国本土企业特别是民营企业管理水平较低,无法达到将员工每一个工作日的工作信息详细记录在案的管理阶段,就造成在周期性考核员工时,缺乏能够量化员工业绩的数据。

这进一步证明，本土企业现阶段在管理能力提升方面遭遇到的共同问题是企业严重缺乏使用现代管理工具的系统能力，而不是缺乏先进管理工具的引进。

**思考题：**

你认为新科公司步入了一个什么样的管理误区？应如何完善该公司的绩效管理？

# 第六章　薪酬管理

## 第一节　薪酬管理概述

### 一、薪酬的含义

在人力资源管理中,薪酬是一个界定比较宽泛、内容非常丰富的领域,从而,不论是在理论界还是在实践当中,对于薪酬的看法和认识往往存在着较大的差异。因此,首先要澄清一下薪酬的具体含义。

最容易与薪酬发生混淆的一个概念就是报酬。报酬是一个广泛的概念,指的是作为个人劳动的回报而得到的各种类型的酬劳,一般可分为内在报酬和外在报酬两大类。内在报酬通常是指员工由工作本身所获得的心理满足和心理收益,如决策的参与、工作的自主权、个人的发展、活动的多元化以及挑战性的工作等。外在报酬则通常指员工所得到的各种货币收入和实物,它包括两种类型,一种是财务报酬,另一种是非财务报酬,如宽大的办公室、私人秘书、动听的头衔以及特定的停车位等。财务报酬又可以分为两类,一是直接报酬,如工资、绩效奖金、股票期权和利润分享等;二是间接报酬,如保险、带薪休假和住房补贴等各种福利(如图 6-1 所示)。

薪酬则是指员工从组织那里得到的各种直接的和间接的经济收入,简单地说,它就相当于报酬体系中的财务报酬部分。

在企业中,员工的薪酬一般是由三个部分组成的,一是基本薪酬,二是激励

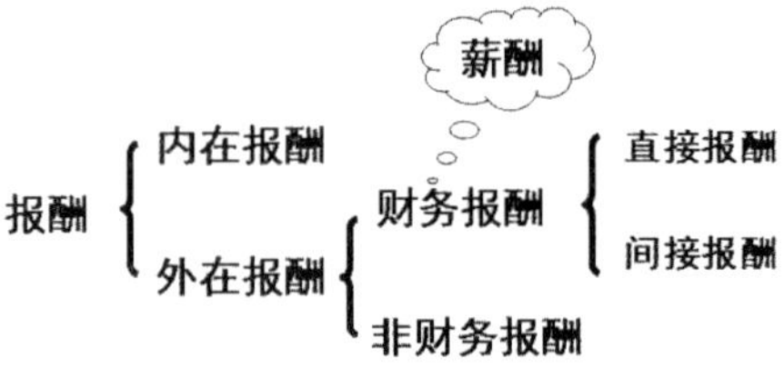


图 6-1　报酬与薪酬区别

薪酬,三是间接薪酬。基本薪酬指企业根据员工所承担的工作或者所具备的技能而支付给他们的较为稳定的经济收入;激励薪酬,就是通常所说的奖金,是指企业根据员工、团队或者企业自身的绩效而支付给他们的具有变动性质的经济收入,这两个部分合起来就相当于财务报酬中的直接报酬部分,这也构成了薪酬的主体;间接薪酬就是给员工提供的各种福利,与基本薪酬和激励薪酬不同,间接薪酬的支付与员工个人的工作和绩效并没有直接的关系,往往具有普遍性,通俗地讲就是“人人都有份”。

## 二、薪酬管理的含义

薪酬管理是指组织在经营战略和发展规划的指导下,综合考虑内外各种因素的影响,确定自身的薪酬水平、薪酬结构和薪酬形式,并进行薪酬调整和薪酬控制的整个过程。

薪酬水平指组织内部各类职位以及组织整体平均薪酬的高低状况,它反映了组织支付的薪酬的外部竞争性。薪酬结构指组织内部各个职位之间薪酬的相互关系,它反映了组织支付的薪酬的内部一致性。薪酬形式则是指在员工和组织总体的薪酬中,不同类型的薪酬的组合方式。薪酬调整是指组织根据内外各种因素的变化,对薪酬水平、薪酬结构和薪酬形式进行相应的变动。薪酬控制指组织对支付的薪酬总额进行测算和监控,以维持正常的薪酬成本开支,避免给组织带来过重的财务负担。

全面理解薪酬的含义,需要注意以下几个问题:

一是薪酬管理要在组织发展战略和经营规划的指导下进行,作为人力资源管理的一项重要职能,薪酬管理必须服从和服务于组织的经营战略,要为组织战略的实现提供有力的支持,绝对不能狭隘地来进行薪酬管理。

二是薪酬管理的目的不仅是让员工获得一定的经济收入,使他们能够维持并不断提高自身的生活水平,而且还要引导员工的工作行为、激发员工的工作热情,不断提高他们的工作绩效,这也是薪酬管理更为重要的目的。

三是薪酬管理的内容不单是及时准确地给员工发放薪酬,这只是薪酬管理最低层次的活动,由薪酬管理的定义可以看出,薪酬管理涉及一系列的决策,是一项非常复杂的活动。

## 三、影响薪酬管理的主要因素

在市场经济条件下,组织的薪酬管理活动会受到很多因素的影响,为了保证薪酬管理的有效实施,必须对这些影响因素有所认识和了解。一般来说,影响薪酬管理各项决策的因素主要有三类:一是组织外部因素;二是组织内部因素;三是员工个人因素。

### (一)组织外部因素

1. 国家的法律法规。法律法规对于组织或企业的行为具有强制性的约束,一般来说,它规定了企事业单位薪酬管理的最低标准,因此,组织实施薪酬管理时应当首先考虑这一因素,要在法律规定的范围内进行活动。例如,政府的最低工资立法规定了企业支付薪酬的下限;社会保险法律规定了企业必须为员工缴纳一定数额的社会保险费。

2. 物价水平。薪酬最基本的功能是保障员工的生活,因此,对员工来说更有意义的是实际薪酬水平,即货币收入(或者叫作名义薪酬)与物价水平的比率。当整个社会的物价水平上涨时,为了保证员工的生活水平不变,支付给他们的名义薪酬相应地也要增加。

3. 劳动力市场的状况。按照经济学的解释,薪酬就是劳动力的价格,它取决于供给和需求的对比关系。在企业需求一定的情况下,当劳动力市场紧张造成供给减少时,企业的薪酬水平就应当提高;反之,企业就可以维持甚至降低薪酬水平。

4. 其他组织或企业的薪酬状况。同一地区或同一行业其他组织或企业的薪酬状况对组织薪酬管理的影响也是非常直接的,这是员工进行横向的公平性比较时非常重要的一个参照系。当其他组织或企业,尤其是竞争对手的薪酬水平提高时，为了保证外部的公平性，组织也要相应地提高自己的薪酬水平，否则就会造成员工的不满意甚至流失。

## （二）组织内部因素

1. 组织或企业的经营战略。在阐述薪酬管理的含义时，应当指出，薪酬管理应当服从和服务于组织或企业的经营战略，在不同的经营战略下，组织或企业的薪酬管理也会不同。表 6-1 列举在三种主要的经营战略下薪酬管理的区别。

**表 6-1　不同经营战略下的薪酬管理**

| 经营战略 | 经营重点 | 薪酬管理 |
| --- | --- | --- |
| 成本领先战略 | ·一流的操作水平<br>·追求成本的有效性 | ·重点放在与竞争对手的成本比较上<br>·提高薪酬体系中激励部分的比重<br>·强调生产率<br>·强调制度的控制性及具体的工作说明 |
| 创新战略 | ·产品领袖<br>·向创新性产品转移<br>·缩短产品生命周期 | ·奖励在产品以及生产方法方面的创新<br>·以市场为基准的工资<br>·弹性/宽泛性的工作描述 |
| 客户中心战略 | ·紧紧贴近客户<br>·为客户提供解决问题的办法<br>·加速营销速度 | ·以顾客满意为奖励的基础<br>·由顾客进行工作或技能评价 |

2. 组织或企业的发展阶段。组织或企业处于不同的发展阶段时，其经营的重点和面临的内外环境也是不同的。因此，在不同的发展阶段，薪酬形式也是不同的。表 6-2 对企业不同发展阶段下的薪酬管理进行了简单的比较。

**表 6-2　企业不同发展阶段下的薪酬管理**

| 企业发展阶段 | | 开创 | 成长 | 成熟 | 稳定 | 衰退 | 再次创新 |
| --- | --- | --- | --- | --- | --- | --- | --- |
| 薪酬形式 | 基本薪酬 | 低 | 有竞争力 | 有竞争力 | 高 | 高 | 有竞争力 |
| | 激励薪酬 | 高 | 高 | 有竞争力 | 低 | 无 | 高 |
| | 间接薪酬 | 低 | 低 | 有竞争力 | 高 | 高 | 低 |

3. 组织或企业的财务状况。薪酬是组织或企业的一项重要成本开支，因此，组织或企业的财务状况会对薪酬管理产生重要的影响，它是薪酬管理各项决策得以实现的物质基础。良好的财务状况，可以保证薪酬水平的竞争力和薪酬支付的及时性。

### （三）员工个人因素

1. 员工所处的职位。在目前主流的薪酬管理理论中，这是决定员工个人基本薪酬以及企业薪酬结构的重要基础，也是内部公平性的主要体现。职位对员工薪酬的影响并不完全来自它的级别，而主要是职位所对应的工作职责以及对员工的任职资格要求。随着薪酬理论的发展，由此衍生出另一个影响因素，那就是员工所具备的技能。

2. 员工的绩效表现。员工的绩效表现是决定其激励薪酬的重要基础。在企业中，激励薪酬往往都与员工的绩效联系在一起，具有正相关的关系。总的来说，员工的绩效越好，其激励薪酬就会越高。此外，员工的绩效表现还会影响他们的绩效加薪（绩效工资），进而影响基本薪酬的变化。

3. 员工的工作年限。工作年限主要有工龄和司龄两种表现形式。工龄指员工参加工作以来整个的工作时间，司龄则指员工在本组织或企业中的工作时间。工作年限会对员工的薪酬水平产生一定的影响，在技能工资体系下，这种影响更加明显。一般来说，工龄越长、在组织或企业工作时间越长的员工，薪酬水平相对也会高一些。

工龄的影响主要源于人力资源管理中的“进化论”，就是说，通过社会的“自然选择”，工作时间越长的人就越适合工作；不适合的人，由于优胜劣汰的作用，会离开这个职业。司龄的影响则主要源于组织社会化理论，就是说，员工在组织或企业中的时间越长，对组织或企业和职位的了解就越深刻，其他条件一定时，绩效就会越好。此外，保持员工队伍的稳定也是一个原因，司龄越长的员工，薪酬水平相对就越高，这样可以在一定程度上减少员工的流动率，因为如果流动的话，就会损失一部分收入。

## 四、薪酬管理与人力资源管理其他职能的关系

为了加深对薪酬管理的理解，有必要将它置于整个人力资源开发与管理系统中，从更加宽广的视角分析它与人力资源开发与管理其他职能的关系（如图6-2所示）。

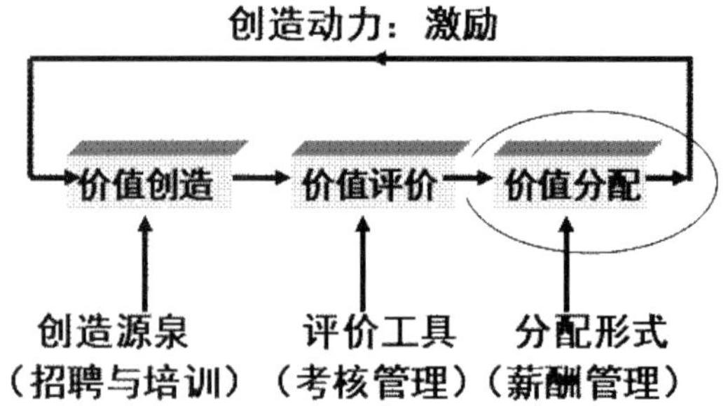


图 6-2　组织价值链

(一)薪酬管理与人力资源规划的关系

薪酬管理与人力资源规划的关系主要体现在人力资源供需的平衡方面,薪酬政策的变动是改变内部人力资源供给的重要手段,例如提高加班工资的额度,可以促使员工增加加班时间,从而增加人力资源的供给量,当然这需要对正常工作时间的工作严格加以控制。

(二)薪酬管理与工作分析的关系

应当说,工作分析是基本薪酬实现内部公平性的一个重要基础,特别是在职位工资体系下,工作分析所形成的职位说明书是进行职位评价确定薪酬等级的依据,职位评价的信息大都来自职位说明书的内容。即使是在技能工资体系中,工作分析仍然具有重要的意义,因为评价员工所具备的技能,仍然要以他们从事的工作为基础来进行。

(三)薪酬管理与招聘录用的关系

薪酬管理对招聘录用工作有着重要的影响,薪酬是员工选择工作时考虑的重要因素之一,较高的薪酬水平有利于吸引大量应聘者,从而提高招聘的效果;此外,招聘录用也会对薪酬管理产生影响,录用人员的数量和结构是导致组织或企业薪酬总额增加的主要因素。

(四)薪酬管理与绩效管理的关系

薪酬管理和绩效管理之间是一种互动的关系,一方面,绩效管理是薪酬管理的基础之一,激励薪酬的实施需要对员工的绩效做出准确的评价;另一方面,针对员工的绩效表现及时地给予他们不同的激励薪酬,也有助于增强激励的效果,确保绩效管理的约束性。

### （五）薪酬管理与员工关系管理的关系

在组织的劳动关系中，薪酬是最主要的问题之一，劳动争议也往往是由薪酬问题引起的，因此，有效的薪酬管理能够减少劳动纠纷，建立和谐的劳动关系。此外，薪酬管理也有助于塑造良好的组织文化。首先，薪酬是进行组织文化建设的物质基础，员工的生活如果不能得到保障，组织文化的建设就是一纸空文。其次，组织的薪酬政策本身就是组织文化的一部分内容，如奖励的导向、公平的观念等。最后，组织的薪酬政策能够对员工的行为和态度产生引导作用，从而有助于组织文化的建设。例如，组织推行以个人为基础的计件工资制，那么就会强化个人主义的组织文化；相反，如果组织的激励薪酬以团队为基础来计发，那么就有助于建立集体主义的组织文化。

## 第二节　薪酬设计基本原理

### 一、薪酬设计的理论假设

在人力资源管理中，组织如何确定员工所获得的薪酬，主要取决于员工对组织的价值和贡献，这种价值和贡献可以归结为员工的绩效。在绩效管理讨论中，我们知道，一个员工的绩效，就是指员工在工作过程中所表现出来的与组织目标相关并且能够被评价的工作业绩、工作能力和工作态度，其中工作业绩是指工作的结果，工作能力和工作态度则是指工作的行为。从这个逻辑上讲，员工所获得的薪酬应该按照员工的绩效，即工作业绩、工作能力和工作态度来衡量。

如果直接按照业绩付酬，则成为以业绩为基础的薪酬体系；工作能力和工作态度是完成工作所必需的过程性要素，如果以这些因素为主来确定员工的价值，便成为以能力为基础的薪酬体系；业绩产生的过程就是工作的完成过程，胜任这些工作的员工其能力是已经得到组织确认的，所以由组织安排在相应的职位上，如果以所处职位相关因素来确定员工的价值，便成为以职位为基础的薪酬体系。上述三种视角仅仅是从员工价值创造的内部角度来思考员工对组织或企业的价值，除此之外，还可以从外部角度来确定员工的价值，即按照市场价值来付酬，这便是以市场为基础的薪酬体系。

在这几种不同的薪酬设计模式中，以职位为基础和以能力为基础的薪酬体系是最为基本的薪酬体系，而以市场为基础和以业绩为基础的薪酬体系的应用范围则相对较窄，并且往往依附于前两种基本的薪酬模式进行使用。

## 二、薪酬支付的依据

所谓薪酬，在本质上是对员工为组织或企业所创造的价值的一种回报，同时，还兼有满足员工的内在需求，激励员工的工作积极性，传递组织的价值观等基本职能。因此，薪酬体系设计，必须在科学合理地评价员工为组织或企业所创造的价值的基础上，对组织或企业的经济价值进行科学的分配。而在如何衡量员工为组织或企业所创造的价值时，在操作上存在这四种不同的衡量方式，于是便产生了薪酬设计四种不同的支付基础。

第一种是通过对员工的职位进行价值评价，即员工所承担的职责和承担职责所需要的任职资格等因素，来确定其为组织或企业创造的价值，这便形成以职位为基础的薪酬体系；第二种是通过对员工能力进行评价，即员工所具备与工作相关的知识、技能、经验和胜任能力等因素，来确定其为组织或企业创造的价值，这便形成了以能力为基础的薪酬体系；第三种是通过对员工的业绩结果进行评价，即员工的关键业绩指标和关键行为、态度指标的完成情况，来确定其为组织或企业创造的价值，这便形成了以业绩为基础的薪酬体系；第四种则是借助于外部劳动力市场来对员工的价值进行评价，从而形成以市场为基础的薪酬体系。上述四种不同的薪酬支付基础往往在同一家组织或企业中并存，即针对不同的职位类型和人员类型形成分层分类的薪酬体系。上述四种不同的薪酬支付基础往往在同一家企业中并存，即针对不同的职位类型和人员类型形成分层分类的薪酬体系。表 6-3 给出了不同的薪酬体系的使用对象。

表 6-3 四种不同的薪酬支付的依据、适用对象及表现形式

| 薪酬支付的依据 | 以职位为基础 | 以能力为基础 | 以业绩为基础 | 以市场为基础 |
| --- | --- | --- | --- | --- |
| 主要适用对象 | ·职能人员<br>·管理人员<br>·一般操作类人员 | ·研发人员<br>·工程技术人员<br>·生产技术工人<br>·其他主要依靠知识和技能来创造价值的员工 | ·销售人员<br>·其他业绩容易直接衡量的人员 | ·低层的可替代性很强的操作类人员<br>·企业中的特殊人才<br>·与企业结成战略伙伴的人员 |
| 表现形式 | 基础工资(职位、职务工资) | 基础工资(知识工资、技能工资和能力工资) | ·佣金制<br>·绩效工资<br>·奖金 | ·基础工资设计中的市场比较<br>·市场工资<br>·谈判工资 |

但在这四种薪酬体系中,以职位为基础和以能力为基础是最为基本的两种薪酬支付依据,而以业绩为基础和以市场为基础的薪酬体系往往应用面相对狭窄,并且往往作为对前两种基本薪酬体系的补充来使用。

## 三、薪酬设计的模型

美国著名薪酬管理专家米尔科维奇在其所著的《薪酬管理》一书中,提出了薪酬体系设计的模型,来概括薪酬设计时所需要考虑的主要方面,成为薪酬体系设计的基本原则。该薪酬设计模型包括三大部分:(1)薪酬目标;(2)薪酬设计的原则与政策;(3)薪酬设计技术。

### (一)薪酬目标

薪酬设计和管理的基本目标为效率、公平和合法。

将效率目标进一步细化,可分为:(1)提高绩效、质量,取悦消费者;(2)控制劳动成本。

公平是薪酬设计和管理的基础。“公平对待所有员工”或“按劳分配”,这些表述反映了对公平的关注。因此,公平目标试图确保每一名员工获得公平的薪酬。它强调在设计薪酬制度时,既能体现员工的贡献,如给业绩突出或经验丰富、训练有素的员工支付更高的薪酬,又能满足雇员的需要,如支付公平薪

酬,而且分配的工作程序公平。

程序公平与薪酬决策的过程有关。对雇员来说,这就意味着薪酬决策方式和决策结果同等重要。

合法作为薪酬决策的目标之一,包括遵守各种全国性和地方性的法律法规。一旦这些法律法规发生变化,薪酬制度也应做相应的调整,以继续保持一致。

### (二)薪酬设计的原则与政策

薪酬设计的原则与政策主要有:内部一致性、外部竞争性、激励性和管理可行性。

1. 内部一致性。所谓内部一致性,又称内部公平性,主要是指员工会感觉到,相对于同一组织中从事相同工作的其他员工,相对于组织中从事不同工作的其他员工,自己的工作获得了适当的薪酬。比如,一个文秘也将自己的薪资与行政助理、会计等同一组织中的其他工作的薪资进行比较。如果他认为相对于组织中的其他工作,自己的工作获得了公平的薪酬(即对组织越重要的工作获得的报酬也越多,组织需要越少、越不重要的工作获得的报酬也越少),他就感到了内部一致性。内部一致性主要通过工作分析、建立职位说明书、职位评价和建立内部薪酬结构来实现。

2. 外部竞争性。外部竞争性主要是通过外部相关劳动力市场界定、市场调查、建立薪酬政策线,并在此基础上调整薪酬结构来实现的。又如上述文秘,他也可能将自己的薪酬与其他组织中的文秘相比较。如果他认为相对于其他组织中的类似工作而言,自己的薪酬也是公平的话,他就感到了外部竞争性,即本组织的薪酬水平对于劳动力市场的其他人员来讲是具有吸引力的。

3. 激励性。激励性主要是强调将员工的报酬与业绩挂钩,根据绩效水平的高低来对薪酬进行调整。那么,从事相同工作具有相同能力的不同员工,可能就会由于绩效考核结果的差异,导致其获得的报酬出现较大的差异。激励性主要是通过绩效考核,并依据考核结果来确定激励方案而实现的。

4. 管理可行性。管理上的可行性主要是指对薪酬体系必须进行科学的规划,以保证薪酬体系能够得以有效的运行,确保前面三项目标的实现。管理上的可行性，主要包括计划、预算、沟通和评估等主要环节。

一个组织建立起具有内部一致性、外部竞争性、激励性和管理可行性的薪酬体系，它就能够有效地吸引、激励和保留它所需要的员工，以实现组织的薪酬目标。

(三)薪酬设计技术

按照薪酬设计的原则和政策，实现薪酬目标的手段和方法，就是薪酬设计技术。简单来说，内部公平性主要通过职位评价系列技术实现；外部竞争性主要通过薪酬调查来实现。实现内部公平性和外部竞争性是对组织基础工资体系设计的主要要求。另外，激励性主要通过对激励薪酬的设计来实现。

## 第三节　基本薪酬

在组织的薪酬体系中，基本薪酬是最基础的部分，对于大多数员工来说，这也是他们所获得的薪酬中最主要的部分。基本薪酬的设计，通常要考虑两个因素：一是内部公平性，是通过职位评价来实现的；二是外部公平性，是通过薪酬调查来实现的。下面以最常见的以职位为基础的薪酬体系为例对基本薪酬进行探讨。

### 一、基本薪酬的设计流程

以职位为基础的工资体系(以下简称为职位工资)，根据每个员工所承担的职位的价值来确定其基础工资。因此，职位工资必须建立在工作分析和职位评价的基础之上。

1. 首先通过工作分析，形成每个职位的职位说明书。职位说明书的内容包括该职位的主要工作职责、业绩标准、任职资格要求、工作条件以及工作特征，从而为职位价值评价提供关于各职位的基础性信息。

2. 在工作分析的基础上进行职位评价。职位评价是确定职位工资最主要的基础和前提。职位评价是通过采用一套标准化和系统化的评价指标体系，确定组织内部各职位相对价值大小的过程。职位评价的方法一般有四种：排序法、职位分类法、因素比较法和要素计点法。在实践当中，最常用的方法是要素计点法。

运用要素计点法进行职位评价,就是将需要进行评价的职位进行要素分解,然后对每个要素进行评分,最后加总并进行不同职位间的比较。职位要素可以按照四个维度进行分解,即工作职责的大小、工作复杂性和难度的大小、任职资格要求的高低及工作环境条件的好坏。要素分解和评分都要依靠工作分析所提供的信息,即在职位评价时,必须参考职位说明书的相关内容。

3. 在准确界定相关劳动力市场的基础上,进行外部劳动力市场的薪酬调查。工作分析和职位评价仅仅是解决薪酬设计的内部一致性的基础,而要实现薪酬设计的外部竞争性,则需要对各职位进行外部劳动力市场的薪酬调查,并将外部薪酬调查的结果和职位评价的结果结合,形成反映各职位平均市场价值的市场薪酬线。

4. 确定组织的竞争性薪酬政策。组织的竞争性薪酬政策主要反映组织薪酬水平与外部劳动力市场薪酬水平相比较的结果。这种薪酬政策主要包括三种类型:领先型、匹配型和拖后型。根据组织的薪酬政策,组织对前面所得到的市场薪酬线进行修正,得到组织的薪酬政策线,从而为将职位评价的点值转换为具体的金钱价值提供依据。

5. 建立薪酬结构。前面的步骤所确定的每个职位的价值主要反映了其平均价值,而组织还需要根据从事相同工作的不同人员之间的绩效差异、能力差异和资历差异来形成不同的薪酬,也就是要为每个职位等级建立起薪酬的"跑道",包括每个职位等级的中点工资、最高工资和最低工资。这一过程就是形成组织薪酬结构的过程。

6. 建立薪酬结构的管理机制。薪酬结构建立之后,整个组织的薪酬框架就已经完成。这时候就需要建立对这样的薪酬结构进行管理的机制。它主要包括两个方面:一是现有人员和新员工如何进入这样的薪酬框架,即人员的入轨机制;二是如何来根据业绩、能力和资历的变化以及其他因素(比如通货膨胀)对人员的薪酬进行调整。建立管理机制是实现对薪酬的动态调整,完善薪酬结构的关键。

## 二、市场薪酬调查及应用

薪酬设计中内部公平性的问题是由工作分析和职位评价来解决的。职位评价的结果确定了组织内部各个职位价值的相对大小,这就解决了内部公平性的问题,但是单凭这一结果还不能确定各个职位具体的薪酬水平,这就需要借助薪酬调查来实现。薪酬调查是指收集同地区或同行业其他组织的薪酬信息,从而确定市场薪酬水平的过程。根据薪酬调查的结果,结合职位评价的结果和组织自身的薪酬策略,就可以确定出各职位具体的薪酬水平。

### (一)薪酬调查的实施

1. 选择需要调查的职位。一般来说,薪酬调查是不可能针对所有职位来进行的,因此,首先就要选择需要调查的典型职位。典型职位的确定主要是考虑调查的方便,应当选择那些在同地区或同行业中大多数企业都普遍存在的通用职位作为典型职位。为了保证调查结果的准确性,还需要对典型职位进行工作分析,形成职位说明书,因为有些职位的名称虽然一样或相似,但实际的工作职责差别很大,如果不考虑工作的内容,调查的结果就会有很大的出入。

2. 确定调查的范围。选择出典型职位后,接下来就要确定调查的范围,就是说要确定在什么范围收集相关的信息。由于薪酬调查的目的是保证薪酬水平的外部公平性,因此,调查的范围应当根据职位的招聘范围来确定。不同类型的职位,调查的范围应当是不同的。

3. 确定调查的项目。虽然薪酬调查是为了确定职位的基本薪酬,但是调查的项目不能只包括基本薪酬,因为有些组织给予某个职位的基本薪酬可能不高,激励薪酬和福利却很高,而员工进行薪酬比较时针对的往往是总体薪酬,因此,调查的项目应当包括薪酬的各个组成部分,这样在确定基本薪酬水平时才会比较合理。

4. 进行实际的调查。前期的准备工作结束以后,就可以着手进行实际的调查。为了保证调查的效果,一般需要设计出调查问卷,问卷除了要包括薪酬方面的信息外,还应当包括组织或企业本身和职位本身的一些信息。

5. 撰写薪酬调查报告。薪酬调查的最后是对调查结果进行分析,首先要删除那些无效的问卷,然后对有效的结果进行统计分析,确定市场薪酬的平均水平。

### (二)薪酬曲线的建立

薪酬调查结束以后,将调查分析的结果和职位评价的结果结合起来,就可以建立组织或企业的薪酬曲线,它是各个职位的市场薪酬水平和评价点数或者序列等级之间的关系曲线。也就是运用统计学的技术,把组织中每项职位评价得分与劳动力市场每个职业的工资率之间的关系归纳为线性回归的关系。

从理论上来讲,各个职位的市场薪酬水平和评价点数或者序列等级之间应当是一种线性关系,因此,薪酬曲线一般都采用最小二乘法来进行拟合。如果将评价点数或者序列等级设为 $X$,市场薪酬水平设为 $Y$,就可以得出薪酬曲线的方程 $Y=\mathrm{b}X+\mathrm{a}$。将各个职位的评价点数或者序列等级代入方程,就可以得出它们的市场平均薪酬水平。

一般来说,薪酬调查的结果和职位评价的结果,即外部公平性和内部公平性是一致的,也就是说,市场薪酬水平和评价点数确定的薪酬点都分布在薪酬曲线的周围。但是,有时也会出现不一致的情况,这时薪酬点就会明显地偏离薪酬曲线,这表明内部公平性和外部公平性之间出现了矛盾。当内部公平性和外部公平性不一致时,通常要按照外部公平性优先的原则来调整这些职位薪酬水平,否则,要么就是这些职位的薪酬水平过低,无法招聘到合适的人员;要么就是薪酬水平过高,组织或企业承担了不必要的成本。

最后,组织还要根据自己的薪酬策略对薪酬曲线做出调整。由于上面所讲的薪酬曲线是按照市场平均薪酬水平建立的,因此,如果组织或企业实现的是领先型或拖后型工资策略,那么就应当将薪酬曲线向上或向下平移,平移的幅度取决于领先或拖后的幅度;如果是跟随型策略,薪酬曲线就可以保持不动。

## 三、薪酬等级

从理论上来讲,薪酬曲线建立以后,基本薪酬的设计也就结束了,按照职位评价的结果,通过薪酬曲线就可以确定每个职位的基本薪酬水平。但是,在实践当中,这种做法是不现实的,尤其是当组织的职位数量比较多时,针对每个职位设定一个薪酬水平,会大大提高组织的管理成本。因此,在实际工作中,还需要建立薪酬等级,以简化管理工作。

为了建立薪酬等级，首先需要将职位划分成不同的等级，划分的依据是职位评价的结果。每一个等级中的职位，其职位评价的结果应当接近或类似。如果使用的是要素计点法，就应当包括一定点值范围的职位。

职位等级划分的数量取决于多种因素，如企业内部职位的数量、职位评价的结果以及企业的薪酬政策等，但是一个基本的原则是应当能够反映出职位的价值差异。

职位等级确定以后，接着就要确定各个等级的薪酬变动范围，即薪酬区间。首先要确定薪酬区间的中值，某一等级的薪酬区间中值是由处于该等级中间位置的职位的薪酬水平决定的。

## 第四节　基本薪酬调整

前面一节主要介绍了基础工资体系的设计。基础工资体系虽然是相对稳定的，但是这并不意味着员工所获得的基本薪酬就不会发生变动。在一定的条件下，员工的基本薪酬也会做出调整，这种调整主要分为两个层次：一是整体性的调整，二是个体性的调整。

整体性的调整指按照统一的政策针对组织或企业内部所有的员工来进行基本薪酬的调整，通俗地讲就是“普调”，而调整的原因则往往与员工个人没有关系，这些原因主要有以下几个方面：社会的物价水平发生变化；基本的生活费用发生变化；市场的平均薪酬水平发生变化；组织或企业的薪酬策略做出调整；组织或企业的经济效益发生变化，等等。

个体性的调整指针对员工个人来进行基本薪酬的调整，调整的原因大多出自员工个人，这些原因主要有以下几个方面：职位等级和技能等级的变化，工作绩效的好坏，工作的年限，等等。其中最常见的是按照工作绩效的好坏进行基本薪酬的调整，即绩效调薪，下面重点介绍的就是绩效调薪的设计。

绩效调薪，是根据员工的绩效考核结果来对其基础工资进行动态调整，并将调整的结果作为下一个考核周期内的工资水平。

## 一、绩效调薪的周期

不同组织或企业、不同类别人员的考核周期往往不同,包括月度考核、季度考核、半年度考核和年度考核。但由于绩效调薪具有一定的管理难度和复杂性,因此,绩效调薪往往并不会根据月度考核来做出,而往往进行季度调薪、半年度调薪和年度调薪。其中,年度调薪是最为普遍的方式。

## 二、绩效调薪的前提

绩效调薪主要根据员工的绩效考核结果来做出,因此,其前提是组织必须建立起分层分类的、基于战略的关键业绩指标体系和绩效管理系统。组织如果不能建立起科学的绩效考核体系,那么绩效调薪要么有名无实,要么会对整个组织的薪酬体系产生负面影响,因为那些获得提薪的员工,未必就是真正对组织做出贡献和创造价值的员工。

## 三、绩效调薪的原理

绩效调薪的确定涉及两个因素:一是员工的绩效水平的高低,绩效水平越高,调薪的量也就应该越高,绩效平平的员工不应该获得绩效提薪,绩效水平差的员工应该对其基础工资进行下调;二是该员工在其工资范围中所处的位置,如果该员工所获得的报酬已经处于工资范围的上端,那么,为了降低组织或企业的成本风险,其绩效调薪的量就应该比处于工资范围下端,而绩效结果与之相同员工要低。绩效调薪的设计,可以只考虑前面一个因素,也可以两个因素同时考虑。这就产生了两种不同的绩效提薪表,分别见表 6-4 和表 6-5。

**表 6-4　不同绩效对应的调薪幅度**

| | 远高于平均绩效水平 | 高于平均绩效水平 | 平均绩效水平 | 低于平均绩效水平 | 远低于平均绩效水平 |
|---|---|---|---|---|---|
| 考核等级 | S | A | B | C | D |
| 调薪幅度 | 6% | 3% | 0 | -3% | -6% |

表 6-4 中所示的调薪办法,完全根据员工的考核结果来做出,只有高于平均绩效水平的员工才能够获得提薪,平均绩效水平的员工其基础工资保持不变,低于平均绩效水平的员工将降低其基础工资。

表 6-5　不同绩效水平结合在工资范围中的位置决定的调薪幅度

| 考核等级<br>在工资范围中的位置 | 远高于平均绩效水平<br>S | 高于平均绩效水平<br>A | 平均绩效水平<br>B | 低于平均绩效水平<br>C | 远低于平均绩效水平<br>D |
|---|---|---|---|---|---|
| 处于前 1/5 | 4% | 0 | 0 | -3% | -6% |
| 处于前 1/5~2/5 | 4% | 2% | 0 | -3% | -6% |
| 处于前 2/5~3/5 | 6% | 3% | 0 | -3% | -6% |
| 处于前 3/5~4/5 | 9% | 6% | 3% | 0 | -3% |
| 处于前 4/5 之后 | 12% | 9% | 6% | 3% | 0 |

表 6-5 中所示的调薪办法,根据员工的考核结果和该员工在工资范围中的位置这两个因素来做出。处于工资范围下端的员工,其绩效平平也能获得提薪,而不会降薪,并且其相同绩效水平的员工能够获得更大幅度的提薪;而处于工资范围上端的员工,必须达到 S 级的绩效水平才能获得提薪,并且其相同绩效水平所获得的提薪比例比工资范围低端的员工要少。

上面的调薪办法是以百分比来表示调薪的数量,其调薪的绝对量为:该员工调薪之前的基础工资乘以该员工的调薪百分比。因此,薪点制工资调薪往往是以工资的升级来实现的,即沿薪点表从下端向上端进行晋升,因此绩效调薪的量是用升级或者降级的数量来表示的。其示例见表 6-6。

表 6-6　薪点制工资体系中的调薪表

| | 远高于平均绩效水平 | 高于平均绩效水平 | 平均绩效水平 | 低于平均绩效水平 | 远低于平均绩效水平 |
|---|---|---|---|---|---|
| 考核等级 | S | A | B | C | D |
| 升(降)级 | 升二级 | 升一级 | 不变 | 降一级 | 降二级 |

## 第五节　奖金体系设计

奖金是激励薪酬的重要形式,也是薪酬中十分重要的组成部分,它根据员工的工作绩效进行浮动,因此也成为可变薪酬。同样是对员工的工作绩效的反映,相对于绩效调薪而言,它具有两个方面的优点:

一是绩效调薪中薪酬的上升可能比较容易,但降薪实施起来相对较难,因此许多企业的绩效调薪往往是只升不降，最终会由于工资的刚性造成整个企业薪酬成本的大幅提升。而奖金则由于不累计计入基础工资部分，只一次性发放，在企业效益不好的情况下可以不再发放，因此不具有刚性，有利于企业控制其人工成本的膨胀。

二是绩效调薪对于整个薪酬包而言，其比例过小，即使绩效杰出的员工获得的绩效提薪也往往难以获得超过10%的提薪。此外，不同绩效水平的员工的提薪往往也难以拉开距离，因此，提薪难以真正起到对员工的激励作用。而奖金却由于其基数相对较大，所以能够有效地对员工形成激励。

奖金根据其支付基础的不同可以分为组织奖励、团队奖励和个人奖励。组织奖励是以组织的整体业绩作为奖金支付的基础，团队奖励是以团队的整体业绩作为支付的基础，而个人奖励则以个人的业绩作为奖金发放的依据。下面将对三种不同的奖金发放方式进行介绍。

## 一、组织奖励

组织奖励是根据组织的整体业绩确定奖金发放的依据和标准。因此，实施组织奖励计划的前提是要确定整个组织的关键业绩指标，然后根据这些关键业绩指标的完成情况来确定整个组织的奖金发放基数和实际的奖金发放额度。因此，组织的业绩衡量是组织奖励的关键。

### （一）组织奖励的依据

传统的公司业绩衡量方法主要是对财务指标进行评价，比如，某公司在年初制定的利润目标为8000万元，如果该企业在年终完成了利润目标，全体员工就分享公司利润的10%，即将800万元的利润作为组织奖励的基数。但由于财务指标仅仅反映了公司短期的经济成果，这些指标的良好表现并不能完全保证公司在战略上的长远成功，尤其不能使企业获得在未来成功的关键。因此，现代公司的绩效评价指标体系，不再仅仅是对财务指标进行衡量，而是要求建立一套综合性的评价指标体系。

比如，上述该公司在年初制定的利润目标为8000万元，如果该企业在年终完成了利润目标，全体员工就分享公司利润的10%，即将800万元的利润作为组织奖励的基数。然后，该公司根据其成功关键提炼出其他几个关键指标，包括销售计划的达成率、安全责任事故的控制率、产品的优良品率等。如果几个关键业绩指标的考核结果达到了S等级（远远超过绩效期望），那么全体员工就能完全获得这800万元的奖励；如果达到了A等级（略超过绩效期望），那么全体员工就能获得这800万元奖励的90%。随着考核结果的下降，奖金的发放比例逐步减少。

## （二）组织奖励的对象和分配方式

由于组织奖励是根据组织或企业的整体业绩来进行发放的，但参与组织奖励计划的人员往往并非组织或企业的全体员工，而是组织中那些能够对组织整体业绩产生直接影响的人员，他们往往包括组织的中高层管理人员和核心的技术人员、专业人员和业务人员。

但参与组织奖励计划的人员并非对奖金总额进行平均分配，而是仍然需要区分不同人员对组织业绩的贡献的差异。关于奖金如何在参与组织奖励计划的人员中进行分配，有几种不同的方式：

第一种方式是根据参与人员的职位评价点数进行分配，即：

人员A所获得的奖金=奖金总额/参与人员的总的职位评价点值×A所在职位的职位评价点值。

第二种方式是根据参与人员的基础工资来进行分配，即：

人员A所获得的奖金=奖金总额/参与人员的基础工资总额×A的基础工资。

第三种方式是根据参与人员的职位等级来进行分配，比如参与人员分布于三个职位等级，其分配的相对比例为1.2∶1∶0.8。那么，先用奖金总额除以总的分配人数，可以得到平均奖金。三个职位等级的人员分别得到平均奖的1.2倍、1倍和0.8倍。

第四种方式是根据参与人员的绩效水平来进行分配，比如参与人员的绩效水平分布于S、A、B、C、D五个等级，其分配的相对比例为平均奖的150%、120%、100%、80%和60%。

上述几种分配方式中，前三种主要考虑参与人员的职位和工作性质不同所造成的贡献差异。第四种方式则主要考虑参与人员的绩效差异所造成的贡献差异。根据实践经验来看，前三种方式往往在中国企业更为适合。

## 二、团队奖励

团队奖励是根据组织、团队或者部门的业绩来进行奖金分配决策的一种方式。团队奖励计划主要有以下两种不同的模式，即利润分享计划和收益分享计划。

### （一）利润分享计划

利润分享计划，即将公司或者某个利润单位所获得的利润或者超额利润的一部分在组织和员工之间进行分享的一种计划。在前面的组织奖励中，事实上已经用到了利润分享的思路来确定整个组织的奖金包。在这里，我们再将利润分享作为公司内的某一利润实体的奖励计划来进行讲解。

一般来讲，利润分享的关键在于确定利润分享的额度，而这一比例的确定有三种方式：

第一种方式是以利润实体获得的总利润为基数，在组织和员工之间分享总利润的一定比例，比如拿出总利润的5%来奖励员工；第二种方式是采用超额利润分享的方法，即设定一个目标利润，将超过这一目标利润的部分的一定比例来进行分享，如规定目标利润是1000万元，将1000万元利润以上的部分在组织和员工之间以7∶3的比例来进行分享；第三种方式是采用累计分享比例的方法，即规定若干个利润段，在不同的利润段采取不同的分享比例，比如规定在300万元利润以内分享比例为5%，在300万元到600万元之间分享比例为10%，600万元到900万元之间的部分分享比例为15%，900万元以上部分分享比例为20%。

利润分享计划，着重在于引导员工关注企业的利润实现，但由于它忽略了其他很多因素，所以常常导致员工过度追求企业的短期利润，而忽视企业长期核心能力的培养。因此，现在很多企业在实施利润分享计划时，并非简单地根据利润的事项进行分享，而是在利润分享的基础上，结合其他关键指标的实现来最终确定分享的奖金。这种方式和前面所讲到的组织奖励计划是一致的。

### （二）收益分享计划

所谓收益分享计划，是指将组织的成本节省在组织和员工之间进行分享的一种团队奖励方式。由于计算和分配组织或企业的成本节约的方式不同,收益分享计划又主要包括三种方式:斯坎伦计划、拉克计划和分享生产率计划。

1. 斯坎伦计划(Scanlon plan)。斯坎伦计划最早在20世纪20年代中期由美国的一位工会领袖约瑟夫·斯坎伦提出,它是一个劳资合作计划,就是以成本节约的一定比例来给员工发放奖金。它的操作步骤如下:

(1)确定收益增加的来源。通常用劳动成本的节约表示生产率的提高,用次品率降低表示产品质量的提高和生产材料等成本的节约。将上述各种来源的收益增加额加总,得出收益增加总额。

(2)提留和弥补上期亏空。收益增加总额一般不全部进行分配,如果上期存在透支的话,要弥补亏空。此外,还要提留一定比例的储备,得出收益增加净值。

(3)确定员工分享收益增加净值的比重,并根据这一比重计算出员工可以分配的总额。

(4)用可以分配的总额除以工资总额,得出分配的单价。员工的工资乘以这一单价,就可以得出该员工分享的收益增加数额。

2. 拉克计划(Rucker plan),是由艾伦·W. 拉克于1933年提出的一种收益分配计划。它与斯坎伦计划的区别在于,它所关注的不是劳动成本的节约,而是整个生产成本的节约。拉克计划采用一个价值增值公式来计算企业的劳动生产率。企业价值增值等于企业的销售额减去其购买原材料和其他各种供给、服务的总成本。然后,企业可以用价值增值与雇佣成本的比率来衡量企业的劳动生产率,这一比率成为拉克比率。企业用当期拉克比率与基期或者期望的拉克比率进行比较,如果当期的拉克比率高于基期或者期望的拉克比率,就代表该企业的劳动生产率获得了提高,将生产率提高部分带来的收益在企业和生产团队的员工之间进行分享。其收益分享部分的计算公式如下:

收益分享总额=(当期的拉克比率-基期或目标的拉克比率)×当期的雇佣成本

拉克比率=[销售额-(购买的原材料成本、供给成本和服务成本)]/雇佣成本

3. 分享生产率计划,是米歇尔·费恩于1973年提出的一种收益分享计划。

分享生产率计划不再衡量节省成本的经济价值,而是追求在更短的劳动时间内生产出更多的产品。这一计划的关键是计算劳动时间比率并与基期或者目标的劳动时间比率进行比较,如果当期的劳动时间比率低于基期或者目标的劳动时间比率,那么就意味着该企业的劳动生产率获得了提高,因此,就可以将这一部分生产率提高带来的收益进行分享。分享生产率计划往往是以周为单位向员工发放分享奖金。但这种分享计划有一个回购规定,即公司可以通过一次性向员工付款买回超过一定标准的生产率,从而使企业能够在生产率上升到一定水平后提高基期值或目标值。

上述三个计划都是世界范围内著名的收益分享计划,它们的实施都旨在通过一种群体分享计划来鼓励员工参与公司的决策,为公司的经营管理尤其是生产管理提供意见和建议,通过这种意见和建议来改善公司的经营效率,然后再将改进效率所获得的收益的一部分拿来奖励员工,这样就形成了一个提高公司或团队整体绩效的良性循环。

### 三、个人奖励与综合奖励计划

个人奖励计划,主要是根据员工个人的工作业绩来作为其奖金发放的依据。

个人奖励计划的制订主要涉及两个方面:一是如何确定个人奖金的基数,二是如何根据考核结果确定奖金发放的比例。根据考核结果确定奖金发放的比例主要是绩效考核所要解决的问题,而如何确定个人奖金的基数主要有两种不同的方式,一种是根据基础工资来确定奖金基数,即把基础工资的一定比例作为奖金的基础,这是一种传统的仅仅考虑个人因素的奖励方式;另一种是根据组织和团队的整体业绩确定总的奖金包,然后根据个人业绩情况确定每个人的奖金分配比例,计算出个人的奖金基数。这是一种综合了组织奖励、团队奖励和个人奖励的三位一体的奖励计划,既能够有效促进团队的合作和组织整体业绩的提升与改进,又充分考虑了个人的价值、贡献和业绩。

# 第六节　福利

福利是指组织或企业支付给员工的间接薪酬。与直接薪酬相比,福利具有两个重要的特点:一是直接薪酬往往采取货币支付和现期支付的方式,而福利多采取实物支付或延期支付的方式。二是直接薪酬具有一定的可变性,与员工个人直接相连,而福利则具有准固定成本的性质。

相比直接薪酬,福利具有自身独特的优势:首先,它的形式灵活多样,可以满足员工不同的需要;其次,福利具有典型的保健性质,可以减少员工的不满意度,有助于吸引和保留员工,增强组织的凝聚力;再次,福利还具有税收方面的优惠,可以使员工得到更多的实际收入。此外,由组织或企业集体购买某些产品,具有规模效应,可以为员工节省一定的支出。

但是福利也存在着一定的问题:首先,由于它具有普遍性,与员工个人的绩效并没有太大的直接联系,因此在提高员工工作绩效方面的效果不如直接薪酬那么明显,这也是福利的主要问题;其次,福利具有刚性,一旦为员工提供了某种福利,就很难将其取消,这样就会导致福利的不断膨胀,从而增加组织或企业的负担。

## 一、福利的内容

在不同的组织或企业中,福利的内容是各不相同的,存在着非常大的差异。但是,一般来说,可以将福利的项目划分为两大类:一是国家法定的福利;二是组织或企业自主的福利。

1. 国家法定的福利。这是由国家相关的法律和法规规定的福利内容,具有强制性,任何组织或企业都必须执行。从我国目前的情况看,法定福利主要包括以下几项内容:

(1)法定的社会保险,包括基本养老保险、基本医疗保险、失业保险、工伤保险和生育保险,企业要按照员工工资的一定比例为员工缴纳保险费,例如我国的《失业保险条例》第六条规定,城镇企业事业单位按照本单位工资总额的2%缴纳失业保险费。

(2)公休假日，指组织或企业要在员工工作满一个工作周后让员工休息一定的时间，我国目前实行的是每周休息两天的制度。

(3)法定休假日，就是员工在法定的节日要享受休假，我国目前的法定节日包括元旦、春节、清明节、国际劳动节、端午节、中秋节、国庆节和法律、法规规定的其他休假节日。

(4)带薪休假，指员工工作满规定的时期后，可以带薪休假一定的时间。我国《劳动法》第45条规定："国家实行带薪年休假制度。劳动者连续工作一年以上的，享受带薪年休假。"

2. 组织或企业自主的福利。这是组织或企业自主向员工提供的福利，不具有任何强制性，具体的项目也没有一定的标准，组织或企业可以根据自身的情况灵活决定。表6-7是美国企业福利项目的举例。

**表6-7　美国企业福利项目举例**

| 保险 | 医疗保健 | 退休 |
|---|---|---|
| ·企业与员工告别费<br>·补充失业保险<br>·家庭事务：儿童护理、老人照顾<br>·财政帮助<br>·人寿保险<br>·法律诉讼保险<br>·残疾保险<br>·员工持股计划<br>·财务咨询<br>·信用合作<br>·企业提供的轿车和支出账户<br>·教育辅导<br>·工作调动的搬迁帮助 | ·医疗保险<br>·牙齿保健<br>·处方用药<br>·心理咨询<br>·保健计划<br>·企业的补充医疗保险<br>·社会与娱乐活动<br>·网球场<br>·保龄球队<br>·公益服务奖励<br>·提供资助的活动(体育性或社会性活动)<br>·自助餐<br>·娱乐项目 | ·退休前咨询服务<br>·退休员工保健计划<br>·个人退休金账户，401K计划<br>·残疾人退休福利<br>·假期和班上休息<br>·午餐和工间休息<br>·葬礼和丧亲假<br>·家庭事假和病假 |

国内的研究中，福利主要有如下一些表现形式：

(1)额外金钱收入：比如在年终、中秋、端午、国庆等特殊节日的加薪、过节费、分红、物价补贴、消费、购物券等。

(2)超时酬金：超时加班费、节假日值班费或加班优待的饮料、膳食等。

(3)住房性福利:免费单身宿舍、夜班宿舍、廉价公房出租或廉价出售给本企业员工、提供购房低息或无息贷款、发放购房补贴等。

(4)交通性福利:企业接送员工上下班的班车服务、市内公交费补贴或报销、个人交通工具(自行车、摩托车或汽车)购买的低息(或无息)贷款以及补贴、交通工具的保养费、燃料补助、交通部门向员工提供的折价票购买权或内部签票权等。

(5)饮食性福利:免费或低价的工作餐、工间休息的免费饮料、餐费报销、免费发放食品、集体折扣代购食品等。

(6)教育培训性福利:企业内部的在职或短期的脱产培训、企业外公费进修(业余、部分脱产或脱产)、报刊订阅补贴、专业书刊购买补贴、为本企业员工向大学进行捐助等。

(7)医疗保健福利:免费定期体检、免费防疫注射、药费或滋补营养品报销或补贴、职业病免费防护、免费或优惠疗养等。

(8)意外补偿金:意外工伤补偿费、伤残生活补助、死亡抚恤金等。

(9)离退休福利:包括退休金、公积金(按月抽取员工基薪一定比例,企业同时提供一定补贴,积累至退休时一次性发还;若提前离职,企业发还其已供款额,还可能按规定对不同服务年限发给不同程度企业补贴额及长期服务奖金)等。

(10)带薪休假:除每周末及法定节假日和病假、产假外,每月或每年向员工提供若干带薪休假日,其长短按照年资工龄的不同而进行区别对待。

(11)文体旅游性福利:有组织的集体文体活动(晚会、舞会、郊游、野餐、体育竞赛等)、企业自建文体设施(运动场、游泳池、健身房、阅览室、书法、棋、牌、台球等活动室)、免费或折扣电影、戏曲、表演、球赛票券、旅游津贴、免费提供的车、船、机票的订票服务等。

(12)金融性福利:信用储金、存款户头特惠利率、低息贷款、预支薪金、额外困难补助金等。

(13)其他生活性福利:洗澡、理发津贴、降温、取暖津贴,优惠价提供本企业产品或服务等。

## 二、福利管理

为了保证给员工提供的福利能够充分发挥其应有的作用,在实践中,一般要按照下面的步骤来实施福利管理。

### (一)调查阶段

为了使提供的福利能够真正满足员工的需要,首先必须进行福利需求的调查。在过去,我国大多数企业都忽视了这一点,盲目地向员工提供福利,虽然也支出了大笔的费用,但是效果并不理想。在进行福利调查时,既可以由企业提供一个备选“菜单”,员工从中进行选择,也可以直接收集员工的意见。

同基本薪酬的确定一样,福利调查也要分为两个部分,内部福利调查只是解决了员工的需求问题,但是这些需求是否合理,组织或企业总体的福利水平应当是多少,这些问题都需要进行外部福利调查。当然,这种调查没有必要单独进行,可以在薪酬调查的同时进行。

### (二)规划阶段

福利调查结束后,就要进行福利的规划。首先,组织或企业要根据内外部调查的结果和企业自身的情况,确定出需要提供的福利项目。然后,要对福利成本做出预算,包括总的福利费用、各个福利内容的成本以及每个员工的福利成本,等等。最后,要制订出详细的福利实施计划,如福利产品购买的时间、发放的时间、购买的程序、保管的制度等。

### (三)实施阶段

这一阶段就是要按照自己制订好的福利实施计划,向员工提供具体的福利。在实施中兼顾原则性和灵活性,如果没有特殊情况,一定要严格按照制订的计划来实施,以控制好福利成本的开支;如果遇到特殊情况,也要灵活处理,对计划做出适当的调整,以保证福利提供的效果。

### (四)反馈阶段

实施阶段结束以后,还要对员工进行反馈调查,以发现在调查、规划和实施阶段中存在的问题,从而不断地完善福利实施的计划,改善福利管理的质量。

## 三、福利管理的发展趋势

传统上,组织或企业提供的福利都是固定的,向所有的员工提供同样的福利内容。但是,因为员工的实际需求其实并不都完全一样,固定的福利模式往往无法满足员工多样化的需求,因而削弱了福利实施的效果。从 20 世纪 90 年代开始,弹性福利模式逐渐兴起,成为福利管理发展的一个新趋势。

弹性福利,也可以叫作自助式福利,就是由员工自行选择福利项目的福利管理模式。需要强调的是,弹性并不意味着员工可以完全自由地进行选择,有一些项目还是非选项,如法定的社会保险。

从目前的实践来看,发达国家企业实行的弹性福利主要有以下五种类型。

1. 附加型弹性福利。就是在现有的福利计划之外,再提供一些福利项目或提高原有的福利水准,由员工选择。例如,原来的福利计划包括房屋津贴、交通补助、免费午餐等,实行附加型弹性福利后,可以在执行上述福利的基础上,额外提供附加福利,如补充的养老保险等。

2. 核心加选择型弹性福利。就是由核心福利项目和选择性福利项目组成福利计划,核心福利是所有员工都享有的基本福利,不能随意选择;选择性福利项目包括所有可以自由选择的项目,并附有购买价格,每个员工都有一个福利限额,如果总值超过了所拥有的限额,差额就要折为现金由员工支付。福利限额一般是未实施弹性福利时所享有的福利水平。

3. 弹性支用账户。就是员工每年可以从其税前收入中拨出一定数额的款项作为自己的“支用账户”,并以此账户去选购各种福利项目的福利计划。由于拨入该账户的金额不必缴纳所得税,因此对员工具有吸引力。为了保证“专款专用”,一般都规定账户中的金额如果本年度没有用完,就不能在来年使用,也不能以现金形式发放,而且已经确定的认购福利款项也不得挪作他用。

4. 福利“套餐”。就是由企业提供多种固定的福利项目组合,员工只能自由地选择某种福利组合,而不能自己进行组合。

5. 选择性弹性福利。就是在原有的固定福利的基础上,提供几种项目不等、程度不同的福利组合供员工选择。这些福利组合的价值,有些比原有固定福利高,有些则比原有固定福利低。如果员工选择比原有固定福利价值低的组合,就会得到其中的差额,但是,员工必须对所得的差额纳税;如果员工选择了价值较高的福利组合,就要扣除一部分直接薪酬作为补偿。

弹性福利模式的发展,可以说解决了传统的固定福利模式所存在的问题,可以更好地满足员工的不同需要,从而增强激励的效果;此外,这种模式也减轻了人力资源管理人员的工作量。但是,这样模式也存在一定问题,员工可能只顾眼前利益或者考虑不周,从而选择了不实用的福利项目;由于福利项目不统一,减少了购买的规模效应,而且还增加了管理的成本。

此外,从发达国家的实践来看,还出现了福利管理的社会化和货币化趋势。福利管理的社会化是指组织或企业将自己的福利委托给社会上的专门机构进行管理,这样组织或企业的人力资源部门就可以摆脱这些琐碎的事务,从而能够集中精力来进行那些高附加值的活动;此外,由于这些机构是专门从事这项工作的,提供的福利管理也更加专业化。但是,这种方式也存在一个问题,由于外部机构对企业的情况可能不太了解,因此,组织或企业需要与其进行大量的沟通,否则提供的福利就会失去针对性。

福利管理的货币化是指组织或企业将本应提供给员工的福利折合成货币,以货币的形式发给员工。这种方式可以大大降低福利管理的复杂程度,减轻组织或企业的管理负担。但是,以货币形式发放福利就改变了福利原有的性质,从而削减了福利应有的作用,例如,体育比赛由员工自发组织与企业出面组织在凝聚力方面就存在很大差距;此外,不集中购买就会失去规模效益,这样在组织或企业付出相同成本的条件下,员工的实际福利水平是下降的,这会影响员工的满意度。

**案例分析:**

### 中国公务员薪酬制度改革方向在哪里?

2015年1月14日,国务院发布了《关于机关事业单位工作人员养老保险制度改革的决定》,决定从2014年10月1日启动实施机关事业单位养老保险制度改革,统筹推进城乡养老保障体系建设,促进机关事业单位深化改革。

2015年1月19日,人力资源和社会保障部副部长胡晓义在国新办发布会上表示,配合这次养老保险制度改革,需要完善工资制度。胡晓义进一步透露,国办已为此转发了三个实施方案,一是公务员基本工资的调整,二是事业单位工作人员基本工资的调整，三是机关事业单位离退休人员待遇的调整。

这一消息再次引发社会对公务员工资改革的关注。国务院副总理马凯此前也曾表示，这次机关事业单位养老改革的基本思路是“一个统一、五个同步”，明确“养老保险制度改革与完善工资制度同步推进，在增加工资的同时实行个人缴费”。有关专家表示，在加快调整公务员工资制度的同时，要注意规范公务员的薪酬待遇，要让相关福利待遇透明化、显性化。

**工资结构亟待优化**

最近，有关公务员将涨薪的传言不断，甚至有媒体报道称，公务员工资即将大幅提高六成。在中国劳动学会副会长兼薪酬专业委员会会长苏海南看来，这一说法是不准确的，容易引发错误理解。

“不是‘涨工资’，而是‘调结构’。”苏海南强调。

目前公务员工资制度是2006年《中华人民共和国公务员法》出台后实施的，总体实施平稳。不过也暴露出一些问题，比如工资结构不合理，基本工资比重低，津补贴部分比重高，公务员工资正常增长机制尚未建立，向基层倾斜不够，公务员工资制度改革亟待推进。

“调整机关事业单位工作人员基本工资，就是针对当前公务员工资分配中存在的突出问题所采取的一个措施。”苏海南指出，目前，公务员工资存在最为突出的问题是工资结构不合理。表现为由职务工资和级别工资两项之和组成的基本工资（事业单位：岗位工资+薪级工资）在公务员全部工资收入中占比太小，仅约为30%，而60%以上是各种津贴补贴。

“这种工资结构与工资分配的通行理论是完全相违背的。理论上，基本劳动报酬原本应体现公务员的基本劳动付出，在一定职务、一定级别如果承担的责任更重、管理幅度更宽，其收入就应当高一些，而现实情况并非如此。基本工资本应当是工薪劳动者的基本收入或者说是主要收入，而目前基本工资占比相对过小。”苏海南表示，要对此进行改革，调整工资结构，增大基本工资比重，“现在之所以能够调整基本工资比重，恰恰是因为我们进行了公务员养老保险金并轨。”

而在并轨之前，工资结构是无法调整的。“因为基本工资一旦调整上去，退休的公务员就得比照基本工资相应提高其退休金,而这种安排又会进一步拉大退休公务员和企业退休人员之间的养老待遇差。养老金并轨后,就为调整工资结构、加大基本工资比重提供了很好的必要条件。”苏海南说。

工资调整亟待动态化

长期以来,普通公务员与“官员”的概念被混淆,被认为普遍福利优厚,权力寻租的机会俯拾皆是。“这是社会舆论一种认识上的偏差,实际上大部分基层公务员没有机会获得灰色收入。”在北京师范大学政府管理研究院院长唐任伍看来,将公务员福利货币化、阳光化,同时阻断权力寻租的暗道,是公务员薪酬改革的关键。

《中华人民共和国公务员法》明确规定,公务员的工资水平应当与国民经济发展相协调、与社会进步相适应。国家实行工资调查制度,定期进行公务员和企业相当人员工资水平的调查比较,并将工资调查比较结果作为调整公务员工资水平的依据。2006 年 7 月起实施的《公务员工资制度改革方案》进一步明确,国家根据工资调查比较的结果,结合国民经济发展、财政状况、物价水平等情况,适时调整机关工作人员基本工资标准。

苏海南指出,这里所称“相当人员”,应该是指企业的管理人员。在这个对比过程中,可以划分若干对照组,比如,全部公务员对所有企业管理人员的平均工资、公务员对国有企业管理人员的平均工资。而公务员当中的司局级、处级、科级和科员与企业可比层级管理人员,比较起来得出的结论又不一样。

为了确保公务员工资水平的合理性,北师大收入分配与贫困研究中心主任李实建议,引入第三方机构,成立“公务员薪酬委员会”。由委员会的专家通过调研拿出工资调整方案,经多方协商论证决定。然后建立“微调”机制,综合考虑经济发展、财政收入、物价变动、市场工资水平等多方面因素,不断进行调整。

养老改革亟待公平化

胡晓义明确表示,机关事业单位人员不会“吃”企业职工的养老金,绝大多数机关事业单位人员养老待遇不会降低。

2015 年 1 月 14 日国务院发布的《关于机关事业单位工作人员养老保险制度改革的决定》第六条中明确规定:机关事业单位基本养老保险基金单独建账,

与企业职工养老保险基金分别管理使用。胡晓义表示,考虑到抚养比的不平衡,更不应该和企业的养老保险基金混用,还是要坚持以财政供款为主的资金渠道。所以落实决定关于单独建账、基金分别管理使用的规定,就不会出现机关事业单位养老保险制度改革之后"吃"企业结存基金的情况。

"随着老龄化程度的加剧,将来的负担会越来越重,这需要做长期的制度安排。"胡晓义说,就现实财政能力而言,完全可以安排好现在的在职职工缴费和退休人员养老金发放。但对长远的资金平衡问题要积极采取措施,妥善解决。

"这次改革机关事业单位养老保险制度,如果只是改基本的制度还是不完整的。所以这次统筹考虑了基本制度改革和多层次体系建设,这样就把职业年金的设计引入改革内容中。"胡晓义表示,公务员收入的供款渠道只有财政,所以建立职业年金制度财政是唯一的供款渠道,不允许机关自筹自支搞小金库。至于制度公平的问题,问题的实质在于如何引导企业年金更快发展,使更多的企业职工能够不但有基本养老保险保障,而且有补充养老保险的补充保障,以实现社会公平。

目前,有2200多万职工参加企业年金,积累了7400多亿元资金,还有很大的发展空间。为了鼓励企业年金发展,政府部门已经出台了一系列政策,包括企业年金缴费的税收优惠政策等。

"从政策设计上考虑,显然我们希望改革后大家的待遇水平不降低,而且能随着经济发展有所提升,这是政策考虑的基点。"胡晓义说,"从这个基点出发,至少我有这样的信心,对绝大多数人来讲,如果不是极特殊情况,待遇水平都会有所增加,至少是不降低。"

**中外公务员薪酬制度比较**

一是中外公务员薪酬制度法律依据的比较。发达国家公务员制度的一个显著特点,就是有一套与公务员制度相适应的完整的法规体系,重视公务员薪酬制度的法制化建设。虽然国外发达国家有关公务员薪酬管理的法律法规名称各不相同,但就其内容来看,有许多共同之处,诸如对公务员工资标准的确定、增长原则、调整依据、薪酬制度运行和控制等,均以法律的形式加以明确。从表1可知,我国公务员薪酬相关法律、法规的颁布时间远远晚于部分发达国家，虽然以《中华人民共和国公务员法》作为法律依据，但是其中有关公务员薪酬的规定设定的原则性较强，缺乏可操作性，需要考虑具体设定方式的支撑，迄今为止，我国公务员工资制度的基本原则和依据尚未以法律形式系统、完整地表述出来。由于没有一套成型的公务员工资法出台，在薪酬的设计、调整、福利增补上都缺乏明确的法律依据，这反映我国用法律来管理国家公务员薪酬制度的进程仍处于相对滞后的状态。

**表 1　中外各国公务员薪酬制度相关法律(法税)颁布时间及名称**

| 国别 | | 颁布时间 | 法律名称 |
|---|---|---|---|
| 国外 | 美国 | 1962 年 | 《联邦工资法》 |
| | | 1970 年 | 《联邦工资比较法》 |
| | | 1978 年 | 《文官改革法》 |
| | 英国 | 1870 年 | 《文官工资法》 |
| | 日本 | 1947 年 | 《国家公务员法》 |
| | | 1961 年 | 《地方公务员等共济组合法》 |
| | 瑞士 | 1927 年 | 《联邦公务员章程法》 |
| | | 1950 年 | 《联邦公务员法》 |
| | 德国 | 1953 年 | 《联邦官员供养福利法》 |
| | | 1980 年 | 《联邦公务员工资法》 |
| 中国 | | 2005 年 | 《中华人民共和国公务员法》 |

二是中外公务员薪酬结构的比较。基本工资、津贴和奖金这三个组成部分，在公务员薪酬结构中的性质、地位和作用各不相同。其中，基本工资居主导地位，构成薪酬制度的主体。各国都有特定的公务员薪酬结构即薪酬的组成部分与比例结构。表 2 是各国公务员薪酬结构构成与比例情况，它比较了中外各国公务员基本薪酬占全部薪酬中的比例以及津贴、奖金占全部薪酬中的比例方面的不同。

从表 2 可知，国外公务员津补贴在其收入中所占的合理比例为 20%~30%，而基本工资为 70%~80%，而我国公务员收入中除了基本工资部分是由财政统一发放的，各地区、各部门自行设立的各种津补贴一直没有被纳入统一发放的范围，也没有明确的规范对其进行统一的管理。各地区、各部门利用津补贴管理上的漏洞为公务员发放各种各样的津补贴，以此弥补公务员名义上收入的

**表 2 中外各国公务员的薪酬结构**

| 国别 | | 基本薪酬的比例范围 | 津贴、奖金的比例范围 |
|---|---|---|---|
| 国外 | 美国 | 全部薪酬的 70%~80% | 一般:全部薪酬的 10% 优秀:全部薪酬的 20% |
| | 英国 | 全部薪酬的 70%~80% | 全部薪酬的 20%~30% |
| | 日本 | 全部薪酬的 84%左右 | 全部薪酬的 16%左右 |
| | 法国 | 全部薪酬的 70%~80% | 平均:基本工资的 20%<br>最低为 4%,最高可达到 100% |
| | 德国 | 全部薪酬的 70%~80% | 全部薪酬的 20%~30% |
| 中国 | | 没有明确统一的比例 | 没有明确统一的比例 |

不足。由此,造成了制度外收入在公务员总薪酬收入中所占比重过高,导致不同地区和同一地区的不同部门之间出现了工资水平的较大差异,形成了现在以基本工资为主的薪酬主系统与以奖金、津贴为主的薪酬辅系统倒挂的局面。

三是中外公务员薪酬制度类型的比较。公务员的薪酬制度,是根据每个国家的具体国情制定的。由于各国的社会文化制度、国民经济发展速度、国民生活水平、工资来源等情况的不同,每个国家相关的公务员薪酬制度类型及其规定也不同。表 3 是中外各国公务员薪酬制度的类型及规定,它比较了中外各国不同的公务员薪酬制度设计方式。从表 3 可以看出,发达国家的公务员薪酬在管理上对于不同的公务员采取了不同的薪酬制度类型及设计方式,体现了不同级别、类型的公务员工作的方式、性质、承担的责任也不相同,在薪酬管理上,保持了不同职务、级别之间的合理工资差距。而我国实行的是职级工资制,公务员是以职务为基础来划分薪酬等级的,实质上公务员只有晋升职务才会大幅度地提高待遇。因此,这种薪酬制度仍是以"官本位"为依据的,它忽略了公共管理部门中行政管理的复杂性与不同领域、不同行业的专业性特点。不考虑不同岗位的特点,不考虑工作承担的责任风险,工资确定只依据职务职级、资历深浅、学历高低,这种分类管理所导致的直接结果就是"官本位"和效率低下。

**表 3　中外各国公务员薪酬制度的类型及规定**

| 国别 | | 类型 | 相关规定 |
|---|---|---|---|
| 国外 | 美国 | 分类工资制 | 公务员工资包括:法定工资制度,适用于白领雇员,包括 GS 工资序列、外交人员工资序列、退伍军人健康管理人员工资序列;其他工资制度,适用于高级公务员的工资序列 ES、SES;适用于蓝领工人的联邦工资序列 FWS;行政法规决定的工资序列 AD。 |
| | 英国 | 文官工资制 | 公务员的工资包括基本工资和附加收入两大部分,把国家公务员划分为工业系统公务员和非工业系统公务员,分别实行等级工资制和协商工资制。同时,英国对高级公务员与低级公务员分别实行年薪制和周薪制。 |
| | 法国 | 指数工资制 | 公务员按照自己的工资级别和档次都有相应的工资指数,其中,工资指数由一系列的政府法令确定,基本工资由工资指数乘以指数含金量确定,目前,一般公务员最低工资指数是225,最高工资指数是 1015,特级工资的最低指数是 1075,最高指数是 1920。 |
| | 日本 | 年序工资制 | 实行的是职务工资,而职务又是以年资来晋升的,基本上是以职务和年资为主的工资制度。 |
| | 德国 | 级别工资制 | 公务员的工资按级别确定而不按职务确定,级别工资不因其任职而发生变化,公务员担任领导职务其工资收入不发生变化,仅增加因担任职务发生社会交往的补贴。 |
| 中国 | | 职级工资制 | 公务员实行国家统一的职务与级别相结合的工资制度。 |

四是中外公务员薪酬决定机构与确定方式的比较。国外发达国家的公务员薪酬决定机构与薪酬确定方式,已形成一个较为完善的管理体系。表 4 是中外部分国家公务员薪酬决定机构与薪酬确定方式,它比较了各国有关公务员的薪酬的决定情况。

从表 4 可知,虽然国外发达国家公务员薪酬的决定机构及确定方式不全相同,但就其薪酬确定过程与确定形式来看,有许多共同之处,即对公务员薪酬均以特定决定机构和方式加以明确。而我国公务员薪酬的决定机构及确定方式均尚不明确。由于我国对于建立公务员薪酬制度的规定不够清晰,且没有确定的薪酬决定机构以及明确的薪酬确定形式,导致随意发放公务员津补贴的现象十分普遍,公务员薪酬乱象丛生。

**表4 中外各国公务员薪酬决定机构与薪酬确定方式**

| 国别 | | 决定机构 | 确定方式 |
|---|---|---|---|
| 国外 | 英国 | 文官事务委员会、全英惠特利理事会、公务员工会 | 协商会谈确定 |
| | 美国 | 国会 | 总统向国会就公务员工资问题进行报告 |
| | 日本 | 公务员互助会 | 法定 |
| | 法国 | 各部门最高行政长官与工会 | 集体谈判 |
| 中国 | | 尚未明确 | 尚未明确 |

五是中外公务员薪酬市场化与增资机制的比较。国外发达国家根据市场法则,一方面,参照私营企业同类人员工资的增长幅度,调整公务员的工资水平。另一方面,各国依据国民经济的现状、财务水平以及物价指数等要素的改变来适时调整公务员的薪酬。通过比较各国有关公务员的薪酬的保障与激励机制可知,美国的公务员薪酬参照对象是私营企业平均水平,如《联邦工资比较法》(1970年)规定:通过对私人企业相应人员工资的调查,找出联邦雇员与私人企业的工资差,从而确定联邦雇员综合工资表的合理调整率,以弥补公务员工资与私营企业中同类人员的工资差距。英国亦早在1995年的一份报告中强调:文官的薪酬与担任同类工作的非公职人员目前的报酬相比,差距应该合理。日本也坚持公务员的收入同私营企业保持适当平衡的原则,不允许出现太大的差距。而我国的公务员薪酬制度是高度集权的管理模式,和市场存在较低的关联,受强制行政能力的限制,在很大程度上保留计划经济体制下单一经济实体的痕迹,对公务员薪酬只是小幅度的调整,改革不明显。另外,我国公务员工资的增长机制显现出只增不减的情况,公务员薪酬的调整处于无序状态,缺少合理的程序。(资料来源:2015年1月20日《光明日报》)

**讨论题:**

目前,中国公务员薪酬制度改革应如何推进?

# 第七章　员工培训

## 第一节　员工培训概述

### 一、员工培训的定义

培训不仅是人力资源开发的重要方面,也是人力资源管理的关键措施。通过培训可以极大地提高员工素质,增强员工能力,发挥员工潜能,有利于造就组织的竞争优势和核心竞争能力。在当今经济全球化、市场竞争化时代,求生存、谋发展的组织需要速度、灵活性,要不断满足顾客在产品、服务质量、品种等方面日益增长的需求,这样就需要有一支不断接收新的知识与技能培训的员工队伍,他们能够发现、分析、解决问题,卓有成效地在团队中努力工作,机动灵活地适应市场需要和技术发展。知识经济时代的到来,亦即伴随着人力资本投资时代的来临,员工培训为人力资本投资的重要形式,必将在组织发展和人才个人发展之中占据越来越重要的地位。

随着对培训的认识越来越深入,有代表性的培训定义主要有以下几种:

加里·德斯勒认为,培训是给新员工或现有员工传授有利于其完成本职工作所必需的基本技能的过程。

罗伯特·L. 马希斯认为,培训是企业与员工个人的共同投入,是人们获得有助于促进实现企业目标和个人目标的技术或知识的学习训练过程。培训使员工获得既可以用于当前工作又为未来职业生涯所需的知识和技能。

雷蒙德·A.诺伊认为,培训是指公司有计划地实施有助于员工学习与工作相关的能力、知识、技能,创造工作绩效的行为的活动,是创造智力资本的途径。

托马斯·S.贝特曼认为,培训包括两个层次:一般性培训重在使教育水平低的员工知道如何完成本职工作;发展性培训重在提高管理人员与专业人员的技能,使之既能做好现在的工作,又能胜任未来的工作。

加雷思·琼斯及其合作者珍妮弗·乔治认为,培训主要教授组织成员如何完成当前工作,以及帮助他们掌握成为有效操作者所需要的知识和技能。

从上述各种定义的内容,结合培训实践和发展趋势,我们可以概括为:培训是组织为提高员工素质,开发员工潜能,使他们能在自己现在和未来工作岗位上的表现达到组织的要求,并实现员工职业生涯发展的有计划、有组织的教育训练活动。培训是对员工素质发展与学习活动的干预行为、管理过程、优化活动,是人力资源开发与管理的重要的内在组成部分。

## 二、员工培训的特点

所有组织培训都是为了保持或改善员工的绩效,从而保持或改善组织的绩效。有效的员工培训的作用主要表现在以下几方面:一是能够使员工增加工作中所需要的知识,包括对组织和部门的结构、经营目标、策略、制度、程序、工作技术和标准、沟通技巧以及人际关系等知识的掌握。二是对提高员工工作满足感和安全感有正面作用。经过培训和发展,员工不但在知识和技能方面有所提高,自信心加强,而且也能感觉到管理层对他们的关心和重视,士气和安全感都因此得以提高。良好的培训可以改变员工的认知和态度,也是提高员工福利的有效手段,进而提高员工对组织的忠诚度。三是有利于建立优秀的组织文化。培训能传达和强化组织的价值观和行为规范要求,使组织的共同愿景能够深入每一个员工心中。此外,通过组织各层次员工在培训活动中进行互动,促进各层次员工的交流与沟通,可以进一步增强组织的凝聚力,在组织中形成融洽的、不断进取的高度统一、高度认可的组织文化。此外,良好的培训机制对塑造组织形象十分有利。员工培训不但可以在内部形成优秀的组织文化,而且可以在外部为组织塑造良好的形象。拥有科学系统培训机制的组织将给予社会公众一个成熟、稳健、不断进取的形象。在我国的外资企业之所以能够吸引大量的优秀人才,其中一个关键因素就是外资企业能为员工提供大量培训与发展的机会,在人们心中建立起了长期发展的形象,从而获得了人力资源竞争上的优势。一般来说,员工培训具有以下特点:

(一)目的性

这是员工培训的根本意义所在。其目的包括:一是实现组织目标,包括近期赢利目标和长期发展目标,如摩托罗拉公司员工培训回报是30∶1,即在培训上投入1元,在3年内可回收30元。二是实现员工个人目标,包括提高员工的岗位工作绩效,提高工作效率,增加收入,提高个体素质,以利于未来发展与成功。为此,培训必然要与公司战略、经营方向、成功员工必备素质和行为方式紧密结合起来。三是达到"培训留人才"的目的。如联邦捷运公司通过培训开发使其第一线的管理人员流动率下降84%,为企业培养更多的"知识员工"的同时,大大提高他们的安全感和忠诚度。

(二)任务性

即员工培训是组织发展与管理的一项重要任务,培训要真正使受训者获得、达到实现组织目标和提高岗位工作绩效所需要的知识、技能、态度、行为,为员工创造更多的成功机会。其中,最关键的问题是使员工通过培训获得、融会新的思想观点,并能快速付诸实践,通过每个员工的思考实行变革。如美国施乐公司为此实施了一整套培训原则:公司有义务为顾客提供培训机会和产品文件,以保证顾客满意并能够自己操作机器;为公司各级员工提供适当的教育培训机会,以便为目前和今后的商业目标做好人员准备;所有员工在3个月内适应公司的管理哲学、职业道德、价值观、原则、发展重点、质量管理;员工必须在圆满接受专门培训之后,才能接洽顾客;新任经理在任命后的120天内需圆满完成专门的管理培训;所有经理要圆满完成对其员工进行妥善指导、检查、促进工作的基础知识与技能的培训。

(三)战略性

即员工培训是组织必需的一项战略性人力资本投资,不是可有可无的一种选择,是组织发展不可缺少的一项战略性工作,具有关系组织长期健康发展的深远意义。许多大公司为保证其市场地位和长期发展,每年的培训费用都在不断增长,培训工作配合战略发展的需要,已形成完善的体系,日益增加的员工培训费作为一种奖励机制,吸引和挽留了越来越多的优秀员工。

(四)风险性

即员工培训是组织的一项风险性投资,它可能获得巨额超值性回报,也可能血本无归。组织若善于冒这种风险,会获得发展的机遇,不冒这种风险则必死无疑。一般而言,培训风险因素:缺乏完整的体系来评估培训效果和货币性增值;学员能否有一个合适的工作环境应用所学得的知识、技能。

(五)计划性

即员工培训必须以组织发展战略为指导,以人力资源规划为依据,认真、翔实地编制培训计划,按计划实施。切忌盲目性、随意性和简单应付。组织在不影响工作的情况下,分步骤、有针对性地提高员工的知识水平、工作能力和矫正工作行为。

(六)系统性

即员工培训是人力资源规划中的一项子系统,要遵照系统工程理论与方法进行培训设计、规划、实施,产生系统效果,高效率、低成本地实现组织目标。要协调好组织各方面的力量,充分发挥各部门的角色职能作用(如表7-1所示),全面整合资源,为各级各类员工提供个性化的培训方案,形成规范、科学的培训机制。

**表7-1 不同角色在培训中的职能作用**

| 培训活动 | 最高管理层 | 其他管理职能部门 | 人力资源管理部门 | 员工 |
|---|---|---|---|---|
| 确定培训目标 | 参与决策 | 参与 | 负责 | 参与 |
| 决定培训目标 | 参与决策 | 参与 | 负责 | 参与 |
| 选择培训教师 | —— | 参与 | 负责 | —— |
| 确定培训教材 | —— | 参与 | 负责 | —— |
| 计划培训项目 | 参与审定 | 参与 | 主要负责 | —— |
| 实施培训计划 | —— | 负责有关部门 | 主要负责 | 参与 |
| 评价培训项目 | 最后参与 | 参与 | 负责 | 参与 |
| 确定培训预算 | 负责批准 | 参与 | 参与 | —— |

（七）成人性

即培训是针对成年人的，要注意从成年人的生理特征、心理特征出发设计培训。如成人学习有如下特点：逻辑记忆力强，一般都积累了很多生活阅历，大多自立自强，会进行自学。在学习中希望得到应有的尊重，喜欢既有专业知识又有丰富经验的培训师；喜欢在非正式的、无威胁的环境中学习，反感"填鸭"式的说教；在学习中喜欢参与和实际演练，并渴望分享知识和交流心得体会等。针对这些特点，员工培训过程必须讲究方式方法，结合受训者的要求，激发受训者的兴趣。

（八）快速性

即伴随经济、科技的快速发展，知识的快速更新，信息的快速流动，市场的速度竞争，特别是企业、市场、人才与培训的全球化，知识经济大潮的涌动，成功企业的培训也在不断地创新、发展、变化，其关注点正从重点传授特定知识与技能，转为注重培训与实际业务需要相结合，进而转变为通过培训实现知识创造与共享，必然要求培训必须紧紧跟上快速变化的形势，课程内容、培训手段、教学方法也要快速更新。而且，培训要超前、快速，因此，电子学习（e-Learning）式培训已席卷全球。

（九）针对性

即根据组织对每个员工的特定要求和员工每个人的具体情况，如专业、职务、部门、年龄、职业计划、兴趣等的不同，分别进行针对个人特征与特定需要的培训。要求培训和培养计划必须与员工对自己的期望一致，能够帮助员工准确地发现问题、诊断问题、解决问题，为他们的发展及成功提高能力、创造机会，能够使员工感到整个培训是为他们量身打造的，自己是培训的主人，并能够为培训的实施承担个人责任。否则，培训将失去意义，对于提高员工绩效和促进组织发展没有帮助。

## 三、员工培训的类型

根据不同的分类方法，员工培训可以分为以下几种类型：

（一）按培训对象划分

根据培训对象在组织中的身份和地位，可以把培训分为操作人员培训、基层管理人员培训、中层管理人员培训和高层管理人员培训四类。

操作人员培训是指对生产或服务在第一线的员工进行的培训。培训的目的主要是培养员工积极的心态,掌握正确做事的原则和方法,提高工作效率。每个组织的操作人员由于工种不同,其所需的知识和技能也不同,因此,在培训中要贯彻实用性原则,对特定的知识和技能进行培训。

基层管理人员即操作人员的直接主管,是工作现场对操作人员进行指导监督的关键人物,与一线员工互动的质量与效率直接关系到组织的产出,因此,基层管理人员具有过硬的领导能力、组织协调能力、敏锐的观察力、诚实公正的人品及丰富的知识和相应的工作技能,对于完成工作十分重要。对基层管理人员着重进行工作指导方法和工作改进方法及工作中的人事关系处理方面的培训,其中,技术能力的培训所占比重最大。

中层管理人员在组织中是沟通协调的枢纽,对中层管理人员的培训在知识和技能方面根据各职能部门专业知识的不同会有所调整,培训中人际关系能力的培训所占比重最大,其次是技术能力培训。其培训目的是使中层管理人员充分把握组织经营目标、方针,掌握管理知识和管理技能,培养相应的领导和管理能力,形成良好的协调沟通能力与和谐的人际关系。

高层管理人员的决策直接关系到组织的命运,因此,培训的内容应偏重宏观领域,应侧重思想理念和境界的升华、人脉的拓展、驾驭全局的战略意识和领导能力的培养、创新精神的建立以及商业道德和法律意识的完善。一般来说,培训的内容应包括国内国际政治及经济状况分析、竞争与组织战略发展分析、资本市场发展与运作、财务报表与财务控制、组织行为与领导艺术、投资项目管理与收益分析、组织社会责任和商法等方面。除此之外,由于高层管理人员的特殊身份和地位,也可以针对性地开设一些有利于自身良好形象塑造的培训项目,如礼仪培训、谈话技巧培训、沟通能力培训及完善人格培训等。高层管理人员的培训主要是人际关系能力和创新能力的培训。

(二)按培训内容划分

按培训的内容可以划分为知识培训、技能培训、态度培训、思维培训和心理培训五种类型。

知识培训的主要任务是对受训者所拥有的知识进行更新，不仅使员工具备完成本职工作所需的基本知识，而且让员工了解组织运营的基本情况，如组织的发展战略、目标、运营方针、运营状况、规章制度等。知识培训是组织培训中最基本也是最大量的培训。知识培训的范围因工作职位而定，一般而言，管理人员的知识培训范围涉及较宽，除了相应领域的技术知识，还必须培训管理方面的知识以及社会、文化、政治和伦理等方面的知识。

技能培训的主要任务是提升受训者的技能水平，主要解决会“做”的问题。组织雇用员工的实质是要求具备一定技能的员工去完成要求的任务。由于组织的特殊性，一般很难在市场上直接找到完全适合某项具体工作的人员，即便是组织现有的人员，一旦组织引进新技术、新设备、新的工艺流程等，也会出现不适应的情况，因此，只有不断进行技能培训，才能满足组织不断发展的需要。技能培训不应仅局限于操作层，管理人员也必须进行技能培训，如决策技能、沟通技能、冲突解决技能等。组织内不同层次的人员，技能培训的侧重点应有所不同。

态度培训主要目的是在组织与员工间建立起相互信任，培养员工对组织的忠诚感，提高员工的士气和工作热情。员工通过态度培训可以知道组织希望他们以什么样的态度工作，这既是一种指导，也是一种约束。

思维培训的主要任务是改变受训者固有的思维定式，从创新的角度解决问题。思维定式是指人们在过去经验的影响下，解决问题时的倾向性，它的影响既有积极的，也有消极的。思维培训让受训者学会以一种崭新的视角来看问题、想问题，进而解决问题。

### （三）按培训与工作岗位的关系划分

根据培训与工作岗位的关系，可以分为入职培训、在职培训和离职培训三种类型。

入职培训又称为岗前培训、职前培训、定向培训、适应培训等，是一个组织通过帮助员工轻松愉快地进入并适应新的工作岗位，从而尽快从局外人转变为组织人的过程。入职培训目的是让员工尽快掌握组织的基本情况，提高对组织文化的理解和认同，全面了解组织的各项规章制度、行为规范、岗位职责和工作考核标准,熟悉相关部门的业务和基本工作方法,熟悉本职岗位领导、同事和下属,并建立关系。良好的入职培训能使新员工迅速适应工作要求,进入工作角色,确立正确的工作期望,减少焦虑与困惑,拥有积极的工作态度与价值观,具有十分重要的意义。

在职培训也称为在岗培训,是应用最为广泛的培训方法,是指员工在日常的工作环境中一边工作一边接受培训,目的在于使员工学习或提高某种技能。在职培训可以利用工余时间,也可以占用一部分工作时间。这种培训可以是正式的,也可以是非正式的。如果是正式培训,培训者会遵循一些书面的程序和规则;如果是非正式的,培训者通常没有书面的程序和规则,只按照自己的经验来辅导员工。在组织内部常见的在职培训方式有工作轮换、学徒制和工作指导培训等。在职培训由于经济、简便、反馈及时等优点在员工培训中被普遍采用。

离职培训也称为脱产培训,是指离开工作岗位和工作现场,由组织内外的专家和教师,对组织内各类人员进行集中教育训练。这种方法主要用来培训组织紧缺人员,或为组织未来培训高层次技术人才、管理人才,或为了引进新设备、新工艺,由组织挑选员工脱产去对口机构学习。离职培训可以使受训者摆脱日常工作的压力,充分利用组织外部资源优势,集中精力来学习新知识新技能。但离职培训会造成组织生产成本增加,可能会对即期产出产生影响。根据时间长短,离职培训可以分为短期离职培训和长期离职培训,还可以根据员工在组织中的层次、专业进行培训,以便使员工更快地适应工作。

## 四、员工培训的方法

培训方法的选择对于增强培训效果有着十分重要的意义。根据培训的目的和受训对象的特点,目前,常用的培训方法如下:

### (一)演示法

演示法是指将受训员工的工作作为培训内容,由员工被动接受的一种培训方法。主要包括讲座法、视听法和观摩法三类。

讲座法是指培训者主要用语言表达的方式来传授培训内容的方法。这种培训方法成本较低,可以在短时间内传授大量信息,参加培训的人数也不受太多的限制,因此,一直受到普遍欢迎,是最传统的一类培训方法。但是,由于培训方式单一，缺乏有效互动，培训效果会受到一定程度的影响。

视听法是指以投影胶片、幻灯片、录像机、VCD 或 DVD 播放机等设备为主要信息载体的培训方式。视听法可以重复播放、定格或慢镜头播放培训内容，使培训的难点和重点容易被员工理解。同时，由于有图片和声音，培训方式比较生动，也容易被员工接受。因此，视听法也是比较常见的培训方式之一。

观摩法是指在特定的环境中，通过组织员工观摩培训师现场操作来实施培训的方法。观摩的环境可以是教室或会议室，也可以是工作现场。观摩法主要应用于难以用语言简单描述的操作过程的培训，具有直观易懂的特点。

演示法更多是由培训师向受训者单向的信息传递，对员工的反馈不足，培训效果会受到影响，因此，往往和其他形式的培训配合使用。

### （二）案例法

案例法是指用一定视听媒介，如文字、录音、录像等所描述的客观存在的真实情景进行培训的方法。案例用于培训时，具有三个基本特点：首先，其内容应是真实的，不允许虚构。为了保密，有关的人名、单位名、地名可以改用假名，称为掩饰，但基本情节不得虚构，有关数字可以乘以掩饰系数加以放大或缩小，但相互间的比例不能改变。其次，案例中应包含一定的管理问题，否则便无学习与研究价值。再次，案例必须有明确的培训目的，它的编写与使用都是为某些既定的培训服务的。案例法培训将案例展示给受训者，要求受训者以小组或个人方式发现问题，寻求解决方案，再由培训者进行总结与点评。案例法一般应用于较高层次的培训，培养发现问题与解决问题的综合能力。通常在管理者、医生、军人或其他专业人员培训中较为常用。

案例一般分为描述评价型与分析决策型两大类。前者描述了解决某种管理问题的全过程，包括实际后果，不论成功或失败。这样，留给受训者的分析任务只是对案例中的做法进行“事后诸葛亮”式的评价，以及提出“亡羊补牢”性的建议。后者则只介绍某些待解决的问题，由受训者去分析并提出对策。显然，后者在培养受训者分析问题、解决问题的能力上强于前者。但是这二者并非截然分开，其间存在着一系列过渡状态。

### (三)亲验法

与演示法不同,亲验法强调员工的参与和互动,由单向信息传递变成双向甚至是多向信息传递,增强了员工的学习兴趣。同时,由于亲验法加强了培训的反馈功能,也便于培训的及时调整与改进。亲验法主要有自我指导学习、师徒制、仿真模拟、角色扮演几种形式。

自我指导学习是指由员工自己掌握学习内容与过程的培训方式。在尽量减少控制的情况下,员工按照自己的兴趣、爱好和时间,灵活自如地掌握自己的学习进度,在预定的时间内完成预定的学习任务。在这种培训方式中,培训者更多的是扮演"辅导者"的角色,由原来以讲授为主,变成以及时回答员工的问题为主。

师徒制培训是一种课堂教学与在职培训相结合的方法。在必要的时候,把相应的员工集中起来教授一些通用的知识和技能,而在多数情况下,则由组织指定师傅对经验不足的员工进行在职培训与指导。这种培训方法突出了员工的实践,既保证了学习效率,也不会影响工作的开展,因此非常普及。

仿真模拟是一种尽量模拟现实情况的培训方法。它可以使员工在一个风险与成本较小的人造环境中模拟工作,从而降低组织的损失和员工受到伤害的可能性。如模拟驾驶特殊设备、模拟商业运作、模拟抢险救灾等,这种培训方法在技能要求较复杂的工作培训中经常使用。

角色扮演是设定一个最接近现场状况的培训环境,由指定的或随机的参加者扮演某种角色,以演练培训内容的培训方法。角色扮演非常适合于传授人际关系技巧,如销售技巧、沟通技巧、谈判技巧、社交礼仪等,但它要求培训师具有丰富的实践经验和较高的主持技巧,也需要参训员工的积极配合与全身心投入。

## 第二节 培训模式选择

组织一旦确定培训任务,就要选择适宜的培训模式。实践表明,培训活动有多种模式。可供选择的主要培训模式有两大类:一是"宏观型"培训模式,二是“微观型”培训模式。

## 一、“宏观型”培训模式

### （一）企业独自办学培训模式

该模式也称为学院型或企业大学模式，其突出特色是企业自己办专业性培训机构，如各类企业大学、学院、培训中心等。一切培训教学活动、经费全部自理。其任务主要是为企业自己培养各类所需人才。它适用于实力雄厚的大型企业，如摩托罗拉大学等。这种模式又有多种形式，一是公司总部型，主要是由公司设立专门部门集中管理培训教学机构，犹如一所综合大学。二是分层型，即公司各级部门层层设立培训机构，各层培训机构各有侧重或培训分工，如公司总部培训中心主要培训中高级经理人才，其他培训中心培训技术员工等。

### （二）企校联合型培训模式

该模式又分为两类：一类是德国职业教育模式，采取企业与学校结合以企业为主，理论与实践结合但以实践为主的方式。中学生一毕业即与企业签订合同，成为企业的学徒，同时进入相应的职业学校学习，3 年后成为技术工人。在职业学校学习期间，按照工商行会颁发的培训章程，每周 3~4 天在工厂接受企业培训，1~2 天在学校按照预先制订的教学计划进行文化学习。实习培训与理论课之比为 7∶3 或 8∶2。企业支付大部分学费。

另一类是美国的产学联合培训模式，即企业与经过选择的有关的高校联合或协作进行员工培训，既发挥高校的科技、信息、知识、学术、人才等方面的优势，又发挥企业的实习基地、资金等方面的优势，达到以学兴产、以产助学的互补效应。如贝尔实验室与麻省理工学院、斯坦福大学等高校合作，为其培养了许多适需的研究生。国外的金融企业也采取了多种合作方式：（1）银行捐助大学办学，或向对口专业的大学生、研究生提供助学金、奖学金，如美洲银行每年捐助 100 万美元，克罗克国民银行向大学投资 80 万美元，要求开设“银行会计对账表”课程；（2）直接接管大学或其相关系、科、院、部，如大通曼哈顿银行接管了默里一伯格杜鲁商学院，并为校长设置管理培训机构；（3）为大学提供成人教育地点和条件，如城市银行；（4）与大学签订合同，委托大学培养人才，如波士顿肖木特银行、第一国民银行等均与有关大学签订了“波士顿契约”，对银行来说,比自己办学节省大量成本,又可以提高培训质量。花旗银行在全球的分行几乎都没有培训中心,但每天培训课程不断。

### (三)全面委托型培训模式

该模式的主要特色是组织把人才培训的全部工作委托给所选定的大学或专业培训咨询公司,签订合同后,完全按照培训委托合同实施。这样,组织只需按照合同支付培训经费,不必再花费很大的成本建学校、购设备、聘教师、管教学,而能够充分利用高校的现有条件和专业优势。教学地点可以在学校,也可以在(有条件的)企业。这种模式可以有多种形式,如根据学员数量和培训专业,一个企业可以按照专业分别委托不同学校,也可以只委托一个学校,或几个企业联合共同委托一个学校或多个学校。在委托一家大学或培训公司时,一定要了解清楚以下问题:在设计和提供培训服务方面有何经验;主要培训师具备什么资格、经验、成果;有哪些成功的培训方案及其证据、实例;曾接受过培训服务的客户有哪些。

### (四)国际合作型培训模式

该模式是适应经济全球化、企业经营跨国化趋势,应企业各种人才的跨国化流动工作特点而形成的。这种模式也大致有三类:一是贸易国双方为本国企业在对方国经营得更有效,由双方国家或企业合作,培训人才。如新加坡与日本合作创办的日本新加坡软件工业学院、日本新加坡技术学院,新加坡与荷兰合办的新加坡菲利浦训练中心,新加坡与法国合办的新加坡电子工程学院,新加坡与德国合办的新加坡生产工程学院及机器人作业训练中心,等等。二是跨国企业为实现人才本土化战略,在所在国开办各种类型的培训机构,用自己的理念、管理、技术等,为满足企业需要就地培训当地人员。三是直接派员工到贸易国有关大学、企业等去学习、实习,以理解对方的文化,培养地区性业务专家。

## 二、"微观型"培训模式

### (一)系统型培训模式

系统型培训模式是指通过一系列符合逻辑的步骤,有计划地实施的培训。其特点是:(1)以组织战略管理的范式为基础,反映一般性战略管理过程;(2)培训是一系列连贯的循环步骤;(3)以对组织整体目标的理解和对组织及个人的培训需求的全面调查为依据；(4)强调有结构、有计划、有规则的培训，突出有效评价对培训的重要性。

其基本步骤是：第一，制定培训政策；第二，确定培训需求；第三，确定培训目标与计划；第四，实施培训计划；第五，对计划的实施进行评估、审核。

(二)过渡型培训模式

其基本内涵是“公司战略与学习的双环路”，内环是系统型培训模式，外环是企业战略与学习。其基本思想是：(1)培训是组织的一种投资；(2)通过战略计划的机制对组织间的竞争性投资机会进行资源配置；组织利益与待培训者利益高度一致。

其主要特点是：第一，保留了系统培训模式的长处；第二，把培训放到更广泛的企业环境之中；第三，将组织作为一个整体，培训与其战略发展相适应。

(三)最佳培训实施模式

最佳培训实施模式内容是：(1)培训目标是指为满足培训需求对相关人员提出的工作要求和标准；(2)培训设计是指确保实现培训目标的活动计划；(3)培训实施是指对培训计划的执行；(4)培训成果是指企业和受训者在培训中获得的收益，可以衡量实现培训目标的程度。其特点是：第一，注重培训过程中的政府介入；第二，培训与组织战略保持一定程度的联系，培训目标是组织战略要求的转换；第三，视培训为组织系统内部的一个独立子系统，是一个系统连续过程；第四，培训结果具有可考核性。

(四)持续发展型培训模式

持续发展型培训模式由英国人事管理学会(IPM)在其《持续性发展序言》中提出，也称为IPM模式。其特点是：第一，着力于培训职能的长期强化和提高；第二，有助于组织资源的开发；第三，把培训置于广泛的组织背景之中，以探索与其他发展活动的联系；第四，提出了有利于实现可持续发展的一系列相关活动内容。

其内容包括七项实现组织学习和持续发展的因素或活动领域：(1)制定内容充实的政策；(2)对高层管理者、经理、人力资源管理人员等有明确的责任与角色要求，如对组织的持续发展有积极性、主动性要求，并重视持续发展投资等;(3)通过计划、任务说明书等确定培训机会与需求,并进行专项评审;(4)通过激励与协商实现学习活动的参与;(5)制定培训规划;(6)分项管理培训收益;(7)确定可以满足组织可持续发展需要的培训目标。

### (五)阿什里德培训模式

该模式由英国阿什里德管理学院的研究人员于1986年提出。其核心内容是按照组织的培训等级水平把培训活动划分为三个阶段:离散阶段;整合阶段;聚焦阶段。具体内容如表7-2所示。该模式的特点是:(1)对处于不同水平的培训活动分别给予了特征描述,可以此作为衡量培训发展水平的指标;(2)对培训从初级阶段到高级阶段发展的情况,提出了清晰的阶梯进程,有利于组织借此制订培训升级计划。但是,该模式未为培训经理提供具体的操作指南,在实施时有可能产生困难。

**表7-2　阿什里德模式:培训与发展的三阶段**

| 阶段 | 培训的主要特点 | 培训的地位 |
|---|---|---|
| 离散阶段 | ·视培训与组织目标无关<br>·视培训为浮华或浪费时间<br>·培训的运作是非系统性的<br>·培训以功利定向<br>·培训仅仅是培训人员的事<br>·培训职能只属于培训部门<br>·培训内容以纯粹的基础知识为主等 | 教育、培训与开发在组织之中处于次要地位;组织对培训持放任态度,不企望其回报;视培训为企业成本而非投资 |
| 整合阶段 | ·培训活动开始与人力资源的需求相结合<br>·培训与评价体系形成一体<br>·培训内容既强调基础性知识,又强调技能性等其他知识<br>·人力资源需求对培训的影响,促使企业关注发展问题<br>·培训由培训人员承担,对培训人员的技能范围的要求扩大<br>·部门经理作为评价者参与到培训与发展中去<br>·班前班后培训取代了脱产培训<br>·在职培训的价值得到了正式认可<br>·培训计划更多地考虑个人需要等 | 培训与开发在组织中的地位日益得到加强,培训的组织化程度不断提高。与企业其他各项活动的联系更加密切 |

续表

| 阶段 | 培训的主要特点 | 培训的地位 |
| --- | --- | --- |
| 聚焦阶段 | ·培训、发展与个人的不断学习和提高被视为组织生存的必要条件<br>·培训与企业战略和个人目标相结合<br>·注重职业发展,使培训学习成为一个完全连续的过程<br>·培训内容涵盖知识、技能、价值等各个领域<br>·自行选择培训课程<br>·除基础知识外,其他培训方向和选择通常是非定向的<br>·不断采用新的培训方式与手段,如开放性培训、远距离培训等<br>·更加重视评估培训开发活动的效果<br>·部门经理开始对培训承担主要责任<br>·培训者的职能范围不断扩大<br>·强调培训学习是一个连续过程<br>·允许失败,并视失败是学习过程一部分等 | 培训与开发成为组织的内在机制,且是一个完全连续的过程;培训效能的发挥更加充分;此时的组织称为学习型组织 |

### (六)“学习型组织”培训模式

该培训模式以美国学者彼得·圣吉(Peter Senge)提出的“五项修炼”为基本原则,强调以下几点:(1)自我超越,即辨认什么对个人是重要的能力,不断理清、深化个人的真正愿望,集中精力,培养耐心,客观地观察现实,终身学习;(2)改善心智模式,改善影响我们了解这个世界以及采取行动的许多假设、成见、印象等,使之适应客观现实,指导实践;(3)建立共同愿景,根据人们真正想要创造的东西,在一个集体中建立共有的目标、价值观、使命,并以此为目标建立责任感、凝聚力,激励、培养组织成员主动、真诚地奉献和投入;(4)团队学习,从“深度会谈”(即一个团体的所有成员谈出心中的假设,进入真正的一起思考的能力)开始,克服学习障碍,以提高团队整体配置知识资源的能力和成员个人成长的速度;(5)系统思考,即按照系统理论的架构和知识体系,认识整个组织系统各个因素及其相互关系的变化,有效地掌握变化,整合各项,寻求整体性结论,开创新局面。

“学习型组织”培训模式的关键是把握学习型组织的特点,理解个人学习对组织发展具有重要影响;通过员工之间的相互影响和反馈,促进团队学习;鼓励创新,允许失败;具有支持个人成长与发展的良好环境,并重视培养责任感。在学习型组织培训中主要开展10项关键性活动:高层管理者重新审视"学习"的概念;分析组织内部的学习环境;制订学习培训的实施计划;重新审视培训、培训管理者在组织中的地位与作用;在各个部门配备利于促进学习的管理人员;从各种可能的方面支持学习;提高全员的学习能力;开展团队学习;鼓励开放性学习;根据学习需要分配工作。

### (七)高级主管培训模式

高级主管培训模式具有特殊性,首先,它强调组织管理系统、员工培训系统、主管选拔系统的有机结合;其次,重视培训过程的合理安排。

综合分析以上各种培训模式,集中其优点,可以得到一个实施有效培训的基本原则:

第一,根据各种组织的不同特点及其培训水平,选择不同的培训模式,以培养自己的人才优势和整体竞争优势为目标。

第二,培训要满足组织发展的需要,符合组织战略目标,扎根于组织的运行机制之中。

第三,要根据各类人才的培训需要设计结构完整、规则齐全的培训体系,以高效地培养与造就组织所需的人才,并确保有效评价系统的运行。

第四,要建立学习型组织,整合组织与个人的培训需要,确定一个可以量化的培训计划、培训目标和一套评价指标体系。

第五,创建组织的培训文化,建立培训是投资、奖励和变"要我学"为"我要学"的机制,构建和谐的培训与学习的环境。

第六,把培训与各项人力资源管理决策,尤其是员工的晋升、工资、奖励等激励系统和报酬体系有机地结合起来,以充分发挥培训的开发功能。

## 第三节　员工培训的实施

### 一、员工培训的程序

培训作为人力资源开发与管理的重要环节，耗费大量的费用、时间与精力，所以必须精心设计与组织。要有效地做好这一工作，应把它视为一项系统工程，即采用一种系统的方法，并遵循一定的设计规律和程序，使培训活动能符合组织的目标，让其中的每一环节都能实现员工个人、工作及组织本身三方面的优化。

在这一系统中，需求确定是指通过分析组织、工作岗位和个人的特点，回答是否需要培训、培训什么、怎样进行培训、何时培训、在哪里培训等一系列基本问题，从而为组织有效培训奠定基础。在需求分析的基础上，确定培训的目标，确定培训后员工应达到的标准和要求。在实施培训前对培训进行规划，对培训内容、方法、时间、地点、进度等进行具体安排，在实施培训的过程中，需要根据员工的反映和要求，及时对培训方案进行调整，确保收到良好的效果。培训项目结束后，应及时对培训效果和设计方案进行评估，准确测评培训的成果，了解参训员工对培训的真实感受与相关建议，总结本次培训从设计到实施的经验与教训，不断提高培训的组织水平。并在此基础上，确定新的需要，开展新的培训项目。

### 二、确定培训需要

确定培训需要是判断培训是否必要的过程，一般来说，培训需要产生于目前状况与期望状况之间所存在的差距，而这一差距，往往就是组织培训的重点和方向。确定培训需要的程序如下：

#### （一）确认工作行为或绩效的差距

工作行为或绩效差距是指实际的工作行为或绩效与组织所期望的工作行为或绩效的差距。分析差距的资料来源包括：(1)员工档案、培训要求、调职要求、离职理由、工作意外纪录、员工申诉纪录、绩效评估结果；(2)工作描述；(3)

工作规范;(4)工作分析报告;(5)工作过期记录;(6)器材维修要求;(7)器材损坏报告;(8)生产数据;(9)顾客投诉;(10)顾问报告。收集上述资料可以使用以下方法:(1)个别员工面谈;(2)集体面谈;(3)问卷调查;(4)意见箱;(5)观察;(6)工作分析;(7)绩效评估;(8)测试;(9)研究各项书面记录。

### (二)培训需求分析

培训需求主要从以下三方面分析:

1. 组织分析。在确认组织层面的培训需求时,要审视组织的使命、目标、策略和文化。培训和发展计划的目标必须与组织的使命、目标和策略一致,并需取得最高管理层的支持。除了要考虑组织目前和未来的需要,更要注意对这些需要订立优先次序,评估某一部门的员工接受培训和发展会对其他部门造成什么影响,如引起工作程序的改变,以致影响其他部门。

首先,分析要有预见性,要以发展眼光去诊断需求,这就要预测本组织或企业未来在技术上、销售市场上及组织结构上可能发生的变化,了解现有员工的能力并推测未来将需要哪些知识和技能,从而估计出哪些员工需要在哪些方面进行培训,以及这种培训真正见效所需要的时间,以推测出培训的最佳时间。

其次,预测要有根据,必须对组织过去考绩的统计数据进行分析。对组织经营活动各方面指标仔细检查,能有助于发现培训需要。但要注意,这些指标当初并不是为了找出培训需要而设置和测录的,所以负责培训计划的人事经理在查阅这些统计数据时,要全面考虑影响这些指标的各种因素。

再者要明确,需要调查,不要只看到那些"硬"的、技术性方面的问题,还应注意"软"的、思想方面的问题。例如,出勤、纪律、离职等方面的记录,员工的牢骚、投诉、建议等能反映态度与士气方面的问题,这也是可以通过适当培训来解决与克服的。组织员工满意度调查、查阅缺勤、违纪、离职记录,找有关员工谈心等,都是找出这类培训需求的有效手段。

2. 工作分析。这种分析所用的方法和职务分析所用的方法不同,研究的是员工们怎样具体完成他们各自所承担的职责即工作,所以又叫操作分析。职务分析的重点是某项职务或任务,而操作分析则侧重研究具体的工作者本人的工作行为与期望的行为标准,找出其间的差距,从而知道此人需要接受什么样的培训。操作分析要了解的是:这一工作岗位所要求的绩效标准是什么,即希望人们怎样做这项工作;被研究的员工的实际表现与标准是否有差距,若有,这种差距会造成什么样的后果与损失;这位员工是否知道对他的期望和要求,是否知道怎样去做才是正确的;问题的产生究竟是因为不理解还是没掌握所需的技能,等等。

3. 个人分析。培训的重点在于促成员工的个人行为发生所期望的转变。没经验的员工绩效不良可能是由于缺乏所需的知识或技能,有经验的员工没做好工作则可能是因为养成了不良的工作习惯或原来的培训不当,也可能是由于工作态度方面存在问题。这些都可通过个人分析而发现,个人分析是在员工个体水平上进行的。

### (三)确认培训需求

当工作行为或绩效差异是由个人能力不足,或因员工态度信念不配合,或因为主管不积极参与员工培训所引起,培训便能有助于消除差距。此外,也要比较培训的成本和绩效差距所造成的损失,计算培训和发展是否有效益。一般情况下,工作需要和员工需求并不完全重合,培训的内容设计以两者的交集为核心,这是劳资双方需求的共同点。同时,也可以适当兼顾组织发展需要与提高员工综合技能需要之间的矛盾,提高员工参训积极性和对培训工作的认同感。培训中也可能存在员工不感兴趣的内容,组织应慎重对待,充分做好动员、鼓励和引导工作,并配以相应的激励措施,通过多种手段,以生动的培训方式,来调动员工参训的积极性。

## 三、设置培训目标

培训目标为培训计划提供明确的方向和依据。有了目标,才能确定培训对象、内容、时间、教师、方法等具体内容,并可在培训之后,对照此目标进行效果评估。培训目标可分为若干层次,从某一培训活动的总体目标到某项学科的目标直至每堂课的具体目标,越往下越具体。培训目标必须与组织的宗旨相容,要现实可行,要以书面形式明确陈述,其培训结果应是可以测评的。培训目标主要有以下几大类:

### (一)技能培养

在较低层的职工中,主要涉及具体的操作训练;在高层中,虽主要是思维性活动,如分析与决策能力,但也要涉及具体的技巧训练,如书面与口头沟通能力、人际关系技巧等。

### (二)传授知识

传授知识包括概念与理论的理解与纠正、知识的灌输与接受、认识的建立与改变等,这些都属于智力活动。但理论与概念也必须和实际结合,才能透彻理解,灵活掌握,巩固记忆。

### (三)转变态度

转变态度涉及认识的变化,所以也有人把它归入"传授知识"这一类中。但态度的确立或转变还涉及感情因素,这在性质与方法上毕竟不同于单纯的知识传授。

### (四)工作表现

工作表现是指受训者经过培训后,在一定的工作情景下达到的特定工作绩效和行为表现。

## 四、制定培训方案

制定培训方案其实就是培训目标的具体化与操作化,即根据既定目标,具体确定培训项目的形式、学制、课程设置方案、课程大纲、教科书与参考教材、任课教师、教学方法、考核方式、辅助培训器材与设施等。制订培训计划必须兼顾许多具体的情景因素,如行业类型、组织规模、用户要求、技术发展水平与趋势、职工现有水平、国家法规、组织宗旨与政策等,而最关键的因素是组织领导的管理价值观与对培训重要性的认识。培训方案应主要包括下述内容:

### (一)培训对象及类型

培训对象及类型即确定为谁培训和进行何种类型的培训。这项内容一般在培训需求分析中通过对工作任务的系列调查综合分析确定。有时组织的决策者出于对某一项特殊培训内容的兴趣,往往不过多地依赖需求分析的技术性指标,因此,在确定培训对象及类型时需要充分考虑这一因素。

(二)培训的规模

培训的规模受多种因素影响,如人数、场所、培训的性质、工具以及费用等,如果培训只针对个人,则不需要组成专门的教学班,只需提供培训设备、方法、程序、教材及其他教学条件和指导教师即可。如果受训的学员较多,且时间长,就要考虑培训场所、食宿、师资、教材、方法、程序,并制定出必要的考勤制度、作息时间表和组建临时的学员社团及组织管理机构等。一般情况下,技术要求较为专业的培训,其规模都不大;请人做演讲的培训,可扩大规模;采用讲授、讨论、个案研究、角色扮演等培训方式,培训规模要控制在一个适度的水平上。

(三)培训时间

培训时间的安排受培训内容、费用、受训者等与培训需要相关的因素影响。如专题报告占用的时间较少,较为复杂的培训就得视培训内容,在兼顾工作正常进行的情况下有计划、有步骤地安排。

(四)培训地点

培训地点一般指学员接受培训的所在地和培训场所。一般针对个人的岗位技能培训,都安排在工作现场,其他类型的培训可以安排在工作场所,也可以在特定城市和培训机构的实验室、教室等地。

(五)培训费用

不同的培训方式对培训费用的要求不同,常见的培训预算有以下几部分:教师、教具、管理费。一般将这几部分的费用直接加总,作为培训的费用估算。

(六)培训方式与方法

培训的方式、方法主要是指培训过程中将采用哪些手段和形式,才能更好地完成培训目标。如集中培训还是分散进行,是否边实践边学习,是在职还是离职。培训方式、方法的采用主要根据培训目标、对象、内容、经费及其他条件确定。如独立的小型组织部门的培训常采用分散的、一个单位一个单位的方式进行培训。高层培训、管理培训、员工文化素质培训、某些基本技能培训等常采用集中的方式进行。专业技能培训主要采用边实践边学习的方法。

(七)培训教师

通常培训能否选择到合适的教师,关系到培训效果的好坏。因此,在制定培训规划时一定要根据相关的培训内容考虑教师问题。如果是个人自我发展训练,只要是能够满足个人自我发展目标要求的教师即可。其他培训一般均要聘请相对稳定的兼职或专职教师,或经验丰富的管理者、技师、相关专家作为教师。

## 五、培训的组织与实施

在确定完培训计划后,就进入培训实施阶段,培训的组织与实施重点有以下几个问题必须明确:

### (一)培训负责人的确定

确定培训负责人和管理人,制定规范的培训制度,做好相关部门的协调工作。让整个培训过程有个监督控制,并及时评价调整,以保证培训的有效性。

### (二)帮助员工选择正确的学习方法

培训效果的获得,除了选择有效的培训方法,学员在培训中的学习方法也十分重要。在培训中培训者要帮助员工掌握良好的学习方法,积极配合,提高效果。以下两种有效的方法可以借鉴:

1. 托马斯·杜兰德学习模型。该模型强调学员必须把知识、态度、诀窍三者有机地结合起来。认为没有实践行动,就没有真正的学习与知识的建立,而没有知识的诀窍是脆弱的诀窍;缺乏团队运作态度的集体,其诀窍是不牢固的,而没有行动诀窍的态度是无价值的;知识若不能在态度中得到体现是无效的知识,而没有知识内容的态度也毫无价值。

2. 阿克思模式。英国剑桥大学教学设计专家凯勒(Keller)提出的阿克思模式的基本思想强调四点要求:

(1)注意力。培训要善于以事件的新奇性、矛盾性、意外性、不确定性等来吸引学员的注意力,以提高培训效率。

(2)相关性。积极引导学员研究、探讨教师传授的内容与自己过去的经验、现在的工作等方面的相关性,以利于融会贯通,并培养举一反三的能力。

(3)信心。一是引导、激发学员对自己参加培训、获得成功产生良好的期望,二是以适度的挑战性问题或学习目标激励学员的学习信心。学员在学习过程中不断积累小成功为大成功,就会产生深度学习的强烈欲望。

(4)满意度。采用强化、反馈、奖赏等培训策略,不断增加学员对于培训的满意度。

3. 托马斯·杜兰德学习模型。该模型强调学员必须把知识、态度、诀窍三者有机地结合起来。认为没有实践行动,就没有真正的学习与知识的建立,而没有知识的诀窍是脆弱的诀窍;缺乏团队运作态度的集体,其诀窍是不牢固的,而没有行动诀窍的态度是无价值的;知识若不能在态度中得到体现是无效的知识,而没有知识内容的态度也毫无价值。

## 六、培训成果转化

培训成果转化是指受训者将在培训中所学到的知识和技能在工作中应用的过程。组织投资于培训,其最终目的不在于传授知识和技能本身,而是希望员工在工作中运用这些知识和技能,并最终转化为组织效益的提高。培训成果转化受员工推广能力和维持能力两方面的影响。所谓推广能力是指受训者遇到与学习环境类似但又不完全一致的问题和情况时,能够将所学的知识和技能应用于工作的能力。即要求员工在不同的环境中创造性地应用所学到的知识和技能。维持能力是指员工长时间持续应用所学知识和技能的能力。它包括观念维持,如团结协作、不断创新等观念的维持;行为维持,如行为举止、操作程序等方面的维持;技能维持,如发现问题、解决问题、综合分析能力等方面的维持。

### (一)促进培训成果转化的相关理论

通过长期研究,国外专家总结出许多影响培训设计与培训成果转化的理论,经过在实践中反复验证,其中一些理论已非常成熟,并具有较强的可操作性。

1. 同因素理论。该理论认为,培训成果转化只有在受训者所执行的工作与培训期间所学内容完全相同时才会发生。因此,能否达到最大限度的转化,取决于任务、材料、设备和其他学习环境特点与工作特点的相似性。模拟仿真技术利用的正是这一理论。

2. 激励推广理论。该理论认为,在培训中最重要的是强调有关基本原理、基本原则和适用范围,而不是强调培训环境与工作环境的相似性。与同因素理论不同的是，该理论强调工作环境与培训环境有差异时，受训者在工作环境中应用所学知识和技能的能力。

3. 认知转换理论。该理论认为，培训成果是否转化，取决于受训者恢复所学技能的能力。因此，组织者应通过向受训者提供有意义的材料、增强培训的趣味性、增强员工的参与和互动等方式，并增加受训者将工作中遇到的情况与所学技能相结合的机会，从而提高培训成果转化的可能性。除此之外，还应向受训者提供对所学技能进行“编码记忆”的技能，这样，他们就相对容易地恢复这些技能了。

4. 强化理论。该理论认为，人们的行为建立在过去经验的基础上，如果过去的行为结果对个体行为是有利的，则行为就会重复发生。在培训中，如果对培训成果转化做出突出贡献的员工给予奖励，从而使这种行为得到维持和在其他员工中扩散。对拒不应用或应用不力的员工给予惩罚、制止，从而使这种行为得以杜绝。利用人们行为的“趋利避害”特点，来提高培训成果转化水平。

### （二）影响培训成果转化的组织因素

培训成果转化除了受个人意愿、个人特征和培训的组织实施水平的影响，还有一些组织因素会影响培训成果的转化。

1. 管理者支持。是指受训者的上司对培训成果转化的重视和提供相应的支持。受训者的上级越重视培训，就越有可能对受训者提供支持和帮助，如调整工作安排，对成果转化予以帮助指导等。

2. 同事支持。同事支持表现在由两个或两个以上的受训者组成的、愿意面对面讨论所学技能在工作中应用的小组。通过讨论与沟通，既可以加深员工对所学知识和技能的认识和了解，从而促进培训成果的转化，也可以加深同事之间的友谊，从而有利于其他工作的有效开展。

3. 应用机会。是指受训者在工作中应用所学知识和技能的机会。有足够的应用机会，可以巩固受训学员所学知识和技能的认识，从而有利于培训成果的长期维持。

上述因素共同构成培训成果的“转化氛围”，即影响受训者在工作中应用所学知识和技能的工作和人际关系氛围。它们既是影响培训成果转化的重要因素，也是组织培训文化的重要构成部分。

## 七、培训效果评估

培训效果评估是指组织实施完培训后，对组织和受训者从培训当中所获得的收益进行评价。这些收益既包括可以用货币衡量的收益，如成本降低与销售提升，也包括短期内不能用货币来衡量的收益，如员工忠诚度提高、团队精神强化、组织形象提升等。一般培训评估的重点主要从以下几个方面测度：

### （一）以培训目标为依据

把培训目标的实现与否作为评价标准，以此作为评价培训的有效性。如培训管理效率判断标准，包括：人力资源开发与组织总战略相结合程度；人力资源战略与技能绩效相关程度；培训目的是使学员技能绩效达到竞争水准；培训及其发展的目标、标准随竞争水平改进的程度。

### （二）学员状况的控制与评价

包括意见评估，重点评估学员对于培训各个方面的反映与满意度；学习评估，即学习过程的行为表现。

### （三）培训过程的控制与评价

在培训过程中负责人是否落实责任，执行培训计划的程度如何，出现偏差的及时纠正程度，等等。

### （四）培训项目评价与培训结果评价

培训结果具体分为5种类型：认知性结果，即衡量受训者对于培训项目所强调的原则、事实、技术、程序/流程的熟悉程度；技能性结果，即评价受训者的技术或运动技能水平及其行为方式水平的一种指标，包括技能的获得与学习、技能的应用与转换；情感性结果，即受训者的态度与动机，以及对于培训项目的感性认识、感觉等；效果性结果，即判断培训项目给组织带来的回报，如员工流动率降低、事故减少、成本节约、产量增加、产品与服务的质量提高等；投资净收益，指培训的货币收益与培训成本的比较。

组织根据培训目标，确定有关培训评估内容。对于评估的重点，有关学者进行了总结，比较有影响力的有柯克帕特里克评估模式，如表7-3所示。

表 7-3　柯克帕特里克培训评估模型

| 层次 | 标准 | 重点内容 | 测量方式 | 测量时间 | 测量目的 |
| --- | --- | --- | --- | --- | --- |
| 1 | 反应 | 受训者对培训的感觉如何？（满意程度） | 问卷调查 | 受训者返回工作岗位前 | 考核学员在培训中的表现 |
| 2 | 学习 | 受训者从培训中获得什么？（知识、技能、态度、行为方式等） | 纸笔测试、操作测试、情景模拟等 | | |
| 3 | 行为 | 受训者培训后有何变化？（工作行为） | 360 度评分 | | |
| 4 | 结果 | 培训为企业带来什么影响？（工作业绩） | 绩效评分 | 受训者返回工作岗位后 | 判断培训结果的转化 |

此外，组织也可以根据需要选择不同的培训评估技术，不同的评估技术具有不同的特点，如表 7-4 所示。

表 7-4　培训评估技术比较与选择

| 培训需求评估技术 | 被培训者参与程度 | 管理层的参与程度 | 所需要的时间 | 成本 | 数据衡量的程度 |
| --- | --- | --- | --- | --- | --- |
| 顾问委员会 | 低 | 中 | 中 | 低 | 低 |
| 评价中心 | 高 | 低 | 低 | 高 | 高 |
| 态度调查 | 中 | 低 | 中 | 中 | 低 |
| 集体讨论 | 高 | 中 | 中 | 中 | 中 |
| 面谈候选培训对象 | 高 | 低 | 高 | 高 | 中 |
| 调查管理层 | 低 | 高 | 低 | 低 | 低 |
| 员工行为观察 | 中 | 低 | 高 | 高 | 中 |
| 业绩考核 | 中 | 高 | 中 | 低 | 高 |
| 关键事件法 | 高 | 低 | 中 | 低 | 高 |
| 问卷调查与清单 | 高 | 高 | 中 | 中 | 高 |
| 技能测试 | 高 | 低 | 高 | 高 | 高 |
| 评估过去项目 | 中 | 低 | 中 | 低 | 高 |
| 绩效档案 | 低 | 中 | 低 | 低 | 中 |

**案例分析：**

## 西门子公司的多级培训制度

西门子公司是德国的一家著名的电子产品公司，历史悠久，规模较大。它于1847年创业，至今已有150多年的历史，拥有职工40多万名。它从创办时期的两个人发展到今天成为世界500家大企业的第17位，德国100家大企业的第3位和世界六大电气公司之一。如今西门子业务遍布世界五大洲190多个国家，涉及能源、通信、工业、交通、信息、医疗、电子元器件、工业自动化、家用电器等领域，成为当今全球电子电器行业中最大的综合型跨国公司之一。西门子进入中国后，中国已发展成为西门子亚太地区业务的一个主要支柱。西门子全球的各项业务领域在中国都有开展，其中包括：信息与通信、自动化与控制、电力、交通、医疗、照明、零部件和家用电器。如同世界其他地方一样，基础设施建设是主要的业务领域。截至2009年年初，西门子在华长期投资总额超过9亿欧元。目前，西门子在中国拥有超过43000名员工，是在华拥有员工数最多的外商投资企业之一，已在中国各地设立了90多家运营公司和61家地区办事处。

西门子公司能发展成为世界电气界的一颗璀璨明星，与西门子对人才的重视有很大的关系。一整套对人才的选拔、培养、造就办法，成了公司整体发展战略的重要组成部分。西门子公司一贯奉行“人的能力是可以通过教育和不断的培训而提高的”，因而，它坚持由公司自己来培养和造就人才。

西门子早在1910年就为其内部人员开设了正式的培训课程。早期的培训是在车间进行的，后来建立了各类专门的培训学校，并有了专业的培训老师。目前，整个公司拥有11个综合培训中心，700名专业教师和近3000名兼职教师，在18个国家设有39个培训中心，形成了庞大的企业教育系统。在中国，西门子与北京市国际技术合作中心合作，共同建立了北京技术培训中心，西门子投资4000万马克。合同规定，中心在合同期内负责为西门子在华建立的合资企业提供人员培训，目前，该中心每年可以对800人进行培训。在西门子的全体员工中，每年参加各种定期和不定期培训学习的多达15万人。为此，公司每年投资6亿至7亿马克用于培训及购置最先进的培训实验设备。

西门子公司的培训内容包罗万象,课题针对各个部门和员工的实际需要。为适应技术进步和管理方式的变化,课程内容每年都有20%以上的调整,大部分培训项目都是根据公司当前生产、经营和应用技术的需要设置的,很大一部分是在工作岗位上完成的。

在人才培训方面,西门子创造了独具特色的培训体系——多级培训制。

西门子的人才培训计划从新员工培训、大学精英培训到员工在职培训,涵盖了业务技能、交流能力和管理能力的培训。通过一系列的培训,帮助公司新员工具备较高的业务能力,提高员工知识、技能、管理能力,并储备了大量的生产、技术和管理人才。因此,西门子长年保持着公司员工的高素质,这是西门子强大竞争力的来源之一。

新员工培训

新员工培训又称第一职业培训。在德国,一般从15岁到20岁的年轻人,如果中学毕业后没有进入大学,要想工作,必须先在企业接受3年左右的第一职业培训。

在第一职业培训期间,学生要接受双轨制教育:一周工作5天,其中3天在企业接受工作培训,另外2天在职业学校学习知识。这样,学生不仅可以在工厂学到基本的熟练技巧和技术,而且可以在职业学校受到相关基础知识教育。通过接近真刀实枪的作业,他们的职业能力及操作能力都会得到提高。

企业内部基本上使用的是技术最先进的培训设施,保证了第一职业培训的高水平,因此,第一职业教育证书在德国经济界享有很高的声誉。由于第一职业培训理论与实践相结合,为年轻人进入企业提供了有效的保障,也深受年轻人欢迎。在德国,中学毕业生中有60%~70%接受第一职业培训,20%~30%选择上大学。

西门子早在1992年就拨专款设立了专门用于培训工人的“学徒基金”。这些基金用于吸纳部分15岁到20岁的中学毕业后没有进入大学的年轻人,参加企业3年左右的第一职业培训。现在,西门子公司在全球拥有60多个培训场所,如在公司总部慕尼黑设有韦尔纳·冯·西门子学院,在爱尔兰设有技术助理学院,它们都配备了最先进的设备,每年培训经费近8亿马克。目前,共有

10000名学徒在西门子接受第一职业培训，大约占员工总数的5%，他们学习工商知识和技术，毕业后可以直接到生产一线工作。

第一职业培训（新员工培训）保证了员工正式进入公司就具有很高的技术水平和职业素养，为企业的长期发展奠定了坚实的基础。

大学精英培训

西门子计划每年在全球接收3000名左右的大学生，为了利用这些宝贵的人才，西门子也制订了专门的计划。

西门子注意加强与大学生的沟通，增强对大学生的吸引力。公司同各国高校建立了密切联系，为学生和老师安排活动，并无偿提供实习场所和教学场所，举办报告会等。1995年4月，西门子在北京成立了“高校联络处”，开始与高校建立稳定而持久的伙伴关系，加强与高校教师、学生及各院系、研究所的联系和沟通。西门子每年在重点院校颁发300多项奖学金，并为优秀学生提供毕业后求职的指导和帮助，“高校联络处”也因而被称为西门子和高校沟通的桥梁。进入西门子的大学毕业生首先要接受综合考核，考核内容既包括专业知识，也包括实际工作能力和团队精神，公司根据考核的结果安排适当的工作岗位。

此外，西门子还从大学生中选出30名尖子进行专门培训，培养他们的领导能力，培训时间为10个月，分三个阶段进行。

第一阶段：让大学生全面熟悉企业的情况，学会从因特网上获取信息；

第二阶段：让大学生进入一些商务领域工作，全面熟悉本企业的产品，并加强他们的团队精神；

第三阶段：将大学生安排到下属企业（包括境外企业）承担具体工作，在实际工作中获取实践经验和知识技能。

目前，西门子共有400多名这种“精英”，其中四分之一在接受海外培训或在国外工作。

大学精英培训计划为西门子储备了大量管理人员。

员工在职培训

西门子人才培训的第三个部分是员工在职培训。西门子公司认为，市场竞争日趋激烈，在迅速变化、颇具灵活性和长期性的商务活动中，知识和技术必须不断更新换代，才能跟上商业环境以及新兴技术的发展步伐，所以西门子特别重视员工的在职培训，在公司每年投入的8亿马克培训费中，有60%用于员工在职培训。西门子员工的在职培训主要有两种形式：西门子管理教程和在职培训员工再培训计划，其中管理教程培训尤为独特和有效闻名。

西门子员工管理教程分五个级别，各级培训分别以前一级别培训为基础，从第五级别到第一级别所获技能依次提高，其具体培训内容大致如下：

第五级别：管理理论教程

培训对象：具有管理潜能的员工

培训目的：提高参与者的自我管理能力和团队建设能力

培训内容：西门子企业文化、自我管理能力、个人发展计划、项目管理、了解及满足客户需求的团队协调技能

培训日程：与工作同步的一年培训；分别为为期3天的两次研讨会和一次开课讨论会

第四级别：基础管理教程

培训对象：具有较高潜力的初级管理人员

培训目的：让参与者准备好进行初级管理工作

培训内容：综合项目的完成、质量及生产效率管理、财务管理、流程管理、组织建设及团队行为、有效的交流和网络化

培训日程：与工作同步的一年培训、为期5天的研讨会两次和为期两天的开课讨论会一次

第三级别：高级管理教程

培训对象：负责核心流程或多项职能的管理人员

培训目的：开发参与者的企业家潜能

培训内容：公司管理方法，业务拓展及市场发展策略、技术革新管理、西门子全球机构、多元文化间的交流、改革管理、企业家行为及责任感

培训日程：一年半与工作同步的培训；为期5天的研讨会两次

第二级别：总体管理教程

培训对象：必须具备下列条件之一

(1)管理业务或项目并对其业绩全权负责者

(2)负责全球性、地区性的服务者

(3)至少负责两个职能部门者

(4)在某些产品、服务方面是全球性、地区性业务的管理人员

培训目的:塑造领导能力

培训内容:企业价值、前景与公司业绩之间的相互关系,高级战略管理技术、知识管理、识别全球趋势、调整公司业务、管理全球性合作

培训日程:与工作同步的培训两年;为期6天的研讨会两次

第一级别:西门子执行教程

培训对象:已经或者有可能担任重要职位的管理人员

培训目的:提高领导能力

培训内容:培训内容根据管理学知识和西门子公司业务的需要而制定,随着二者的发展变化,培训内容需要不断更新

培训日程:根据需要灵活掌握

通过参加西门子管理教程培训,公司中正在从事管理工作的员工或有管理潜能的员工得到了学习管理知识和参加管理实践的绝好机会。这些教程提高了参与者管理自己和他人的能力,使他们从跨职能部门交流和跨国知识交换中受益,在公司员工间建立了密切的内部网络联系,增强了企业和员工的竞争力,达到了开发员工管理潜能、培养公司管理人才的目的。

**思考题:**

西门子公司的多级培训制度对你有何启发?

# 第八章　职业生涯管理

人力资源开发与管理的一个基本理念是:组织既要最大限度地利用员工的能力,又有义务为每一位员工提供不断成长的机会,挖掘他们的最大潜能,使他们实现职业成功。组织能否赢得员工的献身精神,一个关键的因素在于能否为员工创造条件,使他们获得一个有成就感和自我价值能够实现的职业。

从20世纪70年代起,欧美等国越来越多的企业意识到员工需要获得职业满足感,他们希望建立一套机制,使得员工可以在组织内部实现他们的个人目标,职业生涯管理应运而生。许多知名企业都相继实施了组织职业生涯管理,而且取得了比较理想的效果。

## 第一节　职业生涯管理概述

### 一、职业生涯

职业生涯又称职业发展,是指与工作相关的整个人生历程。最近有研究人员提出了“多样化的职业生涯概念”,这个概念把职业生涯分为四种不同的模式:(1)传统的直线型职业生涯,强调向上升迁;(2)专家型职业生涯,关注专业领域(例如财务分析师)的稳定性,但很少有晋升;(3)螺旋型职业生涯,即主要职业生涯会周期性地变动,可能是7~10年变动一次;(4)短暂型职业生涯,其特点是职业生涯领域每3—5年变动一次。

职业生涯包含一个人一生中所有与工作相联系的行为和活动,以及相关的态度、价值观、愿望等的连续性经历的过程。它“贯穿于个人整个生命周期”，随着时间的推移，职业生涯是不断向前发展的，并且无论从事何种职业，具有何种晋升水平，工作模式的稳定性如何，所有人都拥有自己的职业生涯。

职业生涯有四个方面的含义：

1. 职业生涯只是表示一个人在一生中各种与工作相关的经历的组合，其本身并不包含着成功或失败的意味，也没有进步快慢的含义。

2. 职业生涯既包含客观部分，例如工作职位、工作职责、工作活动以及与工作相关的决策，也包括对工作相关事件的主观知觉，例如个人的态度、需要、价值观和期望等。一个人的职业生涯通常包括一系列客观事件的变化以及主观知觉的变化。

3. 职业生涯是一种过程，是人一生中所有的与工作相关的连续经历，而不仅仅是指某一个工作阶段。

4. 职业生涯受各方面因素的影响，如本人对自己职业生涯的设想与计划、家庭成员的意见和建议、组织的需要与人事计划、社会环境的变化都会对职业生涯有所影响。

## 二、职业生涯管理

职业生涯管理是现代人力资源开发与管理的重要内容之一，是组织帮助员工制定职业生涯规划和推动其职业生涯发展的一系列活动，是满足员工、管理者、组织三者需要的一个动态过程。

### （一）职业生涯管理的含义

职业生涯管理，是人类社会发展到一定阶段而出现的一种全新的管理理念和模式，它是通过分析、评价员工的能力、兴趣、价值观等，确定双方都能够接受的职业生涯目标，并通过培训、工作轮换、工作丰富化等一系列措施，逐步实现员工职业生涯目标的过程。

职业生涯管理包含两重含义：从组织层面来说，它是从组织目标和员工能力、兴趣出发，与员工共同制订和实施的一个符合组织需要的个人成长与发展计划，即组织针对自身和员工个人发展需要而实施的职业生涯管理，称为组织职业生涯管理；从个人层面出发，它是员工为寻求个人的发展，与组织共同制订和实施的既能使个人得到充分发展又能使组织目标得以实现的个人发展计划，即员工为自己的职业生涯发展而实施的管理，称为自我职业生涯管理。这两个方面相互联系，相互影响，对员工的职业目标的最终实现都发挥着不可替代的重要作用。

职业生涯管理的含义表明：第一，职业生涯管理是员工与组织双向的职业活动，作为组织人力资源开放与管理的重要组成部分，它要将职业生涯发展目标导向组织发展目标的实现，在关注组织目标实现的同时，也关注员工个人目标的实现。第二，职业生涯管理是员工与组织双方动态运动的过程，组织与个人是职业生涯管理的两个不同的主体，在其不同的发展阶段有各自不同的管理任务和重点，因此，它更强调双方的协调与统一、变化与适应。第三，职业生涯管理坚持以员工自身发展需求为目标。组织和员工都必须承担一定的责任，双方共同合作才能完成职业生涯管理，其目的是实现员工发展目标和组织发展目标的有效结合。

个人层面的职业生涯管理的任务包括：(1)收集自身的信息和各行各业的情况；(2)摸清自己的能力、兴趣、价值和所喜欢的生活方式，以及希望选择哪些职位、工作和组织；(3)以这些信息为基础，提出现实的职业生涯目标；(4)制定并实施为达成此目标而设计的战略；(5)获得战略有效性和目标相关性的反馈。

组织层面的职业生涯管理的任务包括：(1)认识员工对职业生涯发展的设想和期望；(2)提供员工进行职业生涯设计所需要的相关信息和技术支持；(3)为员工的职业发展提供必要条件和资源；(4)整合员工的职业发展目标与组织发展目标。

### (二)职业生涯管理的发展历程

职业生涯管理的实践最初是以职业指导形式出现的，职业指导的正式形成一般以美国波士顿大学教授帕森斯(Frank Parsons)在1908年创立地方职业局为标志，他首次提出了“职业指导”这一概念，并使职业指导成为具有组织形态的专业性工作。因此，帕森斯被认为是职业指导的创始者。

帕森斯将19世纪官能心理学的研究应用于职业指导活动，提出了著名的职业选择"三步范式"法。这种思想为后来出现较为系统的职业生涯管理理论奠定了良好的基础,也为许许多多的职业咨询师和专家提供了最初理论上的指导。从这个角度说,职业生涯管理理论的奠基人当属"职业指导之父"帕森斯。心理学的发展特别是心理测量的兴起,为职业生涯管理理论的丰富和成熟奠定了重要的基础。

1951 年 Ginzberg, Axelrand 和 Herma 从心理学的视角出发提出了一种全新的职业发展理论,指出职业生涯开发是一种终其一生的过程。

1953 年舒伯(Donald Super)从对特质因素理论、发展心理学及个人结构理论的研究中,引出了他对于自我认知理论和社会学理论的观点。舒伯着重于从生命周期角度来考虑职业的发展,描述变化的职业任务并关注不同阶段的职业发展状况,同时,他认为,职业发展和个人发展相互作用,通过生活角色和工作角色的共同作用来决定个人的职业发展模式。

20 世纪 70 年代越来越多的组织业主或雇主认识到需要使员工对个人职业生涯感到满意,他们倾向于建立能使员工在组织内达到个人目标的职业生涯计划。20 世纪 80 年代关注的焦点发生了变化,即组织内的职业生涯管理被看作是能够在发生巨大变化的组织环境中满足业务需求的一种工具。到了 20 世纪 90 年代这一问题的焦点转移到两者的平衡上。现在,组织内的职业生涯发展被作为一种战略过程,它可以最大限度地开发职业中个人的潜能,而且是强化组织成功的一种途径。

### (三)职业生涯管理的意义

职业生涯管理已成为当前人力资源开放与管理领域中一项极其重要的内容和崭新的发展方向,做好这项工作对于促进组织发展与个人职业生涯发展都具有十分重要的意义。

1. 职业生涯管理可以增强员工对职业环境的把握能力和对职业困境的控制能力。职业生涯管理不仅可以使员工个人了解自身的长处和短处,养成对环境和工作目标进行分析的习惯,而且可以使员工合理计划、安排时间和精力开展学习和培训,以完成工作任务、提高职业技能、增强"可雇佣性"。这些活动的开展都有利于强化员工的环境把握能力和控制能力。

2. 职业生涯管理可以帮助员工协调好职业生活与家庭生活的关系，更好地实现人生目标。职业生涯管理帮助员工综合地考虑职业生活同个人追求、家庭目标等其他生活目标的平衡，避免顾此失彼、左右为难的窘境。

3. 职业生涯管理可以帮助员工实现自我价值。职业生涯管理可以为员工指出明确的奋斗目标，帮助员工抓住工作的重点，并通过提供各种支持机制，最大限度地发挥员工自我的潜能，从而实现自我价值。

4. 职业生涯管理可以帮助组织更清楚地了解每一位内部员工的现状、需求、能力及目标，并且能够更准确地从宏观层面把握组织人力资源的竞争力和优劣势，以供最高管理层在组织发展战略制定过程中辨认外部可利用的机会、分析潜在的可能产生冲击的负面威胁。

5. 职业生涯管理可以使组织更加合理与有效地利用人力资源，从而促进组织的发展。它可以形成人员间良性竞争态势，避免内部冲突和内耗。在具有竞争性的环境中，员工就会受到环境以及来自其他员工的压力，这种良性的压力最终将转变为员工努力工作的动力。同薪水、奖金、待遇、地位和荣誉的单纯激励相比，切实针对员工深层次职业需要的职业生涯管理具有更有效的激励作用，同时能进一步开发人力资源个体的职业价值。而且职业生涯管理能够尽可能将最适合的人员安排在最适合的岗位上，实现人力资源优化配置。

6. 职业生涯管理可以帮助组织留住优秀人才。在知识经济时代，知识和技术的更新速度加快，给人们带来了更多机会的同时，也带来了压力和威胁。新形势下，员工更加注重未来的职业发展机会，对终身就业能力的提高和自我实现更加重视，流动欲望较强。只有当员工对组织所提供的未来的发展机会和空间感到满意时，他才会留在组织中。因此，通过职业生涯管理，努力为员工提供施展才能的舞台，帮助员工实现自我价值，既是留住人才、凝聚人才的根本保证，也是组织长盛不衰的组织保证。

## 三、职业生涯管理过程

职业生涯管理过程是一个解决问题进行决策的过程。个人通过收集信息来认识自己和周围的环境，然后建立目标，制订并执行战略计划，获得反馈信息继续职业生涯管理。遵循这种职业生涯管理方法的人并非生活在真空中，职业生涯管理的各个环节的有效性都有赖于周围人和组织的支持。

## 四、职业生涯管理相关理论

### (一)职业选择理论

职业选择是员工依照自己的职业期望和兴趣,凭借自身能力挑选职业,是使自身能力和需求与职业需求特征相符合的过程。在这一方面较著名的理论有帕森斯的特质因素理论、佛隆的择业动机理论、霍兰德的职业性向理论。

1. 帕森斯的特质因素理论。特质因素理论是职业生涯管理理论中最为悠久的一种理论,它源于19世纪官能心理学的研究,美国"职业指导之父"帕森斯将其运用在职业指导方面,提出了职业选择的"三步范式"。它的核心是人与职业之间的匹配,其理论前提是:每个人都有一系列独特的特性,并且可以对其进行客观而有效的测量;每个人的独特特质又与特定的职业相关联;为了取得成功,不同职业需要配备具有不同个性特征的人员;个人特性与工作要求之间配合得越紧密,职业成功的可能性也就越大。因此,帕森斯的"三步范式"强调,在职业选择中要做到:一是清楚地了解自己的态度、能力、兴趣、智谋、局限和其他特征;二是对不同行业的工作要求、成功要素、优缺点、薪酬水平、发展前景及机会有较为明确的认识;三是在上述两组要素中进行最佳搭配。

2. 霍兰德的职业性向理论。美国约翰·霍普金斯大学心理学教授约翰·霍兰德于1971年提出了具有广泛社会影响的职业性向理论。他认为,职业性向包括价值观、动机和需要等,是决定一个人职业选择的重要因素。他基于自己对于职业性向的测试研究,提出了个性—工作适应性理论。

这一理论首先将职业归属为六种典型的"工作环境"中的一种。这六种环境分别是现实的环境、调查研究性的环境、艺术性的环境、社会性的环境、开拓性的环境、常规性的环境。这六大类环境可以用来描述员工的个性定位,即我们每个人都偏好于六种职业类型中的一类或多类。

职业性向理论,实质在于劳动者的职业性向与职业类型的相互适应。霍兰德认为,同一类型的劳动者与同一类型的职业互相结合,便达到适应状态,这样,劳动者找到了适合自己的职业岗位,其才能与积极性才可得以发挥。依照霍兰德的职业性向理论,劳动者职业性向类型与职业类型相关系数越大,两者适应程度越高；二者相关系数越小，相互适应程度就越低。

3. 职业锚理论。职业锚理论是美国麻省理工学院教授沙因最早提出的，这一理论在心理学界和组织行为学界有着广泛而深远的影响。

沙因所谓的“职业锚”，是指个人经过搜索所确定的长期职业定位。沙因认为，一个人的职业锚由三个部分组成：自己认识到的自己的才干和能力（以各种作业环境中的实际成功为基础）；自己认识到的自我动机和需要（以实际情景中的自我测试和自我诊断以及他人的反馈为基础）；自己认识到的自己的态度和价值观（以自我与组织和工作环境的价值观之间的实际状况为基础）。它的特点是：通过个人的职业经验逐步稳定、内化下来；当个人面临多种职业选择时，职业锚是其最不能放弃的自我职业意向。

职业锚是自我意向习得部分，每个人有各自的动机、追求、需要和价值观，因此，所寻求的职业锚会有所不同。沙因开始提出了以下五种职业锚：技术/功能能力型职业锚、管理能力型职业锚、安全/稳定型职业锚、自主/独立型职业锚和创造型职业锚。在 20 世纪 80 年代，沙因把职业锚增加到八种，新增了服务型、纯粹挑战型、生活型三种职业锚。

在个人的职业生涯与工作生命周期中，在组织的事业发展过程中，职业锚都发挥着重要的作用。职业锚有助于识别个人的职业抱负模式和职业成功标准；职业锚可为员工中后期职业生涯发展奠定基础。按照沙因的观点，职业方向的选择、职业生涯的成功与职业锚都有着非常密切的关系，因此，职业生涯管理的一项重要工作是帮助组织员工确定职业锚，并通过这一过程使得组织与个人之间的关系更加紧密，透过职业锚，组织获得了员工个人正确信息的反馈，从而可以有针对性地对员工的职业生涯发展设置合理、有效、可行、顺畅的职业通道与职业阶梯；个人则通过组织有效的职业管理，把职业工作与自我相整合，使自身的职业需要得以满足，从而深化了对组织的情感认同和职业归属感。

### （二）职业生涯发展理论

职业生涯发展是指个人逐步实现其职业生涯目标，并不断制定和实施新的目标的过程。有关职业生涯发展阶段划分的理论比较有影响的主要有以下几种。

1. 舒伯的职业生涯发展阶段理论。舒伯把人的职业生涯发展划分为 5 个主要的阶段，分别为成长阶段、探索阶段、确立阶段、维持阶段、衰退阶段。舒伯以年龄为依据，对职业生涯阶段进行了划分，但现实中职业生涯是个持续的过程，各阶段的时间并没有明确的界限，其经历时间的长短常因个人条件的差异及外在环境的不同而有所不同，有长有短，有快有慢，有时还可能出现阶段性反复。

2. 金斯伯格的职业生涯发展阶段理论。金斯伯格对职业生涯的发展进行过长期的研究，他研究的重点是从童年到青少年阶段的职业心理发展过程。通过研究美国富裕家庭的人从童年期到成年早期和成熟过程中的有关职业选择的想法和行动，他将职业生涯发展分为幻想期、尝试期和现实期三个阶段。金斯伯格的职业生涯阶段，实际上是指最初就业前人们的职业意识或职业追求的变化与发展过程。金斯伯格的职业生涯发展理论对实践产生过广泛的影响。

3. 格林豪斯的职业生涯发展阶段理论。萨伯和金斯伯格都是从人生不同年龄段对职业的需求与态度来研究职业生涯发展过程，以及划分职业生涯阶段的。格林豪斯则是从人生不同年龄段职业生涯发展所面临的主要任务的角度对职业生涯发展进行研究的，并以此为依据将职业生涯发展划分为职业准备阶段、进入组织阶段、职业生涯初期、职业生涯中期、职业生涯后期五个阶段。

4. 加里 · 德斯勒职业生涯五阶段论。美国著名人力资源管理专家加里 · 德斯勒在其代表作《人力资源管理》一书中，综合其他专家的研究成果，将职业生涯划分为五个阶段：成长阶段（出生～14 岁）、探索阶段（15～24 岁）、确立阶段（25～44 岁）、维持阶段（45～65 岁）和下降阶段（临近退休）。

## 第二节 职业生涯设计

职业生涯设计也叫职业生涯规划，是员工对自己一生职业发展总体规划和总轮廓的勾画，具有粗略性、目标性、长期性和全局性的特点，它为员工一生的职业发展指明了路径和方向。只有对自己的职业生涯做好规划，才能有前进的目标和努力的方向，才能实现自己最初的理想，使自己在前进的道路上少走弯路。职业生涯设计是以自身既有的成就为基础,通过职业生涯设计可以准确评价个人特点和强项,重新认识自我,可以找到个人目标和现状的差距,准确定位职业方向。

合理的职业生涯规划方案是一个人职业生涯成功的开始,也是规划职业生涯不可或缺的组成部分。在英国,孩子从3岁开始就被逐步培养职业意识并设计个人职业生涯规划方案。而在中国,人们对职业规划的认识大多还局限在“职业指导”的层面,忽视了它在整个职场生涯中的可持续作用,即使做过职业规划,大部分的规划还只是停留在理念和想法层面上,目标远大但缺乏可操作性,过于理想化,尤其是中长期规划方面,存在“想当然多、科学规划少”的明显特点。

## 一、职业生涯设计中的责任分配

### (一)个人的责任

职业生涯设计首先是每个员工的责任。在一切都在急剧变化、未来不确定性越来越强的时代,只有那些能够理解自身的优势和劣势,懂得如何适应环境变化,有能力为自己创造机会的人,才有可能取得职业生涯发展的成功。

职业生涯设计的核心和本质,是做出一系列同职业发展相关的决策,而决策者必须也只能是员工个人。其他人可以提供参考意见,组织可以提供资源支持和制度帮助,但收集信息、分析信息并做出正确决策的是员工个人。

在职业生涯设计中个人的责任包括:

(1)认识自我。人要想认识自我是很不容易的,有时这是一个痛苦的过程,在知觉的过程中也往往存在知觉偏差。个人有责任不断理清自己的愿望、兴趣和优势。

(2)认识环境。人还必须认识与把握与职业生涯设计有关的工作环境和社会环境,分析相关职位和组织未来的发展态势。

(3)制定决策。职业生涯设计中的决策对人的一生可能会产生非常大的影响。

(4)实施行动方案。再好的决策方案如果停留在纸上,也是空谈。个人需要积极地实施行动方案。行动可能是努力工作,创造业绩;也可能是加强培训,提高自身能力素质；还可能是进行人际沟通，在组织内部寻求职业生涯发展的支持。

(二)组织层面

员工的职业生涯设计不仅仅是员工个人的工作内容，组织也必须承担起相应的责任。个人的发展必然会受到组织发展的影响和制约，只有把个人发展同组织发展协调起来的人才更有机会获得成功。

在职业生涯设计中，组织的责任主要表现在以下几个方面：

(1)提供充分的组织发展信息，包括未来战略、人力资源政策导向、外部环境变化趋势等，以供个人决策使用。

(2)提高人力资源测评的技术支持，帮助员工更好地认识自我。越来越多的组织或企业开始投资于各种先进的人力资源测评技术和方法，以帮助员工更有效更准确地认识自我。

(3)提供必要的培训，帮助员工掌握职业生涯设计的方法和技术。职业生涯设计作为新兴的人力资源开发与管理技术和方法，很多人还不了解。组织有责任帮助员工认识职业生涯设计的重要性、方法和技术。

(4)通过创造或提供必要的资源和条件，为员工顺利实现职业生涯发展而给予其相应机会。

## 二、影响职业生涯设计的因素

影响职业生涯设计的因素概括起来有三方面：个人、组织和环境。

(一)个人因素

个人的兴趣、价值观、个性特征、知觉过程、以往经历都将影响职业生涯设计。其中，兴趣、价值观和个性特征是影响职业生涯设计的内在变量。知觉过程影响个人对自我的评估以及对环境的认识，是一个转化变量。以往的经历作为一个外在变量也会在很大程度上影响决策过程。

(二)组织因素

组织因素对职业生涯设计的影响可以从两个方面来看：一是推动因素。组织为个人职业生涯设计提供的各种条件和资源支持，有助于个人更有效地完成职业生涯设计；二是制约因素。组织的战略和发展条件对个人职业生涯设计又有着制约和限制的一面。

### (三)环境因素

环境因素的影响主要表现为间接影响。一是环境的变化将影响组织的战略、结构和职位设计,而这些都是职业生涯设计必须考虑的因素。二是环境的发展趋势将影响个人的职业选择偏好。比如2007年,中国的股市异常火爆,这一年夏天的高考中填报金融类专业的考生人数明显增加;2008年,中国股市又非常疲软,金融类报名的考生人数又有所下降。

## 三、职业生涯设计过程

员工的职业生涯设计过程包括七个环节:自我评估、信息检验、优劣势分析、目标制定、设计行动方案、方案执行、结果反馈。

### (一)自我评估

自我评估是指员工通过各种信息来确定自己的职业兴趣、价值观、性格倾向和行为倾向。要想找到适合自己的职业并确立有意义的职业选择,最基本的是要了解自己希望从工作中获得什么,以及自己具备什么样的工作技能和才干。

员工在自我评估活动中需要厘清自己的工作价值观、兴趣和才能所在。

1. 工作价值观。工作价值观是指一系列与工作直接相关的价值观,涉及工作意义、创造性、独立性和工作安全感等方面的问题。它揭示了员工看待工作任务、工作回报等问题的态度。管理学家苏普列出了一系列工作价值观,包括:(1)利他主义;(2)道德;(3)创造性;(4)知识鼓励;(5)独立性;(6)成就感;(7)威信;(8)管理权;(9)经济回报;(10)安全;(11)环境;(12)同事关系;(13)多样性。不同职业和岗位对人的价值观的满足程度不同。研究表明,能使人有机会实现工作价值观的职位有助于产生高工作满意度。比如,一个具有强烈成就感的人对那些工作任务有挑战性,并且工作成果能够得到快速反馈的工作职位更容易获得满意。

2. 兴趣。兴趣是指人们喜爱不喜爱某项特定活动的态度。兴趣能让人的注意力更专注,对工作的投入也更多,相应地取得工作成绩的概率也更大。前几年,我国邀请了好几位诺贝尔奖的获得者访问中国。他们来自不同的领域,有各自的研究专长和成绩。当记者问及他们成功的关键因素时,每个人的答案不尽相同,但有一点是一致的,那就是都选择了自己感兴趣的工作。

约翰·霍兰德的研究归纳出人类六种兴趣倾向,分别是现实型、研究型、传统型、社会型、创业型和艺术型。具有现实型兴趣的人往往愿意做一些任务指派明确的实事;研究型兴趣的人注重科学性,喜欢搞研究,具有学者的味道;社会型兴趣的人热衷于关注人文,擅长处理沟通和协调工作;传统型兴趣的人注意结构、传统和细节;艺术型兴趣的人喜欢个性化的环境设计,愿意发挥个人的创造性和个性。

3. 才能。才能是一个人的学习天赋和能力。人往往有这样的经验与体会,自己做某些事情的时候能够做到比别人花的功夫少但效果好,但做另一些事情的时候花的功夫多且效果差。这种人与人之间的差异往往是由于才能的不同造成的。物理学家杨振宁教授曾讲过这样一个故事:当年他初到美国,并没有打算搞理论物理,而是想做实验物理的研究。一天,他到实验室做实验,第一步的工作是安装实验需要的设备,结果他花了很长的时间都没能够把所需要的导管连接好。后来他的一位同学来到实验室,只花了很短的时间就连接好了。经过这件事,杨振宁马上转变了研究方向:从实验物理转为理论物理。

(二)信息检验

人对自己的认识不可能非常准确,往往存在认识偏差。纠正偏差的最佳方法就是通过同他人的交流,征求别人的看法和意见,修正自我认识。信息检验的沟通对象可以是自己的家人、朋友,更重要的是同事、上级、下级的意见。

(三)优劣势分析

人的发展不仅仅取决于自身的实力,很大程度上还取决于同周围人的比较。《三国演义》里周瑜就发出了“既生瑜何生亮”的悲叹。优劣势分析就是在既定的竞争比较范围内,研究自己的优势和劣势,寻找能够充分发挥优势、扬长避短的职业设计方案。

(四)目标制定

目标制定是指员工形成长短期职业生涯目标的过程。这些目标通常与理想的职位(例如3年内当上项目经理、40岁以前做教授)、技能的运用水平(例如掌握项目管理的工作方法、了解考核管理的方法）和工作安排（年底前从生产部门调往销售部门）相联系。员工的职业规划目标通常是同上级领导共同制定的。

（五）设计行动方案

为了实现职位规划的目标，员工需要设计相应的行动方案。可供选择的行动方案有：（1）参加培训课程和研讨会，提升自己的技能；（2）参加内部招聘活动，申请组织内部的空缺职位；（3）更为努力地工作，以较好的工作业绩获得领导的重视和晋升的机会；（4）寻求组织内部其他员工的支持，特别是上级的支持。

（六）方案执行

在方案执行的过程中有两个问题，一是表现出强烈进取心和执着的态度，二是能够就客观情况的变化做出相应的调整。

（七）结果反馈

一个阶段结束后的结果反馈能够为下一阶段的决策提供有益的信息和帮助。员工和上级需要共同交流当期的经验和教训，为下一次的职业生涯规划做好准备。

## 第三节　职业生涯发展阶段管理

### 一、职业生命周期

每个员工在其整个人生中经历不同的生命周期。著名职业生涯管理专家埃德加·沙因认为，一个人通常要经历三个生命周期，即生物社会生命周期、家庭生命周期和工作职业生命周期。在人的总生命周期中，最重要的、有决定作用的是工作职业生命周期。它从任职前的职业准备，到寻找工作，熟悉工作，直至完全脱离职业工作。

对于职业生涯发展阶段，一些职业管理专家进行过大量研究。尽管人们对职业生命周期的各阶段的时间跨度划分的意见还不一致，但都同意人们会在生命的不同发展阶段呈现出不同的职业发展要求和演进规律。25 岁的年轻员工和45岁的部门经理或55岁的总经理肯定在职业发展目标、方案和行动等各方面表现出不同的特点。以职业生命周期的不同阶段作为研究视角，来考虑员工的职业生涯管理工作是非常有意义的。

本着科学、简明、清晰的原则，本书倾向于将职业生命周期划分为职业生涯早期、职业生涯中期、职业生涯晚期三个阶段。

1. 职业生涯早期。年龄跨度从一个人开始职业生涯到35岁。这一阶段人们学习工作技能，学习组织规则和文化，适应所选择的职业和组织，有的人已经开始在职场上崭露头角，获得领导者的瞩目。

2. 职业生涯中期。年龄跨度从35岁到55岁。这一阶段是职业发展的多元化期，表现为落伍、平稳发展和快速发展三种情况。落伍者的职业发展遇到瓶颈，受到挫折，开始考虑新的职业选择；平稳发展者遇到职业高原，没有进一步发展的空间，在人群中表现平常，开始考虑工作和生活的平衡问题，在工作之外寻找新的乐趣；快速发展者攀升职业发展的顶峰，取得优异的成就，成为社会中的精英分子和成功人士。

3. 职业发展晚期。年龄跨度从55岁到退休。这一阶段人们开始为退休生活做准备。有的人开始新的生活选择，有的人会采取措施延长自己的实际工作时间。

## 二、职业生涯早期管理

### （一）职业生涯早期阶段的个性心理特征

在初级阶段，新员工一般都是充满热情、踌躇满志地进入组织工作岗位的。由于年轻气盛，有时难免会表现出浮躁与冲动，经验不足。但此时他们往往具有初生牛犊不怕虎的劲头，工作热情最高。如果此时交给他的最初工作太难或太容易，或是纯属重复性的劳动，工作一段时间后得不到真正展示自我才能和准确自我测评的机会，其积极性就会严重受挫，导致他们对工作的失望。此时，员工会对自己在这一阶段的职业目标产生动摇。如果对工作失去兴趣，就会产生消极怠工；如果仍然坚定自己的理想，就会对组织失望，跳槽频繁发生。无论哪一方面，对组织来讲都是极为不利的。组织接受新员工，实际上是付出一定人力资本投资的经济行为，有投资就应有回报。但是如果新员工进入组织后

(一般是2至3年)得不到妥善的使用,或者在做出某种贡献之前就辞职,导致高潜力、有发展前途的员工流失,造成人员浪费和埋没,那么,组织的人力资本投资得不偿失,国企人才流失很大程度上都是由于这个原因。

### (二)个人在职业生涯早期的有效行为

个人在职业生涯早期的行为目标可以概括为两个:立业和成就。所谓立业,是指个人能够寻找到一个合适的工作职位,掌握完成工作职责所需的知识和技能,理解组织问题并融入组织生活中。

1. 有效的职业选择。中国有句古话:“男怕入错行,女怕嫁错郎。”职业选择的错误是最令人痛苦的错误之一。在选择职业时要考虑该职业的未来收益情况,也要考虑自己的兴趣和个性特征。最理想的状况是能够从事自己喜欢同时也有发展前途的职业。

2. 选择合适的组织。组织往往有自己的文化和基本的运行逻辑。而组织文化不同,对不同人员的吸引力也就不同。管理学上有一句名言:企业是少数人的集合。此话确实很准确地指出了人的价值观同组织文化的选择及适应关系。一个业绩良好的组织不一定适合所有人。在职业生涯早期个人要仔细考察拟进入的组织的文化特征,选择和自己的价值观基本一致的组织进入。

3. 尽快学会工作、融入组织。职场新人融入组织的过程又被称为社会化的过程。这一过程是个人由原来的社会角色(学生)过渡到新的社会角色(组织内员工)的过程。社会化是个人逐步了解、认同组织的价值观,具备组织所需要的能力,表现出组织所期望的行为,掌握一定的社会知识,从而在组织中担当起某种角色,真正成为组织中一员的过程。

### (三)组织在员工职业生涯早期的有效行为

在管理实践上存在着一种“皮格马翁效应”(Pygmalion Effect)。一般来讲,上司的期望值越高、对自己的新雇员越信任、越支持,那么新雇员的工作积极性就越高,并且能够很快地进入工作状态,取得佳绩。

根据这一原理,组织对年轻的新员工实施职业生涯管理时应注意:在一位新雇员开始探索工作的第一年中,为他找一位经验丰富、成绩突出、要求高的主管人员,引导新雇员如何工作;并为他提供一份富有挑战性的工作,根据新雇员的工作表现对其潜能进行考察和测评，对其职业生涯发展的方向做到心中有数。

1. 了解员工的职业兴趣、职业技能，然后把他们放到最适合的职业轨道上去。这种做法是运用人事功能来帮助员工实现个人成长和自我发展需要的途径之一。

2. 进行岗前培训，引导新员工。主要是向新员工介绍组织的基本情况、历史和现状，宗旨、任务和目标，有关的制度、政策和规定，工作职责和劳动纪律，组织文化等，目的是引导员工熟悉环境，减少焦虑感，增加归属感和认同感。

3. 挑选培训新员工的主管。新员工的第一任主管是其进入组织后的直接领导、第一个老师，主管的言行态度、工作风格对新员工的职业生涯影响极大。主管应成为新员工的良师益友。因此，专家们建议，不要将一位新员工安排到一位陈腐的、要求不高的或不愿意提供支持的主管那里。相反，在新员工开始尝试性、探索性工作的第一年，应当为他们找到一位受过特殊训练、有较高的工作绩效，并且能够通过建立较高工作标准而对自己的新员工提供必要支持的主管。

4. 分配给新员工第一项工作，对其工作表现和潜能进行考察和测试，并及时进行初期绩效反馈，使他们了解自己做得如何，以消除不确定带来的紧张和不安，帮助其学会如何工作。特别值得一提的是，大多数专家都认为，组织为新员工提供的初期工作应是具有挑战性的。比如，在一项以美国电报电话公司的年轻管理人员为对象的研究中，研究者们发现，这些人在公司的第一年所承担的工作越富有挑战性，他们的工作也就越有效率、越成功。即使五六年之后，这种情况依然存在。专家指出，提供挑战性的起步工作是帮助新员工取得职业发展的最有力然而却并不复杂的途径之一。

5. 协助员工做出自己的职业规划。比如，有些企业正在尝试开展职业生涯方面的培训，使员工意识到对自己的职业加以规划以及改善自己的职业决策的必要性，学到职业规划的基本知识方法。企业还应多举行一些职业咨询会议，在这种会议上，员工和他们的主管人员将根据每一位员工的职业目标来评价他们的职业进步情况，同时确认他们应在哪些方面开展职业开发活动。

## 三、职业生涯中期管理

### （一）职业生涯中期的多元化特征

职业生涯中期是繁重而复杂的。在职业生涯中期阶段，个体职业发展呈现出复杂化和多元化特征。一方面，源于职业能力增强和工作经验的积累，员工各方面都趋于成熟，事业心和责任心增强，创造力旺盛，工作业绩有目共睹。所以说，职业生涯中期是一个可以激发个体创造冲动和才干并创造辉煌业绩的时期。个人职业顶峰较多地出现在职业生涯中期的中间阶段，经过这一辉煌的职业高峰后，员工的职业轨迹就会呈下降趋势。对于这类员工，组织要尽可能地延长其职业高峰期，使其职业运行轨迹趋于平而远，而非高而尖。

另一方面，大多数处于职业生涯中期的员工开始面临个人梦想和现实成就之间的不一致，年轻的子女常常向父母的成就和价值观提出挑战，这又进一步影响和加重他们对自己职业生涯的怀疑。这一心理变化常常会引起两种反应：一是个体在重新认识自己的过程中产生新的抱负和成功的标准，审视自己目前所处的工作，如果个人的认同要素和需要从未得到过满足，他会毅然去寻找一份新的职业或职位，此时，组织将面临经验丰富的团队或技术骨干流失的局面。第二种更为常见的反应可以称之为“职业中期危机”。当处于职业中期的个体意识到自己的学习和竞争力下降，力不从心时常常会出现抑郁、忧虑的心态。他们感到没有时间和精力去掌握现代社会发展所要求掌握的“充电”式的各种技能，再加上新进员工无形中产生的压力，这些个体会担心适合自己的职位和工作越来越少。

员工个人职业发展辉煌，必然极大地促进组织的兴旺发达；相反，如果个人发生职业危机，必然制约组织劳动生产率和经济效益的提高。之所以说职业生涯中期具有复杂性就是缘于此。如果中期危机问题得不到很好的协调和解决，不仅影响员工个人利益和工作的积极性，同时也会损害组织利益。在中期管理中，管理的重点应当是处于职业生涯发展中期危机阶段的员工。这是因为一般来说，在员工总体中，在职业生涯中期仍能获得进一步发展的雇员所占的比例并不是很大。而且这些人在组织的特别关照下会有顺利的发展。而相当数量的员工因其职业生涯发展停止了，会失去对工作的兴趣、热情和信心，安于应付，祈求安稳，产生比较突出的“疲顿倾向”，而这种“疲顿倾向”对组织来讲，是一种人力资源的浪费。

(二)组织在职业生涯中期的有效行为

1. 安排富有挑战性的新的工作任务，或者安排探索性的职业工作。如此，一是表明组织看重他们的才能，对其完成任务充满信任；二是给予员工表现自己才能、实现自我价值的机会，增强其成就感、自信心和上进心。

2. 实行工作丰富化和工作轮换。在从事某项职业开始的一段时期，员工充满了新鲜感，有检验自身知识和能力的强烈愿望与要求。但是在某一固定职业上工作过长，新鲜感将逐渐消退，工作热情也随之减退，这时可以通过工作的丰富化和工作再设计来吸引和激励员工做出自己的贡献。而当工作丰富化与再设计也不能激发其不断成长时，从组织角度讲，进一步的措施就是制定出明确的工作轮换方案。员工从长期工作的岗位流向另一种性质的工作中去，虽然地位和工资不变，但得到了发展新技能的机会，这会重新激起他的新鲜感和兴趣，激发他干好工作的热情。

3. 对处于职业中期阶段的员工继续进行培训和教育。组织一定不能忽视甚至放弃对职业中期员工的人力资本投资，如上所述的新任务的安排、工作丰富化、工作轮换等都需要员工学习新的知识和技能。非但如此，组织还有必要依照实际情况加大人力资本投资。这一时期可以根据员工的具体情况和需求，采取不同的开发办法，如对有明显发展前途和富有敬业精神的管理者及专业技术人员，可以进行方式和内容各异的教育培训，为其攀登事业巅峰创造条件；对于知识技能老化，但仍有高度进取心者，最好的补救措施是对他们实施继续教育；对于改变工作性质和已不胜任现职，准备转岗或下岗者，可以实施转岗培训。总之，重视和搞好职业中期员工的培训与开发十分重要和必要。

4. 提供适宜机会赋予中年员工以良师益友的角色。处于职业中期的员工并非都有极强的进取心，特别是年龄较大、工龄较长的员工大多对沿职业阶梯上行已没有太多兴趣，他们满足于一种较低水平的成功。对于这类员工，组织可以更多地利用其经验与智慧，使其担当年轻员工的师傅、教练和朋友。这样既可以充分利用中年员工之所长开发和提升年轻员工的职业技能，也可以使中年员工自身在充任这一角色时得到相关能力的培养，提高其工作满意度。

## 四、职业生涯晚期管理

由于职业性质和个体特征不同，个人职业生涯后期阶段的开始和结束时间也会有明显的差别。一般来讲，员工在接近退休年龄时进入职业生涯后期阶段。

对某些人来说，退休刚好是他们职业生涯的顶点，退休意味着他们能够放松下来享受自己多年来的劳动果实，同时又不必再为工作上的问题而烦恼。然而，对另一部分人来说，退休本身是一种痛苦，他们害怕从每天忙碌到突然面对陌生的、无所事事的生活，丧失归属感和自我价值感。

其实，一些年老的员工熟知组织及其发展过程，积累了丰富娴熟的经验技能和实践知识，组织可以充分利用这一点做好退休员工的职业工作衔接。及早地进行后继员工的培养工作，让后备人员与即将退休的员工一道工作，进行实地学习，使后期员工凭借自身的经验和智慧，担当良师的角色，继续在工作中发挥自己的独特作用。如果退休人员的身体和家庭情况允许，组织还可以采取兼职或顾问的方式聘用他们发挥其余热。退休通常意味着员工职业生涯的结束，相当一部分人面临退休时都会感到一种失落，如果组织对员工职业后期的这种危机感和失落感漠然置之，必然对员工造成伤害，对组织的工作也会产生影响，为了减少和避免可能的伤害和影响，组织帮助员工做好退休准备，为其最终结束职业生涯做好工作上、情感上和心理上的过渡，十分必要。比如，组织可以针对职业后期员工的生理和心理特征，允许他们从事非全日制工作；可以举办老年大学，鼓励老年员工发展多种兴趣与爱好，以丰富其退休后的生活；支持他们参加社会公益活动，以此增进身心健康。

此外，处于职业生涯后期的员工，虽然其工作积极性和进取心大多不如从前，但他们有丰富的经验，业务熟练，社会阅历广泛，此时他们若能在组织的安排下做一些咨询、指导性工作，也是对他们价值的一种认同。总之，职业后期主要通过激励，以“心的资源”开发为主。只要组织本着对老年员工的真诚关爱之心，并付诸行动，必能激发老年员工最大限度地发挥“余热”，并以此带动中青年员工对组织的加倍忠诚，从而提高组织的凝聚力和竞争力。

**案例分析：**

## 把信送给加西亚

一本可怕的书

一百多年前的一个傍晚，出版家阿尔伯特·哈伯德创作了一篇不朽的文章——《把信送给加西亚》。

1899年2月22日，恰逢华盛顿诞辰，哈伯德正在为出版三月份的《菲利士人》杂志做准备，当时考虑最多的是关于"如何促进那些懒惰的人改变旧习惯，使他们变得积极上进"的题材。一天的写作虽然很疲惫，但哈伯德为这篇构思很合时宜的文章而感到欣慰。

文章的灵感来自哈伯德与家人一起喝茶时一次小小的争论。当时，大家都认为美（美国）西（西班牙）战争的英雄是古巴起义军首领加西亚将军，但哈伯德的儿子提出，真正的英雄是罗文，正是他把信送给了加西亚。哈伯德马上意识到孩子是正确的！于是立即放下茶杯，仅用一个小时一挥而就了《把信送给加西亚》一文，想都没想就把它刊登在了《菲利士人》杂志上。

不料，杂志很快脱销。随后接到大批加印杂志的订单：订购一打、订购50份、订购100份……美国新闻公司一次性订购1000份。哈伯德问助手："这是因为哪篇文章？""《把信送给加西亚》"，助手说。

第二天，哈伯德收到纽约中心铁路局乔治·丹尼尔的电报："我要以小册子的形式订制10万册《把信送给加西亚》……"简直太可怕了，哈伯德当时的设备能力有限，这要花两年的时间才能印完，只好许可丹尼尔以他自己的方式印制这本小册子。最后，丹尼尔竟然发行了50万册！由此，200多家报纸杂志竞相转载，《把信送给加西亚》这篇文章一夜成名。

就在丹尼尔发行这本小册子的同时，俄罗斯铁道部长西拉克夫亲王也在美国，恰巧由丹尼尔陪同。亲王在看到这本小册子后很感兴趣，立即令人将其译为俄文，发给俄罗斯铁路工人人手一册。

之后，《把信送给加西亚》一文经由俄罗斯传到德国、法国、西班牙、土耳其、印度和中国。日俄战争期间，前线上的俄罗斯士兵每人一册，必须随身携带。日本人在俄战俘身上发现了它,于是,这本书被译成日文。日本天皇下令,所有的日本政府官员、士兵乃至平民均须人手一册!

一百年后的今天,美国人还在孜孜不倦地寻找新世纪的"罗文"。2000 年 6 月 21 日,《圣彼得堡时报》刊登了一篇报道,讲述了布什家族和这本书的不解之缘。当年布什在上任州长的第一天,就将这本书签名后送给了他的助手。"它静悄悄地放在费兰克·布隆恩办公室的一张桌子上,布什在上面写了一句话:'你是一个送信者。'"后来,布隆恩真的成为布什政府最得力的助手之一。"几个月来,政府办公室的每一个工作人员都被要求阅读这本书,并且要在一张特定的纸上签上自己的名字。"

布什说:"我将这本书送给了办公室里的每一个人,我正在寻找那些能够'把信送给加西亚'的人,并邀请他成为我们团队中的一员。正是这些无须他人监督就能主动完成任务的人改变了整个世界。"

布什在得克萨斯州竞选总统时,将此书送给了他 24 岁的儿子乔治·布里斯科特·布什。布什说,这是他给儿子上的最重要的一课。

《把信送给加西亚》,这本薄薄的小册子并不是一首战歌,但它是激励人们生活、工作、奋斗的浩然正气,它将雇员的贡献之道和成功之道完美地结合在一起。哈伯德强调主动完成任务,切中了企业生存和发展的命脉:通常是员工的职业道德,而不是管理层的水平决定工作效率。

布什的外交官查斯汀·沙费说道:"我要求各部门的所有人员都要阅读这本书。'不要被执行任务中出现的困难吓倒,勇敢而谨慎地完成任务'是我指导工作的一贯原则,我亦身体力行。所有的资深官员都须熟读这本书。""有时候,我对我的官员说:'我需要你去把信送给加西亚。'然后我就把任务交给他,而无须多言。"

肯·怀特律师曾经效力于布什家族。在竞选期间,怀特将这本书推荐给了布什。怀特说:"我从来不允许抱怨工作,我的信条是:你得到一个任务,就应该全力以赴地去完成它。当时,我向布什推荐这本书时,这位候选人说:'我没兴趣。'我说:'请读一读,仅需要一杯咖啡的时间,这虽然不是新时代的东西,但它永远不过时。'再一次,我遇见他的时候,他已经读过了这本书。正如我所预料的,他说:‘这本书太可怕了,它把一切都说了。’”

阿尔伯特·哈伯德

阿尔伯特·哈伯德,纽约 Roycrofters 公司创始人。作为一个坚强的个人主义者,他毕生不懈地努力工作。不幸的是,1915 年,他乘坐的露西塔尼亚号轮船被德国水雷击中沉入海底,过早地结束了他辉煌的事业。

1856 年,哈伯德出生在伊利诺伊州的布鲁明顿,后来因 Roycroners 公司创办的高质量出版物而闻名于世。在经营公司的同时,阿尔伯特·哈伯德还创办了《菲利士人》和《兄弟》两本杂志。实际上,他自己写了很多文章在这两份杂志上发表。哈伯德还花了不少时间致力于公众演讲,他在演讲台上所取得的成就可以与他在写作和出版上的成就比肩。

把信送给加西亚

在 1895 年,古巴,一个小岛国家正在为从西班牙的统治中争取自由而努力。西班牙的军队占领了小岛,野蛮地奴役着人民。古巴人民奋不顾身地追求着自由。美国密切关注着古巴的形势,不仅仅是因为古巴在地理位置上临近美国,而且是因为美国在古巴的投资。到了 1897 年,古巴形势恶化到了极点,导火索源于古巴民族主义者和西班牙士兵在哈瓦那街的冲突。麦金莱总统派遣了一艘“玛恩”号军舰作为美国存在的标志。军舰驻扎在哈瓦那海湾,鲜明地向西班牙表示美国政府会尽力保护美国在古巴的利益。“玛恩”号军舰主要发挥威吓的作用,并不打算真正采取对西班牙的军事行动。

然而,在 1898 年 2 月 15 日,这艘驻扎在哈瓦那海湾的军舰竟被西班牙的军舰击沉,并且事发地点离美国的海岸线不到 100 英里。这一事件导致麦金莱总统向西班牙发出了“从古巴离开”的通牒。

同年 4 月,美国正式向西班牙宣战。最终这场战争不仅仅使古巴获得了自由,也使菲律宾获得了自由。就在宣战前夕,美国总统会见美国军事情报局局长瓦格纳时说:“哪里可以找到一个可以把信送给加西亚的人?”和古巴起义军的合作是美国赢得这场战争的至关重要的因素。而与古巴起义军首领加西亚将军的联络则起了关键性的作用。加西亚将军在古巴小岛的某个地方为着独立自由而不屈奋斗。他是一个被西班牙军队恨之入骨的人,因此没有人知道他确切的地址。面对总统的问题，瓦格纳局长毫不犹豫地回答："有一个人选，就是罗文中尉。如果有一个人能够把信送给加西亚，那么这个人一定是罗文。"一个小时之后，瓦格纳局长召见罗文说："你必须把信送给加西亚，在古巴东部的某个地方你能够找到他。你必须自主计划行动。这个任务是你的，你必须独自完成。"瓦格纳局长握了握罗文的手，再次重申："把信送给加西亚。"罗文没有问任何问题，就出发去寻找加西亚。

罗文乘船到了牙买加的金斯顿，与流亡中的古巴爱国者建立了秘密的联系。从那里，他又乘渔船到了古巴。一艘西班牙的巡逻艇拦住了去路，检查他们的船只，但是罗文巧妙地躲藏起来，逃过了检查。

在奥连特港附近的一个偏僻地方，古巴向导正迎候着罗文。以后的6天里，他们艰难地穿行在热气蒸腾的丛林里，热气炙烤、蚊虫叮咬，积水的恶臭和穿梭不断的西班牙巡逻队，让他们苦不堪言。他们排除千难万险后，罗文终于见到了加西亚，了解到他们此时急需枪支弹药，同时也渴望得到美国人的帮助。

休息了不到6个小时，罗文和几个伙伴又钻进密林之中，向北海岸行进。他们只能在夜间赶路，以逃避蜂拥而至的西班牙巡逻队的搜索。他们乘坐一只三人小帆船从岸上出发，途中有几次险些就被西班牙巡逻艇撞上，还遭遇了一场大风暴，最后终于在巴哈马的拿骚登陆了。

罗文出色地把信送给了加西亚，并从加西亚那里给麦金莱总统带回了宝贵的情报。当罗文面对那封写给加西亚的信时，没有问任何问题，没有问："他在哪儿？""他长的什么模样？""如何与他联系？""如何才能到达那儿？"他只是接受了命令而且做了他应该做的事情——把信送给加西亚。

罗文的冒险历程在美国的报纸上被广泛报道。由于在执行危险任务时所表现出来的果敢和勇气，他被晋升为上校，24年之后，美国仍然铭记着他的勇敢，并授予他十字勋章。

我们当中有没有罗文？有不对上司提出任何疑问就能"把信送给加西亚"的人吗？有不需要雇主监督就能完成自己工作的人吗？如果没有，那老板就只有事必躬亲了。

**讨论题:**

《把信送给加西亚》的故事,对组织人力资源开发与管理以及员工个人成长有何启迪?

# 第九章　公共部门人力资源开发与管理

## 第一节　公共部门人力资源开发与管理概述

### 一、公共部门的内涵与特征

#### (一)公共部门的内涵

社会经济主体一般分为公共部门和私人部门。公共部门是负责提供公共产品或进行公共管理,致力于增进公共利益的各种组织和机构。私人部门则是提供私人产品,谋求实现自身利益最大化的个人和组织。

私人部门包括个人、家庭和私人企业,而公共部门则在不同的国家有不同的具体分类,我国公共部门一般划分为:国家政权组织、事业单位、公共企业和民间组织。

国家政权组织是指拥有公共权力,依法管理社会公共事务,以增进社会公共利益为目的的国家政权机构;事业单位是指国家为了社会公益目的,由国家机关举办或者其他组织利用国有资产举办的,从事教育、科技、文化、卫生等活动的社会服务组织;公共企业是指部分或者全部由国家投资,由国家委派代表参与和监督经营管理,以提供公共产品为主要经营内容,不以营利为主要经营目标的经济组织;民间组织是指民间自发组织的不以营利为目的的公益性组织。四类公共组织之间在诸多方面都存在差别,表 9-1 对此做了对比分析。

表 9-1　公共部门分类及比较

| 项目 | 国家政权组织 | 事业单位 | 公共企业 | 民间组织 |
| --- | --- | --- | --- | --- |
| 资金来源 | 国家全额拨款 | 国家全额或者部分拨款 | 全部或者部分接受国家投资 | 自筹资金,接受资助 |
| 官方控制度 | 完全官方控制 | 部分官方控制 | 较小 | 依法自主管理 |
| 用人自主权 | 依法招录、监管 | 拥有较高自主权 | 拥有很高自主权 | 完全自主 |
| 民营化可能 | 不可能民营化 | 可部分民营化 | 视行业而定 | 完全民营化 |
| 服务对象 | 面向所有公民 | 有特定服务对象 | 为付费者服务 | 视情况而定 |
| 组织目标 | 行使公共权力、依法管理社会公共事物、增进社会公共利益 | 推进教科文卫体等事业发展 | 增进公众福利的同时谋求自身持续发展 | 完成组织成员依法设定的合法目标 |
| 具体举例 | 人民代表大会、政府机关、法院、检察院、军队、监狱等 | 学校、科学研究院、非职业体育组织、医院、电视台、图书馆等 | 公共交通企业、自来水公司、电信公司、民航公司等 | 民办学校、协会、学会、联合会、基金会、联谊会、商会等 |

公共部门的职责之一是提供公共产品。公共产品指的是共享性物质产品和服务,其在调节宏观经济、稳定社会秩序、改善市场条件、提高生活质量、发展文化教育、巩固国家安全、保护生态环境和推进经济增长等方面起主导作用。公共产品和私人产品两者的消费模式具有明显差异,具体区分如表 9-2 所示。

表 9-2　公共产品与私人产品的消费模式比较

| 公共产品 | 私人产品 |
| --- | --- |
| 相对难以衡量产品的质和量 | 相对容易衡量产品的质和量 |
| 同时由许多人共同消费 | 一般只能由单个人消费 |
| 难以排除不付费的消费者 | 可以排除不付费的消费者 |
| 不存在个人选择消费与不消费 | 存在个人选择消费与不消费 |
| 一般没有个性化消费内容 | 消费内容大量存在个性化特征 |
| 付费与消费的关系不密切 | 付费与消费关系密切 |
| 可以用行政程序调节消费 | 一般不能用行政程序调节消费 |

公共部门的职责之二是进行公共管理以弥补市场机制的缺陷。由于垄断、外部性、信息不对称等原因,单纯的市场机制在运行过程中会出现“市场失灵”。因此,就需要公共部门在维护市场秩序、稳定宏观经济、优化资源配置、调

节收入分配等方面发挥作用以弥补市场机制的缺陷。

在我国,民间组织的发展还不够充分,而国家政权组织、事业单位和公共企业在公共部门中则居于主导地位。本章在不特别说明的情况下,“公共部门”一词仅指国家政权组织、事业单位和公共企业。

## (二)公共部门的特征

经济学家斯蒂格利茨认为,公共部门与私人部门的重要区别在于两个方面:一是经营公共部门的负责人所拥有职务的合法性直接或间接地从政治选举过程中产生;二是政府被赋予一定的强制力,这种权力是私营机构所没有的。简单地讲,公共部门与私人部门的核心差异在于是否拥有合法的强制力,政府是社会中唯一可以合法使用暴力的机关。他进一步指出,虽然政府拥有这种强制权,但在民主社会中,“政府仍依赖于各方面的自愿服从”。

从作用的范围来看,私人部门与公共部门之间似乎不存在清晰的界线,特别是当私人部门的行为具有很强外溢性的时候更是如此。但是将典型的公共部门和典型的私人部门进行比较分析以凸显差别将有利于把握它们各自的特质。公共部门与私人部门分项目区分比较如表 9-3 所示。

**表 9-3　公共部门与私人部门的区别**

| 因素 | | 部门 | |
|---|---|---|---|
| | | 公共部门 | 私人部门 |
| 环境 | 市场 | 市场由监督部门构成 | 人们的购买行为决定市场 |
| | | 提供同一服务的组织相互合作 | 为提供某项服务相互竞争 |
| | | 资金来源依赖预算拨款(免费服务) | 资金来源依赖于收费 |
| | | 缺乏数据 | 数据充分可用 |
| | | 市场信号弱 | 市场信号清晰 |
| | 制约 | 指令和义务限制了自主权和灵活性 | 只受法律和内部多数人意见的限制 |
| | 政治影响 | 政治影响是直接的,源于权威和经济控制力 | 政治影响间接地依赖于法律和私人部门的经济实力 |

续表

| 因素 | | 部门 | |
|---|---|---|---|
| | | 公共部门 | 私人部门 |
| 交易 | 强制力 | 人们必须资助和消费组织的服务 | 消费是自愿的,依据所用情况付费 |
| | 影响范围 | 具有较大社会影响,关注者众多 | 具有较小社会影响,关注者范围小 |
| | 公众审查 | 不能将计划保密或暗地里制订计划 | 可以隐蔽地制订计划并将其保密 |
| | 所有权 | 所有权模糊,范围极度泛化 | 所有权明晰,利益相关者少而集中 |
| 组织程序 | 目标 | 长期和短期目标不断变化,往往相互冲突且难以界定,难以落实 | 组织目标清楚,认同度高 |
| | | 最关注公平 | 更关注效率 |
| | 权力限制 | 执行者得到的授权往往不足 | 执行者得到的授权充分 |
| | | 权力受到多方牵制和监督 | 由相对独立的机构行使权力 |
| | 绩效期望 | 模糊,并处于不断变化中,随选举和政治任务的变化而变化,容易导致鼓励无所事事 | 清楚,在长时间内稳定不变,因而易使人产生紧迫感 |
| | 激励 | 稳定的工作,赞同任务和角色 | 主要是利益激励 |

## 二、公共部门人力资源的内涵

### (一)公共部门人力资源

公共部门人力资源是指在公共部门中工作的具有劳动能力的各类人员的总和,即在职人员的总称,是整个社会人力资源的重要组成部分。

### (二)公共部门人力资源的数量和质量

1. 公共部门人力资源数量。从数量上来说,公共部门人力资源包括国家政权组织公职人员、事业单位人员、公共企业人员、民间组织从业人员等四个部分。

衡量公共部门人力资源的数量有两个相对量指标:一是财政供养比,是指由财政供养的国家政权组织和事业单位人员占全体人口的比重;另一个是国家全部公共部门人员占全体人口的比重,称之为公共部门从业比。这两个指标可用于衡量公共部门的人员数量是否合理,比例高表示公共部门人员充足,可能提供较好的公共服务,但同时也意味着公共部门占用的人力资源较多,财政负担较重;比例低表示公共部门人员较少,意味着公共部门占用的人力资源少,财政负担较轻,但也蕴含公共服务供给不足的风险。公共部门人力资源相对量没有统一的标准,但是市场经济国家为了避免公共部门占用太多的公共资源,一般都倾向于将这一比例保持在较低的水平上。

2. 公共部门人力资源质量。从质量上来看,公共部门人力资源一般是指公共部门从业人员单个个体素质的有机集合,通常由道德素质、身体素质与智能构成,具体见表 9-4。

公共部门人力资源不仅要求单个个体素质较高,同时还要求总体素质结构合理。要提高公共部门人力资源总体质量,除了提高个体素质之外,还要特别注意进行人员的合理调配。只有双管齐下才可能实现公共部门人力资源总体质量的大幅提升。在进行人力资源调配过程中,年龄结构、性别结构、种族结构、专业结构等因素是不可忽视的内容。

**表 9-4　公共部门人力资源质量要素构成表**

<table>
<tr><th></th><th>明细分类</th><th colspan="2">具体分类</th><th>地位和重要性</th></tr>
<tr><td rowspan="15">公共部门人力资源质量</td><td>道德素质</td><td colspan="2">道德操守</td><td>很重要</td></tr>
<tr><td rowspan="2">身体素质</td><td colspan="2">先天素质</td><td rowspan="2">一般没有特别要求,但少数部门要求较高</td></tr>
<tr><td colspan="2">后天素质</td></tr>
<tr><td rowspan="12">智能</td><td rowspan="2">知识</td><td>传统的经验性知识</td><td rowspan="2">智能的基础</td></tr>
<tr><td>现代科学技术知识</td></tr>
<tr><td rowspan="10">能力</td><td>鉴别能力</td><td rowspan="10">智能的活的体现</td></tr>
<tr><td>依法行使能力</td></tr>
<tr><td>公共服务能力</td></tr>
<tr><td>调查研究能力</td></tr>
<tr><td>学习能力</td></tr>
<tr><td>操作能力</td></tr>
<tr><td>沟通协调能力</td></tr>
<tr><td>创新能力</td></tr>
<tr><td>应变能力</td></tr>
<tr><td>心理调适能力</td></tr>
</table>

## 三、公共部门人力资源开发与管理

### (一)公共部门人力资源开发与管理的内涵

公共部门人力资源开发与管理是指公共部门依照相关法规,对管辖范围内人力资源所进行的规划、获取、维持和开发等一系列管理行为。

公共部门人力资源开发与管理涉及三个层次的问题，如表 9-5 所示。

**表 9-5 公共部门人力资源开发与管理层次划分和职能定位**

| | 公共部门职能定位 | 参与的公共部门 | 公共部门司职内容 |
|---|---|---|---|
| 微观层次 | 提高公共部门内部运作效率，为社会提供优质高效的公共服务 | 每个公共组织内部的人事管理部门 | 依法进行组织内部人员选聘、调配和管理等工作 |
| 中观层次 | 执行和服从国家政策与规定；为企业发展提供补充性的公共人力资源服务；谋求区域或行业竞争优势等 | 行业协会、地方行政当局特别是其人力资源职能管理部门 | 制定行业或区域人力资源开发规划，开展人才开发和培训等活动 |
| 宏观层次 | 适应国内国际竞争，营造良好的人力资源开发和管理环境，策动和领导实施人力资源开发计划，谋求增强本国国际竞争力 | 中央政府及其人力资源管理相关部门（如国务院、人事部、劳动和社会保障部等） | 宏观人力资源统计、预测、规划；制定基本制度、政策、管理权限和管理标准；维持人才市场秩序等 |

### （二）公共部门人力资源开发与管理的四大功能

1. 人力资源规划。公共部门人力资源规划的主要目标是预算准备和人力资源计划、在政府官员之间划分与分配工作任务（工作分析、职位分类和工作评估）、决定工作的价值（工资或薪酬）。公共部门人力资源管理者应承担技术人员、专业人员、人力资源管理专家及斡旋者的角色。预算过程能够表现政治回应性和效率的价值，科学的工作分类与分析，能够提高行政效率，而且有利于对社会公正和个人权利更多地加以关注。工资与福利制度不仅有利于改善员工的经济生活，而且有助于提供评判员工个人价值的相对客观的经济尺度，同时，还能够体现个人权利的价值。

2. 人力资源获取。公共部门人力资源获取的主要目标是招聘、选录和甄补政府雇员。创造公平就业机会、弱势群体保护行动和劳动力多样化计划对公共部门人力资源管理的功能产生了重要的影响。这些计划均建立在社会公平和个人权利的价值，以及用于实现这些价值的弱势群体保护行动的法律和程序的基础上。由于公共职位是稀缺资源，因而，在其分配过程中存在着影响人力资源获取功能实现的价值冲突，这些价值是分配公共职位的基础，主要包括回应性、效率、个人权利和社会公平等。

3. 人力资源开发。公共部门人力资源开发的主要目标是适应、培训、激励及评估雇员，提高其知识、技能与能力。人力资源开发是建立健全现代公共部门人力资源制度的重点和核心，追求工作质量要求雇主在劳动力的知识、技能和能力上给予投资，劳动力的资格条件要求雇员通晓公共服务提供的系统和适应顾客的需求。公共服务系统中的效率价值，为政府应对挑战提高了基础。绩效评估体现了个人责任、社会公平、效率和回应性等价值。职业安全与健康则体现了人力资源管理中的主要价值观念——对民选官员的回应、行政效率以及雇员权利的保护之间的难以避免的冲突。

4. 纪律与惩戒。公共部门纪律与惩戒的主要目标是确立、保证雇员和雇主之间的期望、权利与义务的关系，建立惩戒途径与雇员申诉程序；拥有健康、安全以及雇员宪法权力等。纪律与惩戒是人力资源开发与管理四个核心功能中最重要的功能，其过程体现了行政效率、个人权利与有关组织正义的合理作用的冲突。

总的来看，公共部门人力资源开发与管理的四大功能之间是相互关联、环环相扣的，并且与外部环境处于动态的平衡之中。其中，人力资源规划是基础，是整个人力资源开发与管理体系的蓝图和基石；人力资源获取是手段，是整个人力资源开发与管理体系的砖石；人力资源开发是核心，是整个人力资源开发与管理体系的心脏；纪律与惩戒是保障，是整个人力资源开发与管理体系的安全阀。上述四个方面构成一个有机整体，各个部分之间相对独立，但又相互影响、相互制约。

### （三）公共部门与私人部门人力资源管理的比较

公共部门人力资源管理与私人部门人力资源管理的区别是由公共部门和私人部门的性质及其在社会经济中的不同地位与作用决定的。

1. 价值取向差异使管理目标不同。公共部门管理追求的是公共利益，政府以公众委托人身份提供公共产品，对政府行政人员的管理是为了最大化地为社会利益服务，而私营机构则多是营利单位，追求效率、效益是它基本的价值取向。公共部门的财政来源是税收，这决定其工作人员的行为要对公共利益负责，而私人部门只需对领导者利益、企业自身利益负责就够了。因此，公共部门的人力资源管理必须考虑政治价值，私人部门人力资源管理首先考虑的不是政治回应性与社会公平，而是经济生活中的交换与回报，人力资源管理则主要考虑的是谁进入企业的这些职位将最有利于企业的发展。政府系统的人力资源管理部门必须注意其透明化程度、公众的接受程度，必然面向社会，承受社会的压力，而私人部门人力资源管理部门只听命于领导者，领导者完全可以决定员工的任命与使用，对员工的需要通过专业化的工作分析获得，并通过职位说明书及培训计划等充分展现出来，录用和解雇员工时较少考虑外部压力，社会责任相对缺失。私人部门的管理活动服从于其决策层的意志，无须对社会公众公开，其操作过程也是经常隐蔽进行。

2. 管理对象行为取向的不同。在公共部门中工作的员工，其行为有一种保守趋向，倾向于明哲保身，不求有功，但求无过、好自为之的心态，这与公共部门组织强调稳定性有关；在私营企业组织中的员工更加趋向于富有创造性。作为政府系统的人力资源管理部门必须能从根本上保障政府运作的稳定，进而维护社会的稳定，这是政府人力资源管理须遵守的基本价值取向。公共部门的组织成员要受更多规章制度的限制，强调严格遵守规则，势必使成员或多或少地变得墨守成规和强求一致，组织成员的工作具有更多"非人性化"的特征，行政人员多半带有官的味道，人们的着眼点在于其行为是否符合规范而不是其什么行为能给组织带来最大的贡献。

可以说理性官僚制的弊端在行政组织比在私营企业组织体现得更加明显，帕金森效应更容易在公共部门中发挥作用，这也可以说是现代人力资源管理制度难以在公共部门建立的原因。在以工作成果或工作目标为导向的私人组织中帕金森定律是不会发生作用的，私人企业部门以"效率"为首要追求目标，对利益追求的永恒性，使得私营部门成为最具创新精神的组织。只有以行为为导向，人们才会不惜成本、代价去创造事情。试想，如果一个部门的领导对利润负责，对成本负责，他怎么会找两个助手去做毫无意义的事呢？

3. 公共部门与私人部门对员工任职资格的要求差异。前面一点强调作为载体的公共部门与私人部门组织本身特点对人力资源管理的影响，这一点区别是由公共部门本身的政治性决定的。行政部门总是不可避免地和政治联系在一起,行政与政治是不可能完全分离的。当前公共部门政府公务员招考信息对应聘人员任职资格中公务员对宪法及法律以及对党和国家所具备的忠诚有规定,这是制度化的要求。公务员的道德素质被排在前面,能力素质一般包括知识、技能和行政职业能力。在当前的情况下,对于公务员的绩效管理实际上并不是政府的第一目标,尽管口头上很多政府都将之称作第一目标。

在私人部门,雇主首先要求雇员具备必要的专业能力。专业能力是指对专业的熟悉程度以及处理专门业务的技巧和能力。对于下属的道德素质要求相对要淡化一些,雇主们还希望员工更具有创造力,这意味着雇员可能带来更高的效率和更多的财富。当然这并不意味着私人部门完全忽视员工的道德素养,只是道德素质考察的困难使私营企业人力资源管理更加注重可以量化的指标如专业能力方面。在私人部门,雇主以雇员是否损害雇主的根本利益为第一道德标准。一个有能力但道德水准一般的人,有时是能被雇主容忍的。一般说来,私人部门的管理者不会对雇员提出过多的道德要求。

4. 公共部门与私人部门人力资源管理重点的不同。人力资源管理可以分为选人、识人、用人、育人、留人等几个方面,相对而言,公共部门在人力资源管理中比较关注人力资源选取环节,而私人部门则更重视人力资源的开发环节。公共部门对于人员的招聘录用是较为重视的,有时公共部门对于人员的雇用要受制于外部压力,同时公共部门绩效评估的困难,导致公共部门比较忽视内部人力资源的开发环节和绩效评估环节。直到今天,我国尚没有对政府公务活动进行全面系统的工作分析,没有制定出科学、规范的职位说明书。私人部门基于绩效的考虑,则更注重人力资源管理的开发功能,员工的培训、教育与发展方案设计和绩效评估及员工的职业生涯规划成为人力资源管理者的重要工作。在私营企业组织中,绩效评估标准是确定的,指标都是可以量化的,员工对人力资源的开发、自身专业能力的提高也更为重视。总之,在当前的情况下,公共部门人力资源管理具有更多的传统人事管理的特征,而在私人部门的企业中,把人视作使组织在激烈的竞争中脱颖而出的关键性因素,致力于使人力资本增值为企业创造更大的效益。

5. 公共部门与私人部门适用法律方面的差异。政府公务员的行为多是行政执法行为,公务员的行政行为以行政执法为第一要义,对法律责任的关注始终居于第一位,选择主动性、创造性行政行为的责任风险或法律风险就会相应加大,这也是公务员的行政行为总是趋向于保守的重要原因。私人部门的企业则是为追求经济效益而生长的组织,以效率为中心制定员工的行为规范,有时这些行为规范可能是与法律规范相冲突的,当企业利益与法律规范相冲突时,极易采取规避措施。企业在个人利益保障方面,企业适用《中华人民共和国劳动法》界定劳动关系,《国家公务员暂行条例》是公务员必须遵守的基本法律规范。公务员的个人权利较容易得到保障,而劳动法对劳动关系的规定原则性较强,企业必须依照此制定更加具体的管理规范。由于主雇地位的非对等性,企业容易制定有利于雇主的规则,就存在企业员工的个人利益难以得到充分保障的可能。例如,政府淘汰公务员比较困难,而私人部门的企业组织淘汰一个员工有时只需老板的一句话。

公共部门与私人部门人力资源管理的具体比较如表 9-6 所示。

**表 9-6　公共部门与私人部门人力资源管理的区别与联系**

| 比较项目 | 公共部门人力资源管理 | 私人部门人力资源管理 |
|---|---|---|
| 关注领域广度 | 涉及宏观、中观和微观三个层次 | 一般只关注微观层次 |
| 理论来源 | 受管理学、经济学、法学、政治学和哲学等学科的广泛影响 | 主要受管理学、经济学、心理学、工程技术等学科的影响 |
| 主导价值取向 | 政治回应性与社会公平优先 | 利益导向优先 |
| 效益判断标准 | 总体社会经济效益优先 | 个体利益优先 |
| 对稳定与效率态度 | 稳定优先 | 效率优先 |
| 发展水平 | 一度停滞,发展较缓,正在加速 | 发展较成熟,正向多个领域扩散 |
| 人员需求确立 | 首先考虑外在压力 | 首要考虑内部需要 |
| 招聘程序 | 须得到上级批准 | 自主管理 |
| 人力资源获取路径 | 有限 | 广阔 |
| 招聘公开性 | 公正、公开、公平 | 可以隐秘进行 |
| 关键环节 | 招考录用和监督环节 | 开发和使用环节 |
| 能力特性要求 | 员工忠诚和具有责任心 | 专业能力,创造力 |
| 法律态度 | 追求公平而实际趋向保守、僵化 | 因逐利而主动、激进 |
| 约束规范 | 多而具体、明确 | 少而抽象、模糊 |
| 绩效考评 | 标准多元、模糊 | 标准明确、集中 |

以上是有关公共部门与私人部门人力资源管理区别与联系的一些分析。

认识到其中的区别，有助于分清政府行为与企业行为，也可以正确认识在公共部门建立现代人力资源管理制度的难度，在公共部门建立现代人力资源管理制度要充分考虑公共部门的特殊性。

### (四)传统人事管理与现代公共部门人力资源管理的比较

现代公共部门人力资源管理是从传统人事管理学科发展而来的。人事就是指在用人治事的过程中发生的人与人、人与组织、人与事(工作)之间的相互关系；所谓人事管理，就是人事关系的管理，其目的在于使人与事、共事的人与人之间实现最佳的关联，有效地实现组织目标。人事管理的全部内容都围绕人与事的关系来展开和进行，追求最终实现事得其人，人尽其才，才尽其用，人事相宜。具体比较如表 9-7 所示。

表 9-7　现代公共部门人力资源管理与传统人事管理的区别

| 比较项目 | 公共部门人力资源管理 | 传统人事管理 |
|---|---|---|
| 管理主体 | 多元 | 单一 |
| 管理观念 | 视员工为有价值的重要资源 | 视员工为成本负担 |
| 管理导向 | 以人为中心 | 以事为中心 |
| 管理视野 | 广阔、远程性 | 狭窄、短期性 |
| 管理机构 | 战略性、决策层 | 事务性、执行层 |
| 管理活动 | 主动开发型 | 被动反应型 |
| 管理深度 | 注重开发员工潜能 | 注重管理员工行为 |
| 管理者与被管理者关系 | 平等、和谐 | 控制与被控制 |

### (五)公共部门人力资源开发与管理模式

公共部门人力资源开发与管理系统包括宏观环境、公共部门内部人力资源开发与管理系统、人力资源开发与管理社会服务体系三个部分。公共部门内部人力资源开发与管理系统和人力资源开发与管理社会服务体系两者都受宏观环境的影响，两者之间密切协作、共同作用于人力资源绩效。

宏观环境包括政治、经济、劳动力、科学技术和社会文化等因素，这些方面的差异决定了不同国家或地区的公共部门人力资源开发与管理系统之间差异显著。

例如公共部门人力资源绩效的首要的影响因素是公共部门内部的人力资源开发与管理系统。这一系统和私人部门企业组织内部的人力资源开发与管理体系类似。在组织战略、组织结构和组织内部环境影响之下,公共部门内部的人力资源管理部门负责组织开展人力资源规划、工作分析、甄选、培训与开发、职业发展、绩效评价、激励、工资与福利、晋升与调配等工作,其中的培训开发和职业发展是典型的部门内部进行的人力资源开发工作。

人力资源开发与管理社会服务体系是处于组织之外但和公共部门人力资源管理关系密切的一些公共服务体系。它包括正规教育体系、职业培训体系、就业服务体系、社会保障体系和监督维护体系等几部分。正规教育体系主要是指大、中、小学等教育机构,它们主要提供就业前的素质教育服务;职业培训体系指组织内外的各类职业培训机构,主要对就业后或处于就业预备期的人员提供有针对性的培训服务;就业服务体系是指遍布各地的就业服务机构,为人员就业和流动服务;社会保障体系包括各种为劳动者提供医疗保健服务的机构,相关的各种社会保障基金的管理和营运机构也包括在内;监督维护体系是维护正常劳动秩序的各类机构,主要指劳动纠纷处理机构和组织内部的工会组织等。

人力资源绩效不仅和各个公共部门内部的人力资源开发和管理体系有关,而且还和人力资源开发与管理社会服务体系关系密切。因为,公共部门提供的是公共产品,其最终绩效不仅取决于公共部门内部管理水平的高低,相关人力资源开发与管理服务体系的素质也对公共部门人力资源绩效影响重大。

## 第二节　西方国家公共部门人力资源开发与管理改革实践

从20世纪70年代起,伴随着全球化、信息化、市场化以及知识经济时代的来临,英、美等西方国家掀起"新公共管理"的改革浪潮,并逐步席卷西方乃至世界各国。"新公共管理"改革优先考虑如何引导公共服务以顾客为中心提高效率,引进新因素改革旧制度,对公共部门的职能边界重新界定并对服务流程进行重组。在这些变革过程中,公共部门人力资源管理体系变革无一例外地是关键领域和最重要的战略管理工具之一。

英国是"西方行政改革的先驱",美国是现代管理科学的摇篮,日本和中国政治文化渊源深厚,分析英、美、日等国的经验,对准确把握我国公共部门人力资源管理系统的变革有着重要的意义。

## 一、英国公共部门人力资源管理系统的变革

### (一)撒切尔夫人的“新公共管理改革”

撒切尔夫人执政时期,其政府推行了西欧最激进的以注重商业管理技术、引入竞争机制和顾客导向为特征的新公共管理改革,对国家公务员制度进行变革。其改革内容为:撤销国家公务员管理部,权力下放到各部门;在内阁办公厅设立公共服务办公室,负责公务员有关政策制定;否定国家公务员的工资与私营企业同类管理人员持平的原则,建立公务员的工资制度。

撒切尔政府在引入竞争机制和企业经营理念,确立绩效管理的激励方式等方面的改革,为英国公务员队伍建设巩固了基础。

### (二)梅杰政府

梅杰政府对国家公务员制度再次进行了较大幅度的改革。其内容和特点包括:进一步下放权力;进一步精简公务员队伍;将政府部门某些单位推向市场,自负盈亏,减少财政支出;把私人企业人事管理办法引入政府公务员管理中;不再强调机械地履行岗位职责,而是强调围绕为公众服务的目标,实行绩效管理。

### (三)布莱尔的“合作政府”理念

1997年布莱尔上台执政之后,一直以“合作政府”为核心理念来推行行政改革运动,1999年推出《现代政府白皮书》,提出要在10年内打造一个更加注重结果导向、顾客导向、合作与有效的信息时代政府。

在“合作政府”的框架中进行了以下改革:首先,确立和完善以结果为导向的绩效评估本身,改善以往目标与薪酬缺乏联系的状况;其次,在薪酬改革的基础上简化工资评价框架,给予地方管理者在制定薪酬标准上的更大灵活性,改变职位与职能隔离的现象;再次,促使组织向学习型组织发展,成立管理与政策研究中心,负责完成对最高级公务员市场化培训,同时鼓励吸引外部人才加盟政府;另外,在鼓励竞争的同时,坚持公正、客观和平等的公共服务价值,制订培养公务员队伍中女性、伤残人士和少数民族高级公务员计划。

## 二、美国公共部门人力资源管理系统的变革

### （一）卡特政府的“文官制度改革法案”

1978年卡特政府实施了《文官制度改革法》，该法案第一次用法律的形式确立了联邦政府人事制度应遵循的九条功绩制原则。其内容为：公开竞争；公平对待；同工同酬；保持公德；充分发挥联邦文职人员的作用；高标准、严要求；通过培训提高效率；保持中立；提供保障。

### （二）里根政府的“最好的实践”运动

里根政府执政后，大规模削减政府机构和收缩公共服务范围，将私人部门成功的管理方法（“最好的实践”）引入公共部门管理领域之中，以提高政府公共管理效益。

### （三）克林顿的“重塑政府运动”

1993年克林顿上台后，开始了大规模的“重塑政府运动”，其目标是创造一个少花钱、多办事的政府，并坚持顾客导向、结果控制、简化程序和一削到底原则。其改革的基本内容是精简政府机构、裁减政府雇员、放松管制、引入竞争机制以及推行绩效管理。

## 三、日本公共部门人力资源管理系统的变革

### （一）中曾根康弘内阁的“减人减事”改革

20世纪80年代，中曾根康弘内阁提出以“减人减事”为核心的公共部门人力资源管理改革。其主要内容包括：一是精简行政事务，加强综合调整职能；二是改革公务员制度，提倡能力主义，提高职员士气，合理地管理人事费用；三是压缩行政编制，在五年内将除自卫队管员以外的国家公务员人数削减5%，一般省厅职员的削减率为20%，冻结地方警察和消防队的增员等。

### （二）日本二十一世纪公务员制度改革的新构想

2001年，为配合已经开始运行的新省厅制，日本又提出公务员制度的改革要“从白纸开始重新设计”。其改革构想包括五个方面：一是废除现行的国家公务员法和地方公务员法，制定新的公务员法；二是取消公务员终身制，废除论资排辈的“年功序列”，导入企业的“实力主义”的人事制度及工资体系；三是严

格规定公务员的重新就职，实施公务员的奖罚制度，促进官方与民间的人才交流；四是废除公务员特权性的身份保障制；五是取消现行的事务职、技术职等的区别，改为“策划管理职”和“实施管理职”两种职务种类。

总之，从英国、美国、日本等西方国家公共部门人力资源管理体系改革的进程中可以发现，尽管各国改革的起因、议程、战略、策略以及改革的范围、规模、力度各不相同，也并不存在统一的目标模式和进程，但所有的改革都具有一个相同或相似的基本取向，即都是以合理划分公共部门事权为基础，以强化协作提高整体竞争力为目标导向，将私人部门企业管理的理论、方法技术及市场竞争机制引入公共人力资源管理领域。在公共部门人力资源管理体系改革过程中，西方各国公共部门面临压力、应对思路与措施总结如表 9-8 所示。

**表 9-8 西方公共部门面临压力和应对思路与措施一览图**

| 面临压力 | 应对方略 | 公共人力资源部门具体应对措施 | 问题本质 | 发展趋势 |
|---|---|---|---|---|
| 提高内部管理效率 | 公共部门管理企业化 | 在职业生涯规划、管理信息系统、工作分析和评价、汇集和甄选、测评、绩效评估、培训与开发、绩效薪酬体系和战略管理方面全面向私人部门学习 | 公共部门必须不断向私人部门学习以提高内部管理效率 | 两部门趋同 |
| 与私人部门竞争协作 | 战略策应私人部门 | 在教育、文化、科研、交通、公共基础设施、环境保护等领域继续保持影响 | 公共部门和私人部门分工不同、必须协作互补 | 两部门既竞争又协作 |
| 竞争国际化 | 加强人力资源开发 | 进行宏观调控和环境营造、加强教育和汇集国际优秀人才以谋求建立人力资源优势 | 对经济应该自由放任还是加强干预 | 公共部门适度超前发展 |

## 第三节　我国公共部门人力资源开发与管理的变革和展望

### 一、我国公共部门人力资源开发与管理的沿革

新中国成立70多周年来，我国公共部门人力资源开发与管理经历了从创立到不断发展完善过程，尤其改革开放以来，实施科教兴国，消除不利于人才成长的体制性障碍，公共部门人力资源开发与管理工作进入了新的发展阶段。进入21世纪，中共中央提出了人才强国战略和党管人才原则，强调着力建设党政人才、企业经营管理人才和专业技术人才等几支队伍，掀开了我国公共部门人力资源管理工作新的一页。

### 二、我国公共部门人力资源开发与管理思想的更新

党的十八大以来，以习近平同志为核心的党中央统揽伟大斗争、伟大工程、伟大事业、伟大梦想，做出人才是实现民族振兴、赢得国际竞争主动的战略资源的重大判断，做出全方位培养、引进、使用人才的重大部署，广开进贤之路、广纳天下英才，推动新时代人才工作取得历史性成就、发生历史性变革。党对人才工作的领导全面加强，人才队伍快速壮大，人才效能持续增强，人才比较优势稳步增强，我国已经拥有一支规模宏大、素质优良、结构不断优化、作用日益突出的人才队伍，我国人才工作站在一个新的历史起点上。

善于在总结经验中深化思想认识，善于在探索规律中打开工作局面，是我们党的优良传统和治理智慧。2021年9月习近平总书记在中央人才工作会议上以“八个坚持”，首次系统概括提出了新时代人才工作的新理念新战略新举措。这“八个坚持”为：一是坚持党对人才工作的全面领导。习近平总书记指出，这是做好人才工作的根本保证。千秋基业，人才为本。党管人才就是党要领导实施人才强国战略、推进高水平科技自立自强，加强对人才工作的政治引领，全方位支持人才、帮助人才，千方百计造就人才、成就人才，以识才的慧眼、爱才的诚意、用才的胆识、容才的雅量、聚才的良方，着力把党内和党外、国内和国外各方面优秀人才集聚到党和人民的伟大奋斗中来，努力建设一支规模宏

大、结构合理、素质优良的人才队伍。二是坚持人才引领发展的战略地位。这是做好人才工作的重大战略。人才是创新的第一资源,人才资源是我国在激烈的国际竞争中的重要力量和显著优势。创新驱动本质上是人才驱动,立足新发展阶段、贯彻新发展理念、构建新发展格局、推动高质量发展,必须把人才资源开发放在最优先位置,大力建设战略人才力量,着力夯实创新发展人才基础。三是坚持面向世界科技前沿、面向经济主战场、面向国家重大需求、面向人民生命健康。这是做好人才工作的目标方向。必须支持和鼓励广大科学家和科技工作者紧跟世界科技发展大势,对标一流水平,根据国家发展急迫需要和长远需求,敢于提出新理论、开辟新领域、探索新路径,多出战略性、关键性重大科技成果,不断攻克"卡脖子"关键核心技术,不断向科学技术广度和深度进军,把论文写在祖国大地上,把科技成果应用在实现社会主义现代化的伟大事业中。四是坚持全方位培养用好人才。这是做好人才工作的重点任务。必须坚定人才培养自信,造就一流科技领军人才和创新团队,培养具有国际竞争力的青年科技人才后备军,用好用活人才,大胆使用青年人才,激发创新活力,放开视野选人才、不拘一格用人才。五是坚持深化人才发展体制机制改革。这是做好人才工作的重要保障。必须破除人才培养、使用、评价、服务、支持、激励等方面的体制机制障碍,破除"四唯"现象,向用人主体授权,为人才松绑,把我国制度优势转化为人才优势、科技竞争优势,加快形成有利于人才成长的培养机制、有利于人尽其才的使用机制、有利于人才各展其能的激励机制、有利于人才脱颖而出的竞争机制,把人才从科研管理的各种形式主义、官僚主义的束缚中解放出来。六是坚持聚天下英才而用之。这是做好人才工作的基本要求。中国发展需要世界人才的参与,中国发展也为世界人才提供机遇。必须实行更加积极、更加开放、更加有效的人才引进政策,用好全球创新资源,精准引进急需紧缺人才,形成具有吸引力和国际竞争力的人才制度体系,加快建设世界重要人才中心和创新高地。七是坚持营造识才爱才敬才用才的环境。这是做好人才工作的社会条件。必须积极营造尊重人才、求贤若渴的社会环境,公正平等、竞争择优的制度环境,待遇适当、保障有力的生活环境,为人才心无旁骛钻研业务创造良好条件,在全社会营造鼓励大胆创新、勇于创新、包容创新的良好氛围。八是坚持弘扬科学家精神。习近平总书记强调这是做好人才工作的社会条件。必须积极营造尊重人才、求贤若渴的社会环境，公正平等、竞争择优的制度环境，待遇适当、保障有力的生活环境，为人才心无旁骛钻研业务创造良好条件，在全社会营造鼓励大胆创新、勇于创新、包容创新的良好氛围。这"八个坚持"，明确了新时代做好人才工作的根本保证、重大战略、目标方向、重点任务、重要保障、基本要求、社会条件、精神引领和思想保证，是对我国人才事业发展规律性认识的深化，是习近平总书记关于人才工作重要思想的鲜明体现。

习近平总书记强调指出："综合国力竞争说到底是人才竞争。人才是衡量一个国家综合国力的重要指标。""我们必须增强忧患意识，更加重视人才自主培养，加快建立人才资源竞争优势。"当前，我国进入了全面建设社会主义现代化国家、向第二个百年奋斗目标进军的新征程，我们比历史上任何时期都更加接近实现中华民族伟大复兴的宏伟目标，也比历史上任何时期都更加渴求人才。党的十九届五中全会明确了到2035年我国进入创新型国家前列、建成人才强国的战略目标。做好新时代人才工作，必须坚持党管人才，坚持面向世界科技前沿、面向经济主战场、面向国家重大需求、面向人民生命健康，深入实施新时代人才强国战略，全方位培养、引进、用好人才，加快建设世界重要人才中心和创新高地，为2035年基本实现社会主义现代化提供人才支撑，为2050年全面建成社会主义现代化强国打好人才基础。

## 三、新时代我国公共部门人力资源开发与管理变革的成果和深化的关键

1. 地位急剧提升但战略转变迟缓；
2. 人力资源流动环境改善迅速但人力资源投资多元化、一体化滞后；
3. 人力资源汇集力度空前、机制创新突飞猛进但尚存隐忧；
4. 人员任用管理体制日渐规范有序，但改革尚需深入；
5. 考核激励机制日渐科学严密但量化水平尚不足；
6. 公共部门人力资源培训力度大大加强但市场化不足、效率堪忧；
7. 法律规章制度日渐完善但要实现良治还需多方努力；
8. 信息服务系统电子化和网络化发展迅速但体系尚需完善。

上述具体内容如表 9-9 所示。

**表 9-9 公共部门人力资源管理体系取得进展和面临问题一览表**

| 领　域 | 取得的进展 | 面临的问题 | 发展展望 |
| --- | --- | --- | --- |
| 战略地位 | 各种微观的战术性的制度创新和措施不断出台 | 局限于提高公共部门内部效率，在作为战略伙伴为私人部门服务和策动集体社会文化变革以谋求整体的国家竞争优势两方面严重滞后 | 进行战略重新定位，确定新的目标体系 |
| 人力资源流动和投资环节 | 人才流动制度创新方兴未艾，新型人才流动方式和相应的服务机构发展迅速，改进人才流动环境的措施层出不穷 | 当前整体人力资源投资和管理体制有两个困难：一是难以解决教育投资问题，二是难以解决人才就业问题 | 实现教育投资多元化；全社会紧密协作以共同搞好“大教育” |
| 人力资源汇集环节 | 汇集和培养国际优秀人才力度空前加大，国内人才培养汇集机制发生深层变革 | 没有进入整体系统改革的阶段，公共部门传统的人力资源管理体制触动不大，孤军突进地推进人才汇集机制的变革存在“家族化”和“裙带化”的危险 | 对公共部门的整体运行机制进行变革，建立长效的人才汇集机制 |
| 人才任用管理体制 | 国家行政部门推行公开招录、竞争上岗的公务员招录管理制度，试行政府雇员制。在六个事业性行业推行人事制度改革 | 公共部门具有明显的“官本位”和“科层制”特征，导致激励机制存在根本缺陷，职员的短期化行为难遏止，对优秀人才的吸引力有限，市场化管理难以推行 | 整体改革公共部门管理机制，实现向价值观多元化、发展路径多元化、绩效导向化、薪酬体系灵活化转化 |
| 考核激励机制 | 推行了以工资收入分配制度为主要内容的考核激励机制改革。在事业单位，推进教科文卫事业单位工资制度改革 | 考核激励机制总体上沿用的还是模糊评价体系，竞争性、科学性和量化程度很低。“政绩工程”“边腐败边升官”、机构膨胀、资源浪费、违规腐败等弊端严重 | 推行经济化、科学化的绩效评估机制，将公共部门资金的使用效益进行跨部门和国际化的比较评价 |

续表

| 领　域 | 取得的进展 | 面临的问题 | 发展展望 |
| --- | --- | --- | --- |
| 人力资源培训环节 | 加大了公共人力资源培训投资力度，推动多种形式的人力资源培训项目 | 培训投资总体不足、培训目标过于内聚、培训效果考核“软化”的情况十分严重，培训效率堪忧 | 建设学习型组织，尽量提高培训活动的市场化程度，培养复合型、通用型的人才 |
| 法律规章制度 | 人事管理法律规章制度的制定和完善不断取得新的进展 | 我国公共部门的“人治”传统和某些传统文化是我国推行法治的各种阻力的根源 | 注意从文化的角度上来推进现代法治文明的传播 |
| 信息服务系统 | 电子化和网络化发展迅速，计算机已普及应用，实现了网上互联，并且还开始了电子政务的实际运作，开发出了专用软件 | 忽视人力资源的统计，没有真正的人才统计信息系统，与其他部门之间信息互联互通的程度过低 | 加快建设人力资源统计体系建设，加大各系统之间人力资源相关信息互联互通力度 |

改革开放 40 多年，尤其是跨入 21 世纪以来，有关我国公共部门人力资源开发与管理体系取得的种种进展是对过去工作的肯定，所遇到的种种问题恰恰是变革初期的必然表现。实际上，种种现象都可以归因为公共部门人力资源开发与管理体系变革初期存在的两个最突出的根本性问题：一是公共部门企业化不足导致执行力欠缺，效率意识缺乏；二是对公共部门市场化、企业化的“度”把握不够准确。如何既突出公共性又有效借鉴企业化的管理方式，在努力维护社会公平的同时又努力提高效率，这在全世界都是一个永恒的难题。要解决这个难题需要理论界和实务界紧密合作才可能取得最终的成功。

我国在公共部门人力资源开发与管理变革方面虽然行动较晚，但已经在短期内取得了良好的效果，而且更多的变革还处于前期推进阶段，成果的显现还尚需时日，重大的突破正在酝酿当中，我国由人力资源大国转变成人力资源强国也当为期不远。

**案例分析：**

## 我国将实施县以下机关公务员职务与职级并行制度

动员部署

2015年1月30日，人力资源社会保障部、中央组织部、中央编办、财政部、国家公务员局联合召开电视电话会议，就实施县以下机关公务员职务与职级并行制度进行动员部署。

会议指出，推进公务员职务与职级并行制度，是党的十八届三中全会做出的明确部署和要求。前不久，中央办公厅、国务院办公厅印发《关于县以下机关建立公务员职务与职级并行制度的意见》，这是党中央、国务院从深化干部人事制度改革、加强基层干部队伍建设出发做出的重大决策。

会议提出，2006年公务员法颁布实施以来，相关配套法规制度不断完善，公务员队伍建设取得了明显成效。在公务员管理制度中，职务与级别制度是重要组成部分，是确定公务员工资及其他待遇的依据。从目前情况看，公务员的各种待遇仍主要与职务挂钩，造成过分看重职务的问题。特别是在县以下机关，公务员受机构规格等因素限制，职务晋升空间小的矛盾更为突出。

会议强调，建立公务员职务与职级并行制度，形成职务与职级两个晋升通道，是对干部人事制度的重要调整和改革，是对公务员制度的创新和完善，有利于充分调动和发挥公务员的积极性，鼓励他们立足本职踏实工作。县以下机关公务员是做好基层工作、服务人民群众、巩固基层政权的骨干力量，在推进国家治理体系和治理能力现代化中发挥着重要作用。在县以下机关实施公务员职务与职级并行制度，体现了中央对基层工作的重视，对基层干部的关心，对于加强基层工作，稳定基层干部队伍，充分调动和发挥基层干部的积极性，必将起到积极的促进作用。各地区、各有关部门要加强领导，精心组织，周密安排，采取有力措施，确保各项政策措施落实到位。

现行关系

职务与职级应该是相对独立、相对分离的。职务是公务员的职位要素，职级是职位要素与品位要素的统一。职务由职位组成，是若干具体职位的集合。例如处长职务包括正处长、副处长等职位。职级：按工作繁简难易、职责轻重大小及所需资格条件分为若干职等、职级(从纵向来说)。职务反映职级,职级对应一定的职务。从功能上来看,二者的区别在于,职务的设置给公务员带来权力以及责任义务的承担,职级的设置给公务员带来物质利益以及职业尊严的满足。一条职务序列构成公务员职业发展的一道阶梯,一条职级序列则构成公务员职业发展的另一道阶梯。两道阶梯分别满足公务员职业发展的不同价值追求。所以,职务是职能的微观载体,是权力与责任的统一;职级是公务员履职水平的标志,是职务、能力、业绩、资历的综合表现。

但现实中,职务与职级的联系过于紧密,表现为以职定级、以职定薪。据统计,在目前各地公务员工资的四个组成部分中,职务工资约占20%,级别工资约占25%,地区附加津贴约占45%,各种补贴约占10%。级别工资仅占两成。相比之下,职务工资比例虽不高,但由于地区附加津贴基本按照职务发放,职务工资整体所占比例接近七成。职务对工资水平具有决定性作用。职级的功能被明显弱化。

职级功能弱化使职务晋升成为公务员最大的激励,职务晋升也成为公务员职业发展的唯一阶梯。据山东省济南市委组织部近年组织的一项调查显示,近81%的被调查者认为职务晋升是对公务员最有效的激励,其中领导职务的晋升比非领导职务的晋升更具吸引力。这给当前公务员管理带来很多问题,比如,公务员谋求职务不是为了承担责任,而仅是为了获取权力。再比如,公务员不晋升职务就无法提高待遇,但职务毕竟有限,靠职务晋升提高待遇对绝大多数公务员来说是不现实的,也是不公平的。

因此,推行职务与职级的并行,实质是适度分离职务与职级过于紧密的联系,使职级真正成为公务员的一条独立的职业发展阶梯。那些不能晋升职务的公务员,也可以通过晋升职级获得合理的待遇和尊严。当然,作为职位的共同构成要素,二者的分离是适度分离,相对独立。

职级与待遇挂钩是实现并行的前提。职级与待遇挂钩指的是,将公务员经济待遇的分配主要由职务决定转向主要由职级决定,强化职级对经济待遇的决定功能。

公务员待遇一般分为政治待遇、工作待遇、经济待遇三种类型。政治待遇主要包括参加会议、看文件等。工作待遇主要包括办公条件、交通补助和职务消费等。经济待遇主要包括工资、住房、医疗、养老金等。一般认为,政治待遇与工作待遇由职务来决定是具有合理性的,但是,经济待遇也由职务决定则不具有合理性。

政治待遇与工作待遇的分配,体现的是责权利对等的原则。公务员所承担的责任越重,相应地拥有的权力和利益就应该越大。经济待遇的分配,则应该体现按劳分配的原则。公务员的工作能力越强、工作时间越长、工作业绩越突出,相应的获得的经济报酬就应该越多。如果仅仅是因为属于同一职务层级,就享受相同的工资待遇,则明显不合理。

比如,一个县长和一个国家机关的处长,二者职务相同,但从工作量、工作时间、工作业绩的角度来看,二者的差异很大,不应该享受相同的经济待遇。在国外的公务员分类中,也没有任何一个国家将这两个职位划为同一职级。因此,公务员的经济待遇不应该主要由职务来决定。单纯以职务决定公务员的经济待遇,则完全混淆了责权利对等原则与按劳分配原则的适用范围。

只有让职级与待遇挂钩,使职级对公务员的经济待遇具有一定的决定作用,职级才能真正成为公务员在职业发展中取得进步的标志,才能真正成为公务员的努力得到合理回报的标志,公务员才会从内心将职级作为职业发展的阶梯,职务与职级的并行才有可能。

基层公务员心声

"按照老办法,我如果当不上领导,干一辈子顶多混个主任科员退休。""按照新规则,我就有可能突破'天花板',不当官也能提高待遇。"

**讨论题:**

我国实施县以下机关公务员职务与职级并行制度,会带来哪些激励效应?

# 第十章 人力资源开发与管理的发展趋势

进入21世纪后，人们常说的一句话就是知识经济时代、信息时代和经济全球化时代。

人力资源管理理论被引入中国已逾30年，[①]这是中国企业发生巨大变化的30年，在经济进入新常态和结构性变革的新时代背景下，中国企业的人力资源开发与管理应该走向何方呢？

## 第一节 由人治走向法治——科学化趋势

科学管理使企业管理摆脱经验管理的束缚，走上规范化、制度化和科学化的轨道，极大地推动了生产效率的提高。同时，在实践中也暴露出其本质的弱点——对职工的忽视。与生产高效化伴生的是人的工具化，以及工人对工作的厌烦、劳资矛盾的激化。于是文化管理应运而生。

尽管实现文化管理是当今企业的普遍向往，然而，对当前我国的大多数企业而言，当务之急不是登上文化管理的台阶，而是进入科学管理的殿堂。因为许多中国企业，特别是中小企业，还处在经验管理阶段，随意性大、规范性差、质量不稳、效率低下，而现时期，解决效率问题，仍是企业生存和发展的关键。

当然，对不同行业，科学管理阶段向文化管理阶段过渡的时机把握是不同

① 张德主编.人力资源开发与管理[M].北京：清华大学出版社，2016.

的。一般而言,对制造业,科学管理的重要性更突出;而对服务业,文化管理的优势更大,因此,服务业从科学管理向文化管理过渡的时机会早一些。

华为公司董事长任正非把科学管理概括为:基于数据和事实的理性分析,建立在计划和流程基础上的规范的管理控制系统,以及客户导向和力求简单的产品开发策略。他把华为30多年来取得的巨大成就,归结为对西方科学管理恭恭敬敬的学习和始终如一的贯彻。

他在2014年的一次讲话中指出:“西方公司自科学管理运动以来,历经百年锤炼出的现代企业管理体系,凝聚了无数企业盛衰的经验教训,是人类智慧的结晶,是人类的宝贵财富。我们应当用谦虚的态度下大力气把它系统地学过来。只有建立起现代企业管理体系,我们的一切努力才能导向结果,我们的大规模产品创新才能导向商业成功,我们的经验和知识才能得以积累和传承,我们才能真正实现站在巨人肩膀上的进步。”

任正非认为:“中国企业没有经过科学管理运动,我们在企业的运营管理中习惯于依靠直觉和经验进行判断,决策的随意性很大,总愿意创新和尝试新事物、新概念,缺少踏踏实实、‘板凳宁坐十年冷’的持续改进精神。因此面对不确定的未来,我们在管理上不是要超越,而是要补课,补上科学管理这一课。”

被公认为中国最好的高科技制造业公司之一的华为,至今仍强调对科学管理“不是要超越,而是要补课”。这对广大的中国企业无疑是一个启示。

要实现中国企业人力资源管理的科学化,关键是从人治走向法治,加强人力资源管理的制度建设,特别要夯实以下四项基础工作:

(1)组织结构的精简和优化;

(2)重视工作分析,编写完善的职位说明书;

(3)搞好职位评价,建立以薪点为基础的薪酬制度;

(4)采用规范的方法和手段,进行正确的人力资源评价和绩效管理。

在此基础上,还要建立科学的劳动用工制度、员工培训制度、干部选拔与任用制度、职业生涯管理制度等。

互联网给企业人力资源管理插上了大数据的翅膀,使人力资源管理真正进入了“量化”管理阶段。人力资源管理决策将日益依赖大数据及数据背后的知识,需要及时获取大数据并对其进行有效地分析、组合与应用。这是人力资源管理科学化的最新内涵。

人力资源管理科学化的另一个关键问题是树立制度和数据的权威性。中国企业往往犯这样的错误:企业的制度成百上千条,然而做起来不是无视制度的存在,就是有太多的“特殊情况”,结果又退回到“人情大于王法”“一个人说了算”的人治旧轨道。至于数据,在人力资源管理领域历来不受重视,“心中无数”,仅靠直觉和经验决策已经成为习惯。可见,树立制度和数据的权威,是实现人力资源管理科学化的保证。

## 第二节　由以物为中心走向以人为本——人性化趋势

过去以物为中心的传统人事管理导致人成为物的附属品,更是低成本的牺牲品。随着中国经济的崛起,广大员工的需要结构发生深刻的变化,“经济人”逐渐向“社会人”“自尊人”“自我实现人”和“观念人”转变,他们不再是只会工作的机器或工具,这就要求人力资源管理转变到以人为本,而这正是现代人力资源管理的重要特征。

以人为本要走出两个误区:其一,以人为本不是以官为本;其二,以人为本也不是以精英为本。以人为本的真正内涵是以员工为本。也就是说,只有企业以员工为上帝,员工才会以顾客为上帝;只有企业为员工创造价值,员工才能为顾客创造价值。要从尊重员工的权利入手,在此基础上增加人力资源开发的投入,促进员工在岗位上成才,与企业一道成长,激发员工们的主人翁意识,这是实现以人为本的首要工作。

以人为本的另一背景是知识经济的兴起。诚如著名管理学家波得·德鲁克所说:“一场新的信息革命正在悄然兴起。”“这不仅是一场在技术上、机器设备上、软件或速度上的革命,更是一场‘观念’的革命。”那些如海涛般汹涌扑来的信息,那些在互联网上迅速传递的信息,向人类发出了新的挑战,如何组织信息、管理信息,并用来做出正确决策,是所有经营管理者、技术人员必须下功夫解决的问题。

在经济全球化和信息化的同时，世界进入了知识经济时代，知识继劳动力、资金、自然资源之后成为第四大资源，或最重要的、最活跃的资源。学习新知识，创造更新知识的能力，成为各个国家和组织之间竞争的决定性因素。而知识是由人掌握，由人创造的，因此，人力资源成为日益重要的战略资源。

人力资源的管理重点将由“手工工作者”转向“知识工作者”。彼得·德鲁克在《21世纪对管理的挑战》一书中指出：“20世纪最重要的，也是最独特的对管理的贡献是制造业中手工工作者的生产力提高了50倍。21世纪对管理最重要的贡献同样将是提高知识工作与知识工作者的生产力。”①

管理知识工作者，提高其生产力应该注意六个方面：

(1)确定明确的目标和任务；

(2)合理授权，满足知识工作者自我管理的需要；

(3)“不断创新”应列入知识工作者的任务与责任；

(4)要求知识工作者成为“自觉学习的人”；

(5)知识工作者的生产力，需要的是质量，而不仅是数量；

(6)知识工作者不是“成本”，而是一种宝贵的“资产”，他们所掌握的知识，是最具战略性的“资本”。

在知识经济社会，组织的资本结构发生了革命性的变化，已由传统的以机器资本、货币资本为主，转向以智力资本为主。智力资本主要包括三个方面的内容：

(1)人力资本。这既包括一流的员工，也包括一流的团队；

(2)结构资本。这是指组织所具有的一流的数据库(信息系统)、电脑网络和适宜的组织结构，从而具有完善高效的沟通协调机制；

(3)顾客资本。现在的顾客比以前拥有更多的选择权利，而且其自身素质的提高使他们对商品或服务的质量有清晰的判断，因此，建立并发展一种忠诚的顾客关系就显得既关键又有难度，而与协作厂商之间保持良好的合作关系，则更适合虚拟组织日渐增多的市场背景，也是重要的为组织创造价值的资本。

① [美]彼得·德鲁克.21世纪的管理挑战[M].朱雁斌，译.北京：机械工业出版社，2018.

由此我们可以看出，人力资本是智力资本的基础，因为一流的顾客资本和结构资本也需要依靠一流的员工和团队去设计建立和运作，这也是许多组织提出“以人为本”宗旨的基本原因。所以，我们必须对组织的员工，特别是其中掌握稀缺知识的骨干员工更加关注，不仅要关注他们的成长，更要用心发现和满足他们的需要，从而有的放矢地改善组织的激励和领导工作。

以人为本的另一个驱动力量是互联网。互联网时代实际上是人的一场革命，这种革命是人的能力的革命、人的价值创造的革命。一方面，老板和CEO不再是组织的唯一核心，组织的真正核心是客户。谁最贴近客户，最了解客户，谁就拥有更多的话语权和资源调配权，如腾讯的项目制管理，小米的合伙人负责制与去KPI都是在淡化组织自上而下的权力中心意识，使组织整体面对市场和客户需求的反应最快、距离最短，内部交易成本最低。

同时强调组织的资源调配不再简单依据KPI指标的权重进行预先设计，而是依据客户与市场需求动态配置；另一方面，随着组织扁平化、流程化、数据化，组织中人的价值创造能力和效益效能被放大，一个小人物或非核心部门的微创新就可能带来商业模式的颠覆式创新，如微信这一创新产品的产生就不是来自腾讯的核心部门与核心人才。

企业人力资源产品与服务的设计不仅要关注核心人才的价值诉求，而且要关注小人物的心声，否则小人物所搅动的群体行动会使企业的劳资矛盾与冲突陷入困境，最终影响企业经营绩效。

互联网时代使人与人的沟通距离与成本趋于零、信息的对称与信息的透明，使员工更能自由地表达自身的情感变化和价值诉求，并在员工社区形成共识和意见领袖，企业的人力资源产品与服务的研发设计与提供要更关注员工的情感需求和价值实现需求，并增加人才对人力资源产品与服务的价值体验。

增加体验并不意味着更大的资金投入，而是要将人力资源产品更精益化、更个性化。人力资源管理更需要对人性有透彻的了解。在某种意义上我们从事人力资源管理的人，既是数字大师，又是人性大师。既要尊重数据事实，同时对人性要有感悟，要有理解。

所以，在互联网时代，人力资源管理很重要的任务是实现情感的链接，去提升人才的价值体验。

总而言之,知识经济使人力资本地位陡升,“以人为本”成为崭新的管理理念;而互联网时代,则使“以人为本”成为在实践中唯一正确的选择。人力资源管理的人性化将是一个长期的趋势。

## 第三节　人力资源管理由事务性部门走向战略性部门——战略化趋势

随着市场竞争的白热化,通信手段的现代化,世界变小了,企业决策加快了,决策的复杂程度更是大大提高,这使战略管理的地位空前重要。经济进入全球性竞争,战略思维进一步拓宽。此时,企业战略要用系统的方法处理企业内的各种要素,检测它们是否具有更大的竞争力和适应环境突变的能力。如今,战略管理出现了鼎盛时期,不仅涌现了大量的研究成果,而且有了大量的企业实践活动,企业进入了战略制胜年代,相应地要求企业人力资源管理部门转换角色——从事务性部门走向战略性部门。

组织中具有战略支持作用的职能部门有二:一是财务部门,二是人力资源部门。这两个部门的负责人经常成为公司董事会的参会者。

人力资源开发与管理的战略地位越来越高,既由于知识经济时代到来,人力资本成为组织的主要资本、战略资本;也由于经济全球化、信息化带来了一个直接后果——全球范围的人才争夺愈演愈烈。

在激烈的人才争夺战中,正在显示出一个朴素的真理——得人才者得天下,要获得人才的心仪,必须学会攻心,最终是“得人心者得天下”。

2000 年《财富》杂志世界企业 500 强评出后,在其总结中指出:“最能预测公司各个方面是否最优秀的因素是公司吸引、激励和留住人才的能力。公司文化是他们加强这种关键能力的最重要的工具。”

让我们牢记这些精辟的见解,将中国企业的人力资源开发与管理沿着正确方向提高:人力资源部门不再是整天忙于招聘人、发工资,统计出勤、发放福利,办理人事调动、组织内部培训等的事务部门,而成为预测人才需求、人才供给,从战略高度制定人力资源补充和结构优化方案、重点骨干人才的获取和培养方案、通过企业文化建设提升企业凝聚力和构建人力资源动力体系的战略支持部门。在互联网时代，有了大数据的支撑，上述这些战略功能将得到进一步强化。

现代人力资源战略是企业发展战略的重要组成部分。这不仅为企业决策提供重要的人力资源，成为企业成长的坚强后盾；而且作为一个有效增值的环节，它为企业各个直线部门创造价值，支持和促进各部门的发展。可见，转变成战略性部门，无论对提升人力资源部门的战略地位，还是对整个企业的战略决策和战略实施而言都是十分必要的。

实现人力资源由事务部门向战略部门转变的关键点有二：一是组织的主要负责人必须实现观念的转变，真正把人力资源看作战略资源，真正认识到人力资源部门的战略价值，并且明确如何发挥其战略功能；二是要解决人力资源部门的人员素质提高问题。

作为人力资源管理的对象，人是最复杂的，他们不仅有物质欲求，更有精神需要；他们不仅需要与人交往，还要求得到别人的尊重与友好对待；他们不仅需要胜任工作，取得成就，而且需要不断得到培训，不断自我完善与自我超越；他们不仅与企业有一定的联系和感情，而且往往被外界诱惑所左右。特别是在互联网时代，这种诱惑前往往伴随着价值观多元化的影响。因此，人力资源管理的难度越来越大，要求其管理科学化程度越来越高，要求人力资源管理人员的专业化程度越来越强。换言之，要求人力资源管理的工作人员，具备更多的人力资源管理专业知识，逐渐成为人力资源专家。

在欧美发达国家的组织中，人力资源部的工作人员，大多由各类人力资源开发管理专家、组织行为专家等专门人才构成，社会上也流行各种人力资源专家认证制度。近十几年来，人力资源管理师资格认证工作也正在中国展开，这种认证工作的进一步完善，必将促进我国人力资源管理专业化队伍的形成。

传统人事部门的员工往往不具备相应的专业知识，只是普通的办事员，已经不再适应现实的变化。因此，可以通过两个渠道解决这个问题：

(1)人力资源部门招聘人力资源专业的大学毕业生，或 MBA 学生；

(2)把缺乏专业知识的现有职能人员送到高校进修，补充专业知识。

在未来的组织中，人力资源部门是一个专业化程度很高的部门，坐在办公室的职能人员都是各类专家：人力资源战略策划专家、人才测评专家、绩效评估专家、薪酬管理专家、人力资源开发培训专家、劳动关系专家、职业生涯管理专家以及企业文化专家。专业化的人力资源职能人员不仅能促进科学的制度化管理，更重要的是可以为员工提供内部的咨询和服务，而这项功能往往比以往的简单管理控制更为重要。

互联网时代对人力资源管理者的知识结构提出了更高的要求：除熟练掌握人力资源管理的专业知识外，还要具有企业战略管理、互联网思维、行业产业链、财务管理、社会心理等知识。人力资源管理通过"跨界思维"逐步实现转型，人力资源管理者也逐步成为企业内掌握复合式知识体系的重要决策者和战略决策参与者。

## 第四节　人力资源管理由封闭式走向开放式

进入 21 世纪后，经济全球化的脚步加快，经济超越了国界，跨国公司如雨后春笋般拔地而起，企业的经营范围也跟着扩大到了全球，其员工也跨地区、跨民族、跨文化。经济全球化、国际化的趋势要求人才的全球化和国际化，进而要求人力资源管理的国际化，逐步从封闭式管理走向开放式管理，唯有适应这一变化，中国企业才能经得起挑战的冲击。

在全球竞争的压力下，原来靠地方保护主义才得以生存下来的中国企业，如果不从观念到机制，从技术到产品，都来一场脱胎换骨的改造，只能落得"无可奈何花落去"的可悲结局；原来在区域性市场中还有一些优势，因此日子过得不错的组织，如果没有面对全球化的新谋略，也很可能败在外国公司或跨国公司的刀下；原来靠国内垄断地位而轻松获利的行业，随着经济全球化的进程，其利润空间将被压缩，如果不能从成功的梦境中猛醒，那么"成功是失败之母"的预言将成为现实。许多聪明的组织领导者已充分估计到这种形势，并为此进行了精心策划，他们不是消极地防守，简单地求生存，而是调整战略，放眼世界，用"打出去"的进攻策略，开拓新局面，寻求在全球的发展。在这方面，海尔、华为、中兴、中石油中石化、TCL等企业做出了有益的尝试。随着中国企业跨国经营的展开，中国企业经理人队伍的国际化也在同步进行。综观全球，一个国际化经理人的队伍正在形成。

不仅企业面临着挑战，各级政府公务员同样面临经济全球化的挑战。主管地区或部门经济的政府公务员，将不得不面临比过去复杂得多的决策课题。他们不仅无法靠“地方保护主义”和“政府干预”的旧法宝继续施威，而且不得不面对世界各地竞争者的入侵。他们必须有全球竞争的眼光和智慧，必须有全球竞争的知识和能力，否则将在新的竞争格局面前束手无策，甚至被淘汰出局。

科学技术人才同样面临全球化的挑战。他们所研究的新技术、开发的新产品，仅在国内“领先”已远远不够，必须在全球范围内接受考验，只有那些在全球科学技术的前沿上获得的研究成果才能是优胜者；只有那些为全球市场上的顾客所接受和欢迎的新产品，才能获得市场竞争的通行证。也就是说，只有那些具有全球眼光和自主创新能力的科学技术人才，才能在新世纪取得辉煌的成就。

简言之，竞争舞台的改变，竞争对手的变强，游戏规则的变化，都要求我国企业、事业单位、政府部门的人力资源管理国际化：要在全球范围制定人力资源竞争战略，要在全球范围的人才市场获取顶尖人才，也要求我们培养出一大批面向全球化的高级人才。同时，要学会人力资源跨文化管理的理念和方法，要学会融合不同国家的文化，凝聚不同文化背景的员工，众志成城，去赢得胜利。诚如体育比赛，在全运会上拿金牌，与在奥运会上拿金牌，其难度的提高几乎是天壤之别，我们各行各业的单位和人员都应做好准备：冲出中国，走向世界，在经济的奥运会上与强手抗衡，几经磨炼，最终目的是摘金夺银。

随着人力资源管理专业化的日益发展，一批又一批专业的中介公司诞生了。这显著加强了人力资源管理的专业化分工与合作，大大提高了人力资源管理社会化的程度。

为了提高人力资源管理的效率和效益，许多大中型企业逐渐趋向于将一部分低附加值的工作外包给中介机构，如委托中介机构为其招聘员工、测评人才、考核绩效、结算和发放工资、进行业务技能培训等。而具有战略意义的工作，如高级管理人员的管理、价值观的培训、创新的发动、团队组织的建设等，则由企业自己进行优化管理。中介公司不仅为企业提供了人力资源管理迅速专业化的可能，而且也有利于企业不断增强自身的核心竞争力。不能不说，外包是人力资源走向开放式管理的又一项重要产物，也是人力资源管理社会化的必然趋势。

## 第五节　人力资源的激励由薪酬独木桥走向薪酬与文化并行道——激励非物质化趋势

众所周知，激励是建立在人们需要的基础之上，需要不同，激励的方式或手段自然就不同。改革开放40多年来，随着温饱问题得到基本解决，企业员工的精神需要逐渐抬头；社会经济的发展、教育的普及，员工队伍的文化层次迅速提高；知识经济的到来使知识型员工的比例逐步增加，人们除了希望满足物质需要外，更迫切地追求在组织中的归属感、认同感、自尊感和成就感，希望实现自我价值。可见，随着员工需要层次的逐步提高，其精神需求也逐步成为主导需求。

对于已经解决了温饱问题、需求层次提高的员工，满足其生存需要和安全需要的单一物质激励杠杆已越来越乏力。根据按需激励的原则，设法满足员工的社交、自尊和自我实现需要等高层次的精神需要，才能有效地激励员工、提高其工作的积极性和主动性。那么，靠什么去满足员工的精神需要？薪酬激励这一独木桥对此已无能为力，唯有靠营造尊重人、关心人、爱护人、培养人、成就人的文化氛围和制度，发挥企业文化的激励作用。因此，人力资源的激励应由薪酬独木桥走向薪酬和文化并行道，企业文化日益成为激励的关键因素。

传统的激励模式除激励手段太过单一之外，激励过程缺乏员工的互动参与，绩效考核滞后导致激励不及时、激励失效以及无法吸引、保留人才等弊病也值得关注。将员工激励体系由周期激励变为全面认可激励，是解决这些问题和困惑的有效途径。全面认可激励是指全面承认员工对组织的价值贡献及工作努力，及时对员工的努力与贡献给予特别关注认可或奖赏，从而激励员工开发潜能、创造高绩效。

互联网一方面使员工的需求和价值诉求的表达更快捷、更全面、更丰富;另一方面,移动互联也使企业对员工的价值创造、价值评价与价值分配可以做到更及时、更全面。因此,互联网时代呼唤全面认可激励,并且也为全面认可激励的实施提供了技术基础。企业可以通过移动互联让组织对员工的绩效认可与激励无时不在、无处不在,员工所做的一切有利于组织发展、有利于客户价值及自身成长的行为都可以得到即时认可和激励,这甚至可以成为组织文化精神激励的创新点。

全面认可激励可给组织带来良好的组织氛围、更高的绩效产出,提高员工对组织的满意度,为员工提供优秀的企业社交网络平台,实现激励措施的多元化与长期化,提升员工的自我管理能力和参与互动精神,给企业带来更多的协作、关爱和共享,维护员工工作与生活的平衡,有利于组织文化的落实和推进。

在互联网时代,员工年轻化要求更加注重员工的真实体验,员工关系的处理方式趋于灵活和多元。上层的决策和意图被员工接受和贯彻的难度加大。人力资源管理不仅要在短期内满足年轻职场人的生存需求,同时要有效关注其自我价值的实现及荣誉感、成就感的满足。组织人力资源管理部门应采用对话和沟通的方法,使年轻员工找到自己生命的意义,从而找到工作的长期动力。互联网带来的快速沟通,还使员工自主经营并参与决策成为未来企业人力资源管理的发展趋势。

腾讯的老总马化腾曾说过:“看三国时,我们管刘备摔孩子叫苦肉计。而刘备恰恰是在给君臣宣扬精神,放弃小我,完成大我,这样才能驾驭臣民。而在现实当今中,企业的发展也需要一种精神,一种文化来感染员工,我们不是为了工作而工作,是为了工作使自己更精彩,让自己的生活更有色彩。可能每个人的想法和目标不一样,但是我们在企业文化中得到了自己需要的,让自己有价值感,有成就感。”

## 第六节　人力资源管理由重管理轻开发走向开发主导——企业的学校化趋势

随着企业竞争环境的不断变化，员工受教育程度在不断提高，众多自动化、信息化设备的使用，使员工的组成成分发生了巨大的变化——蓝领工人比例下降，白领员工比例上升。因此，相应地，人事工作的管理思想，也要来场革命——员工不仅是成本，更是"资源"，在人力上投资比在物质上投资收益更高，意义更大。

人力资源的工作分为管理和开发两部分：管理指人力资源的招聘、任用、考核、薪酬、劳动关系和职业生涯管理，是使现有人力资本正常发挥作用；开发则是指通过学习和培训，使人力资源增值，使人力资源的潜力被不断地发掘出来。显然，人力资源开发更具战略性，未来将是人力资源开发工作重于人力资源管理工作的新时代。

竞争环境的不断变化，员工受教育程度的不断提高，劳动分工的日益复杂，众多自动化、信息化设备的大批使用，不仅使蓝领工人比例不断下降，白领员工比例不断上升，还出现了新的金领阶层（即直接运用自己的知识、能力和经验为顾客提供服务的劳动者，如律师、会计师、理财经理、建筑设计师、营销策划师、管理咨询师等）。员工的人格成熟度不断提高，使人力资源开发与管理中最基础的人性假设逐渐倾向自我实现人这一端。今天的员工愿意承担责任，迎接挑战，而且他们有能力完成工作。工作的目标也由单一的物质利益驱动向精神满足发展，或者说，逐步上升到马斯洛的需求金字塔的高层。

人的潜力巨大，人才是招来的、挖来的，更应该是培养出来的。开发人力资源，一靠学校教育，二靠任职单位的培养。

知识经济下的企业，更像是一所学校，它的首要任务是培养人才，一流的企业具有一流的"造血功能"，能够将各类员工培养成各类人才。传统的人事管理把重点放在管理上，普遍轻视开发，一些企业的培训经费经常被挤占挪用，就是明证。为了迎接知识经济带来的激烈市场竞争，现代人力资源管理应该实现由重管理轻开发走向开发导向。不再是仅仅关注企业的短期效益,而更多的是以长期战略目标为导向,把人力资源开发和发挥人的潜能当作现代人力资源管理的工作重点。

知识经济下的人力资源开发,首先需要每一位员工都成为自觉学习的“学习人”。因为无论是顾客需要的进一步个性化,还是产品(技术)生命周期的进一步缩短,都使市场竞争进一步激化,无论其速度还是程度,都是传统工业社会所无法比拟的。学习知识,将知识转化为现实的生产力,不断创造新知识,成为人们最重要的活动。开发人的潜能,成为管理的核心问题。只有领导者、管理者、生产者都保持学习的意识和能力,才有可能适应这个千变万化的世界,才有可能为组织创造更多的价值。成为学习人,不仅需要员工自身的努力,还需要组织管理者提供学习机会,加强学习支持,创造学习氛围,培养系统思考,构建学习、变革、创新三位一体的学习型组织,以及实行开发重于管理的人力资源管理方式。

在这方面通用电器公司的做法值得借鉴。GE 每年投资 10 亿美金用于员工各类培训,并且投入大量的资金建立自己的培训学院——克劳顿村(现为韦尔奇学院),进行领导素质的培训。公司的每一个业务集团,都制定了适合各部门的培训课程,包括公共的和专项的,如时间管理、项目管理、面试培训研讨、六个西格玛质量培训、诚信培训、评估过程、待遇和各种安全健康课程等。除了各种培训课程,还需要在工作当中潜移默化地学习,如每年每个人和他的上级经理都要填一张表,员工说明完成工作计划情况,强项、弱项、中期发展目标,远期发展目标等,上级则填写自己的看法。然后针对短期目标,经理再和员工双向沟通,做出方案,明确下一阶段的任务,然后就要按照步骤实施。更重要的是,GE 的核心价值观中包括“学习,并快速转变为行动”“追求完美”“热爱变革”等内容,使 GE 名副其实地成为“美国商界的哈佛”。

在企业学校化的过程中,企业领导者面临着深刻的角色转换。面对无论知识能力,还是人格成熟度都日渐提高的员工,其管理手段、管理风格和管理重点都要发生相应的改变,否则就无法顺利实现组织的目标。

美国学者戴维·布雷福德和艾伦·科恩在《追求卓越的管理》(1985 年版)

一书中指出,领导者可以分为三类:

一是师傅型领导。领导对于部下,犹如师傅带徒弟。诸如如何待人接物,如何承担任务,如何对待困难,如何面对成功,如何对待荣誉,如何承受失败,如何承担责任,如何面对惩罚,如何与他人合作,如何与团队共享,如何自觉学习,如何不断成长,等等,都会率先示范,或手把手地教导,这属于经验管理下的师傅型领导风格。

二是指挥型领导。领导者施加影响的方法犹如乐队指挥。组织的每个成员犹如乐队队员,分工明确;演奏不同的乐器,大家依照统一的"乐谱",演奏出优美的交响乐曲。领导者恰如乐队指挥,在同样乐谱的框架内,使演奏的作品具有与众不同的、独特的演奏风格。这里的乐谱就是规范,就是制度,具有公认的权威性,这样的领导方式,属于科学管理下的指挥型领导。

三是育才型领导。把培养人作为领导者的首要工作。这意味着管理者主要通过授权、指导等管理手段给予员工充分的成长空间,使其通过学习提高工作绩效,也就相应提高了组织的整体绩效。领导者的工作重点不再是盯住员工的行为,通过纠偏来实施外部控制,而逐渐转向对员工观念意识的关注和影响,从而间接地影响员工的行为。领导者不仅自己带头成为学习人,还要通过培育重视学习的组织核心价值观,潜移默化地影响员工,从而产生有利于组织目标实现的行为。如果这时的领导者依然固守传统的管理方式,过于强调某种具体行为的规范,例如,用打卡来考勤,将很难得到众多知识工作者的支持。这是用企业核心价值观和独有的经营理念和管理理念培养人才,从灵魂深处影响下级员工的领导方式,属于育才型领导风格。

总体而言,师傅型领导是经验管理的产物;指挥型领导是科学管理的成果;育才型领导是面向未来的文化管理模式的要求。目前,我国中小企业还有许多处在经验管理阶段,它们的当务之急是登上科学管理的台阶,因此应该从师傅型领导上升为指挥型领导。对于那些还处在巩固科学管理阶段的大企业,也应该使指挥型领导精益求精。

对于那些十分优秀的企业,科学管理已经达到很高的水准,正走向文化管理或者已经登上文化管理台阶的企业,则应该坚决地实施育才型领导。

从长远眼光来看,企业的领导方式最终都要登上育才型领导的殿堂,这是不可改变的大趋势。

## 第七节　由官僚组织走向团队组织
## ——组织结构的离散化、网络化趋势

在传统的组织中,对人的管理主要依靠权力和责任的分配。“权力的金字塔”是对传统官僚组织的形象描述。组织中的每个人都在权力的架构中生活和工作。他们与上级很难进行平等的沟通,群众的智慧和创造力受到了极大的限制和损害。

在未来的知识经济和互联网时代中,权力的作用越来越小,平等沟通的重要性日益增大,权力的金字塔已经倒塌,组织的形状更像扁平型的网络,其基本单元是团队,一般的团队人较少,因此,总的来看,组织结构离散化了,它由众多的团队(包括虚拟团队)组成。在这种网状似的并联结构里,越接近客户,越有可能创造附加值,实现产品和服务的创新。因而,传统企业上层拥有权力和话语权的局面将极大地改变,每一层级的员工都可以成为企业运作的中心。这些员工及其所在的团队,大多属于创造性的学习型团队,在学习型的团队组织中,团队成员是完全平等的,这种平等的氛围促进了开放和高效的思想交流,思想碰撞激发出智慧的火花,于是新的知识诞生了。在这种组织中,大家关心的不是权力的大小,而是知识的多少;大家迷恋的不是地位的高低,而是创造力的强弱。

近年来,互联网的飞速发展加速了组织离散化的趋势,一个人可以同时为多家企业工作,组织的用工方式更加灵活,组织直接面对的往往是个性十足的、追求平等的,以及价值观更趋多元化的个人。为此,现代人力资源管理应逐步改变围绕上层和核心人物开展工作的管理思路,构建企业与各层员工的互动渠道,进行平等沟通和良性反馈,促使员工在组织价值体系里找到存在感和激发点,从而进一步放大人力资源管理效应。例如,微软已放弃员工分级制,认为任何层级的人将来都可以变成组织运行的中心,都可以变成组织的资源调配中心;华为倡导让听得见炮声的人做决策;小米科技提出的合伙人组织,扁平化管理,去KPI驱动,强调员工自主责任驱动。近年来,海尔提出"企业无边界,管理无领导,供应链无尺度,员工自主经营"的新型运营方式,以及"倒金字塔"的组织结构,就是主动顺应互联网时代需要的重要决策。

还是彼得·德鲁克说得好:"现在任何单位已不能再靠权力,而要靠信任。信任并不是要人们相互喜欢,而是要相互信任。这就要求人们互相了解。因此,要把人际关系看作是绝对必要的,这是一种责任。"建立良好的人际关系是建设成功的团队组织的前提和基础。这就要求人力资源管理以"尊重人"和"良好沟通"为基础。

我们应该养成这样的习惯:尊重他人。每个人都有自己的人格、个性和行事方式。要使团队能够和谐运作,就要使同事之间互相真诚沟通,互相了解对方的长处、办事方式和价值观念。在互联网普及之后,人际沟通面临更为复杂的局面,如何在错综复杂的信息沟通中,不断改善同事关系,形成价值观多元化情景中工作方式的共识,这是网络化、离散化的组织结构的客观要求,是一项新的管理课题。

## 第八节　由管理"绩薪职"走向管理价值观——人力资源管理的柔性化趋势

通过大量企业的实践可以看出,经验管理把人力资源管理的重点放在降低成本上,薪酬管理成为重中之重;科学管理把人力资源管理的重点放在提高效率上,因此特别重视绩效、薪酬、职位管理的制度安排。这两种模式,都把管理的重点放在人的行为层次。展望未来,在知识经济和互联网时代,原本依附于组织的员工,具有越来越强的自驱力和自我意识,也享有更大的自主权,改变了以往被约束的地位。这推动组织内部协调机制的变化,组织管理者更多地通过授权,而不是命令;通过沟通,而不是控制来协调员工的行为和观念,从而达到既实现组织目标,又培养一流员工和团队的双重目的。在控制手段上,更多的是实施思想和文化的影响,而不是行政和行为层次上的控制。换句话说,柔性控制取代了刚性的控制。

如果说，经验管理的特点是人治，科学管理的特点是法治的话，文化管理的特点就是文治，即通过组织文化来治理组织，组织文化建设成为带动经营管理全面工作的牛鼻子。组织文化的核心是共同价值观，因此管理价值观应该是未来人力资源管理的重中之重。

管理价值观大体上包括五个环节：

(1)创造和倡导高尚完美的组织价值体系，正如美国著名管理学家罗伯特·沃特曼所说："组织价值观的特征之一是，它来自高瞻远瞩的领导者。"

(2)认同组织价值观是录用和培训新员工的关键一环。发达国家的优秀公司，普遍地把"认同组织价值观"作为是否录用新员工的重要标准。而新员工的培训内容，除一些业务技能培训，就是组织价值观培训，在联想公司，曾把这叫作"人模子"，即要求新员工按联想价值观塑造成型。

(3)将组织价值观渗透到组织制度、行为规范和经营管理活动的各个环节，使这些制度和规范成为推行组织价值观的主要杠杆，促使组织价值观真正成为组织的灵魂。

(4)任何奖励、惩罚和业绩考核，都以组织价值观为基本准绳。在实施考核和奖罚过程中，不断强化组织价值观。

(5)各级管理者，特别是组织的主要领导者应该身体力行，率先示范，成为组织价值观的人格化载体。美国管理学者埃德加·沙因曾说："领导者所要做的唯一重要的事情就是创造和管理文化，领导者最重要的才能就是影响文化的能力。"通用电器的 CEO 韦尔奇也认识到："思想和人是至关重要的，通用电气应该借思想来获胜。"因而，通用电器制定了从个人与组织的价值观匹配和业绩两个维度衡量人才的评价标准。只有那些认同组织价值观，并能在工作中体现公司价值观的员工才能被保留下来，并给予培训和晋升的机会。如果价值观考核不合格，业绩再好也必须离开企业。

科学管理依靠强制性的制度和物质手段的投入，以及在定量分析基础上的技术理性措施，这是刚性的管理；而价值观管理则依靠思想的引导，价值观的认同，感情的互动和风气的熏陶。即依靠春风化雨和非物质手段的投入，这是柔性的管理。

值得注意的是，在互联网时代，过去某些带有一定强制性的价值观管理方法（如“人模子”和“价值观考核一票否决”）已变得不合时宜。组织的话语权在互联网时代是分散的，过去组织的话语权在上，是自上而下的单一的话语权链。但在互联网时代谁最接近客户，谁最接近企业价值最终变现的环节，谁就拥有话语权，谁就可能成为组织的核心。

互联网时代的员工呈现更多的个性化趋势，而个性化的一个重要表现就是个体的“社交化”。每个员工都将成为一个自媒体和宣传平台，在表达自身情感和诉求的同时，通过微信朋友圈、QQ群等社交平台，与社会文化直接对话和交流，这一方面造成员工价值观的多元化；另一方面造成员工接受组织价值观的障碍。

因此，正确的价值观管理，一是应该坚持平等沟通，在不同价值观的互动中，引导员工自觉选择认同组织价值观；二是领导者率先示范，以榜样的力量吸引员工跟随；三是把组织价值观渗透到组织各种制度和流程中，潜移默化地使员工接受组织价值观；四是对各层次员工和团队的亚文化持一种包容的态度，容忍一定程度的价值观多元化，只是确保组织价值观成为组织文化的主旋律。

价值观的管理是柔性的管理，是提高组织软实力的管理活动。相比科学管理下的制度化管理，从长远来看，人力资源管理的柔性化趋势彰显无遗。

中国企业家也越来越认识到管理价值观的重要意义。腾讯老总马化腾说：“每当有人评价说工作是乏味的，必然在他的团体里，缺少文化，缺少对人民对社会的无私，可能说为人民和社会有些大了，但起码是对一个小小团体的无私精神，只有当自己感觉到一切都是无私奉献的时候，文化才真正地体现了它的价值。当然，这样的无私是自愿的，没有驾驭在诱惑的基础上。必然，这样的无私也是公司长远稳定的坚实基础。”

总而言之，当下及未来人力资源开发与管理应秉持一种新的管理思维——积极人力资源管理，即在现有人力资源管理理论基础上，吸收积极心理学、积极组织行为学、幸福经济学等学科理论构建的一种新的人力资源管理思想。它把调动员工积极情绪、关注并帮助员工提升职业幸福感与安全感、实现要素所有者的共同幸福当作核心管理目标，把树立信心、乐观、希望、快乐工作等积极情绪作为实现组织战略的优先路径，并把这种理念贯穿到战略规划、招聘录用、工作分析、培训开发、绩效管理、劳动关系管理等人力资源管理工作的全过程。

# 主要参考文献

[1]中央人才工作协调小组办公室,中共中央组织部人才工作局.国家中长期人才发展规划纲要(2010—2020年)学习辅导百问[M].北京:党建读物出版社,2010.

[2]加里·德斯勒.人力资源管理[M].北京:中国人民大学出版社,1999.

[3]雷蒙得·A.诺伊.雇员培训与开发[M].徐芳,译.北京:中国人民大学出版社,2001年版.

[4]劳伦斯·S.克雷曼.人力资源管理[M].北京:机械工业出版社,1998.

[5]R.韦恩·蒙迪:人力资源管理(第六版)[M].北京:经济科学出版社,1999.

[6]达尔·尼夫主编.知识经济[M].樊春良,冷良,等,译.珠海:珠海出版社,1998.

[7]加里·德斯勒,陈水华.人力资源管理(亚洲版·第2版)[M].赵曙明,高素英,译.北京:机械工业出版社,2013.

[8]彼得·德鲁克.21世纪的管理挑战[M].朱雁斌,译.北京:机械工业出版社,2018.

[9]李蕾主编.人力资源管理[M].北京:中共中央党校出版社,2008.

[10]赵曼主编.公共部门人力资源管理[M].北京:清华大学出版社,2005.

[11]潘云良.人力资源管理与测评[M].北京:中共中央党校出版社,2004.

[12]郑晓明编著.人力资源管理导论[M].北京:机械工业出版社,2006.

[13]窦胜功,卢纪华,戴春风编著.人力资源管理与开发[M].北京:清华大学出版社,2005.

[14]谢晋宇.人力资源开发概论[M].北京:清华大学出版社,2005.

[15]彭剑锋主编.人力资源管理概论[M].上海:复旦大学出版社,2005.

[16]杨河清主编.人力资源管理[M].大连:东北财经大学出版社,2006.

[17]吴志明编著.招聘与选拔实务手册[M].北京:机械工业出版社,2006.

[18]张志红,朱洌烈编著.人才测评实务[M].北京:机械工业出版社,2006.

[19]王先玉,王建业,邓少华.现代企业人力资源管理学[M].北京:经济科学出版社,2003.

[20]萧鸣政主编.员工测评与选拔[M].上海:复旦大学出版社,2005.

[21]于桂兰,魏海燕主编.人力资源管理[M].北京:清华大学出版社,2004.

[22]冯虹,陶秋艳编著.现代人力资源管理[M].北京:经济管理出版社,2006.

[23]张德主编.人力资源开发与管理[M].北京:清华大学出版社,2016.

[24]姚裕群.人力资源开发与管理(第五版)[M].北京:清华大学出版社,2019.

[25]中共中央宣传部.习近平新时代中国特色社会主义思想学习纲要[M].北京:人民出版社,2019.

[26]中共中央宣传部.习近平新时代中国特色社会主义思想学习问答[M].北京:人民出版社,2021.

[27]柳士顺,凌文辁.基于战略柔性的人力资源规划商业时代[J].商业时代,2007(5):47-48.

[28]林子江."互联网+"人力资源管理的新趋势及对策分析[J].中国薪酬,2016(2):6-9.

[29]李景峰,梁明慧.分享经济时代下基于互联网的人力资源众包模式初探[J].经济问题,2016(4):96-101.

[30]习近平.深入实施新时代人才强国战略 加快建设世界重要人才中心和创新高地[J].求是,2021(24):4-15.

[31]求是编辑部.指导新时代人才工作的纲领性文献[J].求是,2021

(24):16-25.

[32]林新奇.人力资源管理发展八大趋势[N].光明日报,2009-02-13.

[33]桂昭明.大数据时代的人才发展策略[N].中国组织人事报,2014-12-31.

[34]陈惠雄.以积极人力资源管理引导员工复工复岗[N].光明日报,2020-03-24(16).